职业教育教学资源库配套系列教材
汽车营销与服务专业

汽车构造与拆装

黄志勇　旷文兵　主编

北京理工大学出版社
BEIJING INSTITUTE OF TECHNOLOGY PRESS

版权专有 侵权必究

图书在版编目（CIP）数据

汽车构造与拆装 / 黄志勇，旷文兵主编. —北京：北京理工大学出版社，2019.11（2019.12重印）

ISBN 978-7-5682-7974-1

Ⅰ. ①汽⋯　Ⅱ. ①黄⋯ ②旷⋯　Ⅲ. ①汽车–构造–高等职业教育–教材 ②汽车–装配（机械）–高等职业教育–教材　Ⅳ. ①U463 ②U472

中国版本图书馆 CIP 数据核字（2019）第 253410 号

出版发行 /	北京理工大学出版社有限责任公司
社　　址 /	北京市海淀区中关村南大街5号
邮　　编 /	100081
电　　话 /	（010）68914775（总编室）
	（010）82562903（教材售后服务热线）
	（010）68948351（其他图书服务热线）
网　　址 /	http://www.bitpress.com.cn
经　　销 /	全国各地新华书店
印　　刷 /	三河市天利华印刷装订有限公司
开　　本 /	787毫米×1092毫米　1/16
印　　张 /	24
字　　数 /	563千字
版　　次 /	2019年11月第1版　2019年12月第2次印刷
定　　价 /	49.80元

责任编辑 / 梁铜华
文案编辑 / 梁铜华
责任校对 / 周瑞红
责任印制 / 李志强

图书出现印装质量问题，请拨打售后服务热线，本社负责调换

序　言

汽车工业的水平综合反映一个国家的工业水平，截至 2019 年 6 月，我国汽车保有量已突破 2.5 亿辆，汽车工业占 GDP 的比重持续提高，毫无疑问，汽车产业作为国民经济支柱产业的重要性日益增强。

近年来，在新一轮科技革命风起云涌的当下，全球汽车行业正迎来全新变量，汽车产业正在步入智能网联时代，不仅是新能源汽车带来的全新的产品前景，大数据、云计算、人工智能技术的深度融入，成为汽车产业加快转型升级的主要动力，全球汽车行业从思维理念到商业模式都发生着巨大变化，对汽车营销服务行业从业人员的素质提出了更高要求。

汽车科技的提升，汽车产业的社会化、规模化、集团化、网络化，使得汽车人才需求尤为突出，有报告预计未来五年汽车专业人才需求位居社会总体需求前五名，汽车从业人员需求量将达到 5 000 万人，汽车行业人才缺口巨大，人才网和国家人事部先后把汽车类专业人才列入紧缺人才、急需人才。

这套汽车服务营销国家教学资源库配套教材的产生，适应了汽车行业的变化及对汽车服务营销人才需求的变化。

本套教材适应了教育部职业教育专业教学资源库建设的目标及要求

根据资源库建设"国家急需、全国一流、面向专业"的要求，本套教材以落实立德树人为根本任务，积极培育和践行社会主义核心价值观，突出职业教育的类型特点，是全国 13 所高职院校，联合深圳中诺思等 10 家教育服务公司和宝马、大众、北汽等 10 大汽车品牌经销商"双元"合作开发的结果。

本套教材内容符合国家 2019 年颁布的汽车营销与服务专业教学标准，涵盖了基础知识和拓展知识，有利于教师分层教学和学生自主学习。同时，本套教材基于职业教育专业教学资源库，结合国家专业标准设计课程体系及知识技能点，开发目标是基于但是高于基本教学标准及教材标准。依托强大的专业教学资源库，本套教材充分体现了信息技术的优势，配备有丰富的教学资源。

自 2015 年起，在资源库平台建设了 20 门专业课程，每门课程都包含完整的教学内容

和教学活动,包括教学设计、教学过程记录、教学评价等环节,建有试卷库 36 个,考试样卷 268 套。共上传文本、PPT 演示文稿、图形/图像、音频、视频、动画和虚拟仿真等资源 29 632 个,基本资源 26 910 个,覆盖专业所有基本知识点和岗位基本技能点;拓展资源 2 722 个,体现了行业发展的前沿技术和最新成果,集合了专业领域全国不同地域特点和技术特色的优质资源。目前已经有 6 门课程被认定为省级精品在线开放课程。

资源库平台资源免费开放,各类用户可自由注册,进行自主学习;提供多终端的资源检索、资料下载、教学指导、学习咨询、讨论答疑,支持个人自学、学历教育、职业培训与认证,用户产生行为日志 2 030 万条,其中,检索资源 109.9 万次、浏览课程 424.9 万次、互动提问 67.1 万次、作品提交 22.4 万次、自测和考试 8.5 万次。为学生、教师、行业企业人员、社会学习者等各类用户提供了 PC 终端和移动终端,实现了"将课程放在桌面上,将课堂放在口袋里"的"云+端"环境,提供了资源检索、信息查询、资料下载、教学指导、学习咨询、讨论答疑、就业支持等服务。

后面,将根据产业升级情况以及专业教学资源库更新情况,持续更新教材。

本套教材充分体现了混合式教学法的设计思路

本套教材经过 3 次审纲研讨会,不断完善,形成了混合式教学法的设计思路,与资源库平台课程配套,将课程教学分为课前、课中、课后三部分。课前教师组织教学材料、分发任务、学生完成测试、线上提出问题。课中学生问题反馈、小组互动、教师重难点问题讲解、任务实施、布置作业。课后强化盲点、完成作业、作品展示。

在中国汽车工程学会的大力支持下,来自京津地区、珠三角地区、长三角地区、东北地区、中部地区、西南地区等中国 6 大汽车产业集群所在地的 9 所国家示范性(骨干)高职院校参与教材编写。它们分别是湖南汽车工程职业学院、四川交通职业技术学院、淄博职业学院、长春汽车工业高等专科学校、常州机电职业技术学院、黄冈职业技术学院、浙江交通职业技术学院、云南交通职业技术学院、吉林交通职业技术学院。

经过编委会审定,本套教材能够满足高等教育汽车营销与服务专业、汽车运用与维修技术专业、汽车检测与维修技术专业的教学需要,也能够满足汽车从业人员终身职业教育的学习需要。

丛书编委会
2019 年 2 月

前　言

　　随着汽车技术的不断发展，对传统汽车技术不断提出新的要求，汽车的结构也有了很大的改进。在企业实际工作中，汽车检测与维修的内容也发生了很大变化，这就要求我们的课程和教材做相应的改进。因此，本教材编写遵循校企一体化理念，整体内容按照汽车结构认知规律安排，每个任务均选自企业实际生产任务，以企业技能培训认证标准和流程为基本框架。操作内容、操作规范、考核认证等均参照行业、企业标准。以任务驱动，结合教学资源平台的学习资源，利用现代化的教学手段，把学习者带入工作情景。

　　本教材融入了企业培训要素，结合了学校人才培养特点，立足于职业院校学生的学情，具有如下特点。

　　（1）教材编写以够用、适用和实用为原则。注重实用性，体现先进性，保证科学性，突出实践性，贯穿可操作性，其工艺过程尽可能地与当前生产情景一致。

　　（2）教材文字简洁，通俗易懂，图文并茂，形象直观，形式生动，容易培养学生的学习兴趣，从而提高学习效果。每个学习任务注重理论与实践相结合，着力培养学生分析问题、解决问题的能力。

　　（3）注重教材的先进性，在内容上引入汽车新结构、新技术、新方法，总体上围绕目前主流车型进行编写。

　　本教材由湖南汽车工程职业学院黄志勇、旷文兵担任主编。湖南汽车工程职业学院易娇和杨琴提供了大力帮助。

　　限于编者经历和水平，不足之处在所难免，希望读者在使用本教材时，及时提出修改意见和建议，以便再版时改正。

编　者

二维码内容资源获取说明

第1步：扫描下方二维码，下载并安装"微知库"APP。

第2步：打开"微知库"APP，单击页面中的"汽车营销与服务"专业。

第3步：单击"课程中心"，选择相应课程。

第4步：单击"报名"图标，随后图标会变成"学习"，单击"学习"即可使用"微知库"APP进行学习。

注：下载"微知库"APP并注册登录后，直接使用APP中的"扫一扫"功能，扫描本书中的二维码，也可以直接观看相关知识点视频。

安卓客户端

iOS客户端

目　录

项目一　汽车构造与拆装基础 001
　　任务 1.1　汽车总体结构认知 002
　　任务 1.2　汽车拆装基本知识 017

项目二　发动机构造与拆装 035
　　任务 2.1　发动机总体结构认知 036
　　任务 2.2　发动机外部附件拆装 051
　　任务 2.3　配气机构认知与拆装 060
　　任务 2.4　曲柄连杆机构认知与拆装 075
　　任务 2.5　冷却系统认知与拆装 096
　　任务 2.6　润滑系统认知与拆装 107
　　任务 2.7　点火系统认知与拆装 122
　　任务 2.8　燃油供给系统认知与拆装 129

项目三　汽车底盘构造与拆装 139
　　任务 3.1　离合器认知与拆装 140
　　任务 3.2　手动变速器认知与拆装 155
　　任务 3.3　自动变速器认知与拆装 165
　　任务 3.4　分动器认知与拆装 182
　　任务 3.5　万向传动装置认知与拆装 191
　　任务 3.6　驱动桥认知与拆装 199
　　任务 3.7　悬架系统认知与拆装 214
　　任务 3.8　车轮认知与拆装 231
　　任务 3.9　转向系统认知与拆装 242
　　任务 3.10　制动系统认知与拆装 254

项目四　电气系统构造与拆装 ·· 275
　　任务 4.1　蓄电池认知与拆装 ·· 276
　　任务 4.2　发电机认知与拆装 ·· 287
　　任务 4.3　起动系统认知与拆装 ··· 295
　　任务 4.4　灯光系统认知与拆装 ··· 304
　　任务 4.5　雨刮系统认知与拆装 ··· 315
　　任务 4.6　空调系统认知与拆装 ··· 323
　　任务 4.7　安全气囊系统认知与拆装 ·· 331

项目五　车身附件构造与拆装 ·· 341
　　任务 5.1　保险杠认知与拆装 ·· 342
　　任务 5.2　座椅认知与拆装 ··· 353
　　任务 5.3　玻璃升降器认知与拆装 ··· 360

参考文献 ·· 368

项目一
汽车构造与拆装基础

本项目主要是让学生了解汽车的基本组成，学会汽车基本功能的操作，掌握汽车拆装工具及设备的使用。内容为"汽车总体结构认知"和"汽车拆装基本知识"两个任务。通过学习和训练，让学生理解汽车的定义、分类和基本结构，掌握驾驶室内各个开关的功能，学会维修工具的识别与使用。同时，学生自己还要查阅大量资料，掌握汽车的发展和新技术的运用。

任务 1.1 汽车总体结构认知

学习目标

1. 知道汽车的定义；
2. 了解汽车的组成及类型；
3. 能识别车辆铭牌及 VIN 的含义。

相关知识

一、什么是汽车?

国家标准 GB/T 3730.1—2001 对汽车（图 1-1-1）的定义是：由动力驱动，具有四个或四个以上车轮的非轨道承载的，主要用于载运人员和（或）货物、牵引载运人员和（或）货物或者特殊用途的车辆。

汽车的发展史

图 1-1-1 汽车外观

二、汽车有哪些类型?

（1）我国汽车分类标准（GB/T 3730.1—2001）

① 乘用车（图 1-1-2～图 1-1-5）指车辆座位少于九座（含驾驶员位），以载客为主要目的的车辆。主要有：多用途乘用车、普通乘用车、活顶乘用车、高级乘用车、小型乘用车、敞篷车、舱背乘用车和旅行车。

图 1-1-2 敞篷车

图 1-1-3 两厢轿车

图 1-1-4 MPV

图 1-1-5 SUV

② 商用车指车辆座位大于九座（含驾驶员位），以载货为主要目的的车辆，主要有客车（图 1-1-6）、货车（图 1-1-7）和半挂车。客车可分为小型客车、城市客车、长途客车、旅游客车。货车可分为普通货车、多用途货车、专用货车。

图 1-1-6 客车

图 1-1-7 货车

（2）美系分类标准

美系分类标准以通用汽车公司的分类标准为例。通用汽车公司一般将轿车分为 6 级，它是综合考虑了车型尺寸、排量、装备和售价之后得出的分类标准。

Mini 级：一般指 1 L 以下轿车。

Small 级：一般是 1.0~1.3 L，处于我国普通轿车级别的低端。

Low-Med 级：一般是 1.3~1.6 L 轿车。

Interm 级：和德国的低端 B 级轿车基本吻合。

Upp-Med 级：涵盖 B 级轿车的高端和 C 级轿车的低端。

Large/Lux 级：和国内的高级轿车相对应，涵盖 C 级车的高端和 D 级车。

（3）德系分类标准

德国汽车分为 A00、A0、A、B、C、D 等级别（表 1-1-1）。其中 A 级（包括 A0、A00）车是指小型轿车；B 级车是指中档轿车；C 级车是指高档轿车；而 D 级车则是指豪华轿车。其等级划分主要依据轴距、排量、质量等参数，字母顺序越靠后，该级别车的轴距越长，排量和质量越大，轿车的豪华程度也越高。

表 1-1-1 德系汽车分类标准

级别	A00	A0	A	B	C	D
	微型车	小型车	紧凑型车	中型车	中大型车	豪华车
排量/L	1.0 左右	1.0～1.5	1.6～2.0	1.8～2.4	2.4 以上	3.0 以上
轴距/m	2.0～2.3	2.3～2.5	2.5～2.7	2.7～2.9	2.8～3.0	3.0 以上

三、汽车由哪几部分组成？

汽车由发动机、底盘、电气设备和车身四大部分组成，如图 1-1-8 所示。

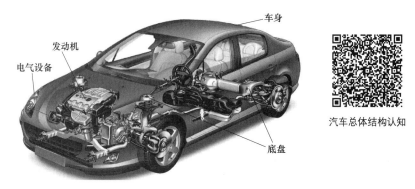

图 1-1-8 汽车基本组成

① 发动机：汽车动力源。

② 底盘：支承、安装汽车发动机及其各部件、总成，形成汽车的整体造型，并接收发动机的动力，使汽车产生运动，保证正常行驶。

③ 电气设备：提供持续可靠的电源及控制，使汽车用电系统能正常工作。

④ 车身：用以安装汽车全部机件的骨架并可承载人员、储存货物，应具备安全、舒适、便捷等功能。

四、车辆铭牌上有哪些信息?

车辆的铭牌(图1-1-9)上标注了车辆的基本信息,一般位于发动机机舱内或车身右侧B柱的下方,如图1-1-10所示。

图1-1-9 车辆铭牌

图1-1-10 车辆铭牌位置

GB 9417—1988《汽车产品编号规则》规定汽车产品的型号由企业名称代号、车辆类别代号、主参数代号、产品序号和专用汽车分类代号组成(图1-1-11)。必要的时候,可以附加企业自定代号。

图1-1-11 车辆型号说明

(1)企业名称代号

识别企业名称的代号,由2个或3个汉语拼音字母组成。

例如:CA代表第一汽车制造厂,EQ代表第二汽车制造厂。

(2)车辆类别代号

第一位数字是车辆类别代号(表1-1-2),代表该车的类型。

表1-1-2 车辆类别代号

车辆类别代号	车辆种类	车辆类别代号	车辆种类
1	载货汽车	5	专用汽车
2	越野汽车	6	客车
3	自卸汽车	7	轿车
4	牵引汽车	9	半挂车及专用半挂车

（3）主参数代号

主参数代号代表各类汽车的主要特征参数。对于第 1～5 类的"载货汽车、越野汽车、自卸汽车、牵引汽车、专用汽车"以及第 9 类的"半挂车及专用半挂车"，主参数代号为车辆的总质量（单位 t）。当总质量超过 100 t 时，允许用三位数字表示。

对于第 6 类的客车，主参数代号表示汽车的总长度（单位 m）。当车辆长度小于 10 m 时，应精确到小数点后一位，并且以长度值（单位 m）的十倍数值表示。

对于第 7 类的轿车，主参数代号表示发动机排量。

当车辆的主参数有变化，且变化大于 10%时，应改变主参数代号。

（4）产品序号

第四位数字代表产品的序号，用阿拉伯数字表示，数字按 0，1，2…依次使用。

（5）尾部

尾部分为两部分，前一部分由汉语拼音字母组成，表示专用汽车分类代号，例如 X 表示厢式汽车，G 表示罐式汽车等；后一部分是企业自定代号，可用汉语拼音字母或阿拉伯数字表示。

基本型汽车的编号一般没有尾部，其变型车（例如采用不同的发动机、加长轴距、双排座驾驶室等）为了与基本型区别开，常在尾部加 A、B、C 等企业自定代号。有些车在四位数字后还有一些字母，这些字母没有准确的定义，是由生产厂家自定义的。

五、汽车有"身份证号"吗？

汽车的"身份证"就是车辆识别代码，即 VIN，也称为 17 位识别代码，俗称车架号。VIN 具有车辆的唯一识别性，通常轿车在风窗玻璃和车辆铭牌上都有车辆识别代码（图 1-1-12）。VIN（图 1-1-13）包含车辆的地理区域、国别、制造厂、车辆特征代码、车型年款代码、装配厂等信息。

图 1-1-12　车辆 VIN 的位置

车辆识别代码由三个部分组成：第一部分是世界制造厂识别代号（WMI）；第二部分是车辆说明部分（VDS）；第三部分是车辆指示部分（VIS）。

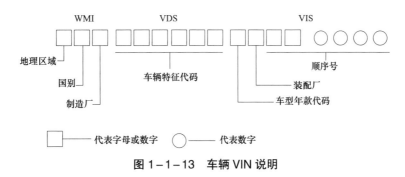

图 1-1-13　车辆 VIN 说明

（1）第一部分（WMI）

第一部分为世界制造厂识别代号，必须经过申请、批准、备案后才能使用。

第一位字码：标明地理区域，如非洲、亚洲、欧洲、北美洲和南美洲。

第二位字码：标明一个特定地区内的一个国家（表 1-1-3）。美国汽车工程师协会（SAE）负责分配国家代码。第一、二位字码的组合保证国家识别标志的唯一性。

第三位字码：标明某个特定的制造厂，由各国的授权机构负责分配。如果某制造厂的年产量少于 500 辆，其"第三位字码"就是 9。

表 1-1-3　生产国家代码

国家	代码	国家	代码
美国	1	德国	W
加拿大	2	韩国	K
墨西哥	3	中国	L
美国	4	英国	G
巴西	5	法国	F
澳大利亚	6	意大利	I
泰国	M	瑞典	S
日本	J	西班牙	E
注：美国因为按车辆组装制造的区域不同而采用 2 个代码，所以 1 和 4 都是美国。			

"中国汽车技术研究中心"是国家发改委指定的我国车辆识别代码（VIN）工作机构，承担着企业世界制造厂识别代号（WMI）的申请、批准、备案等工作。

（2）第二部分（VDS）

第二部分是车辆说明部分。此部分能识别车辆的一般特性，由 6 位字码组成，代码顺序由制造厂决定。

（3）第三部分（VIS）

第三部分是车辆指示部分，由 8 位字码组成，最后 4 位应是数字。

① 第1位（即VIN编码的第10位）：指示年份（表1-1-4），30年一循环。

② 第2位（即VIN编码的第11位）：可用来指示装配厂。若无装配厂，制造厂可规定其他的内容。

③ 如果车辆制造厂生产的完整车辆和/或非完整车辆年产量≥500辆，此部分的第3～8位字码（即VIN编码的第12～17位）用来表示生产顺序号。

表1-1-4 表示年份的字码

年份	代码	年份	代码	年份	代码	年份	代码
2001	1	2011	B	2021	M	2031	1
2002	2	2012	C	2022	N	2032	2
2003	3	2013	D	2023	P	2033	3
2004	4	2014	E	2024	R	2034	4
2005	5	2015	F	2025	S	2035	5
2006	6	2016	G	2026	T	2036	6
2007	7	2017	H	2027	V	2037	7
2008	8	2018	J	2028	W	2038	8
2009	9	2019	K	2029	X	2039	9
2010	A	2020	L	2030	Y	2040	A

六、怎样评价汽车性能？

汽车性能到底与哪些参数有关？通常用来评定汽车的性能指标主要有：动力性、燃油经济性、制动性、操控稳定性、平顺性以及通过性等。

（1）动力性

汽车的动力性是用汽车在良好路面上直线行驶时所能达到的平均行驶速度来表示的。汽车的动力性主要用三个方面的指标来评定：最高车速、汽车的加速时间、汽车所能爬上的最大坡度。

（2）燃油经济性

汽车的燃油经济性常用一定工况下汽车行驶百公里①的燃油消耗量或一定燃油量能使汽车行驶的里程来衡量。在我国及欧洲，汽车燃油经济性指标的单位为L/100 km；而在美国，则用mpg或mi/gal表示，即每加仑燃油能行驶的英里数。

（3）制动性

汽车行驶时在短距离内停车且维持行驶方向稳定，以及汽车在长坡时维持一定车速的

---

① 1公里=1 000米。

能力称为汽车的制动性。汽车的制动性指标主要有制动效能、制动效能的恒定性、制动时汽车的方向稳定性、汽车的制动过程。

（4）操控稳定性

汽车的操控稳定性是指司机在不感到紧张、疲劳的情况下，汽车能按照司机通过转向系统给定的方向行驶，而当遇到外界干扰时，汽车所能抵抗干扰而保持稳定行驶的能力。

（5）平顺性

汽车的平顺性是保持汽车在行驶过程中，乘员所处的振动环境具有一定的舒适度的性能。这与汽车的底盘参数、车身几何参数动力性以及操控性等有密切关系。

（6）通过性

汽车的通过性是指车辆通过一定情况路况的能力。通过能力强的汽车，可以轻松翻越坡度较大的坡道，可以放心地驶入一定深度的河流，也可以高速地行驶在崎岖不平的山路上。

七、什么是新能源汽车？

新能源汽车是指采用除汽油、柴油之外所有能源的汽车，包括燃料电池汽车、混合动力汽车、氢能源动力汽车和太阳能汽车等。目前中国市场上在售的新能源汽车多是混合动力汽车和纯电动汽车。中华人民共和国国家发展和改革委员会公告定义：新能源汽车是指采用非常规的车用燃料作为动力来源（或使用常规的车用燃料、采用新型车载动力装置）、综合车辆的动力控制和驱动方面的先进技术形成的技术原理先进、具有新技术和新结构的汽车。

（1）混合动力汽车

国际电子技术委员会对混合动力汽车的定义为：在特定的工作条件下，可以从两种或两种以上的能量存储器、能量源或能量转化器中获取驱动能量的汽车。其中至少一种存储器或转化器要被安装在汽车上。混合动力汽车至少有一种能量存储器、能量源或能量转化器可以传递电能。

① 按照动力系统结构形式分类。

a. 串联式混合动力汽车（Series Hybrid Electric Vehicle，SHEV）。串联式混合动力汽车主要由发动机、发电机和电动机三大主要部件组成，其能量传递路线是：发动机→发电机→电动机→驱动桥。发动机不直接驱动车辆，而是只驱动发电机发电，发电机再驱动电动机，电动机产生机械扭矩并通过变速机构驱动车轮，如图 1-1-14 所示。发动机驱动发电机发出的部分电能还可以为动力电池充电，以延长混合动力汽车的行驶里程。同时动力电池还可以单独向电动机提供电能以驱动电动汽车，使混合动力汽车在零污染状态下行驶。

b. 并联式混合动力汽车（Parallel Hybrid Electric Vehicle，PHEV）。并联式混合动力汽车主要由发动机、发电机/电动机两大部件总成组成，如图 1-1-15 所示。并联式驱动系统可以单独使用发动机或电动机作为动力源，也可以同时使用电动机和发动机作为动力源来驱动汽车，两大动力总成的功率可以互相叠加，发动机功率和电动机/发电机功率之和比电动汽车所需最大驱动功率多 0.5～1 倍，因此，可以采用小功率的发动机和电动机/发电机使整个动力系统的装配尺寸、质量都较小，造价也更低，行程也比串联式混合动力汽车更长一些，其特点更加趋近于内燃机汽车。并联式混合动力驱动系统通常被应用在小型汽车上。

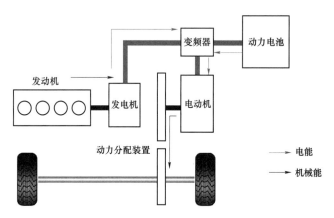

图 1-1-14　串联式混合动力汽车组成示意

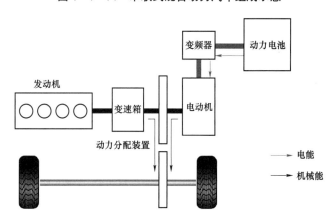

图 1-1-15　并联式混合动力汽车组成示意

c. 混联式混合动力汽车（Parallel Series Hybrid Electric Vehicle，PSHEV；亦为 Combined Hybrid Electric Vehicle）。混联式驱动系统是串联式与并联式的综合，混联式混合动力结构一般采用行星齿轮机构作为动力分配装置，其结构组成如图 1-1-16 所示。这种混联式混合动力汽车结构是将发动机、发电机和电动机通过一个行星齿轮机构连接起来的。动力从发动机输出到与其相连的行星齿轮机构，行星齿轮机构将一部分扭矩传送到发电机，另一部分传送到传动轴，同时发电机也可以驱动电动机来驱动传动轴。这种机构有两个自由度，可以自由地控制两种不同的速度。丰田普锐斯采用的就是复合式行星齿轮机构。这类车辆并不是串联式或并联式的，而是介于串联式和并联式之间，可充分利用两种驱动方式的优点。

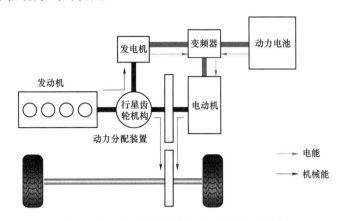

图 1-1-16 混联式混合动力汽车组成示意

② 按照是否外接充电分类。

a. 插电式混合动力汽车。插电式混合动力汽车是一种被设计成可以在正常使用情况下从非车载装置中获取能量的混合动力汽车，比亚迪秦和荣威 E550 都是典型的插电式混合动力汽车，如图 1-1-17 所示。

图 1-1-17 典型的插电式混合动力汽车
（a）荣威 E550；（b）比亚迪秦

插电式混合动力系统的电动机功率比纯电动汽车的稍小，动力蓄电池的容量介于重混和纯电动汽车之间。由于具有可利用夜间用电低谷对动力蓄电池充电、降低排放等优势，插电式混合动力汽车已成为主流发展方向之一。

b. 非插电式混合动力汽车。一种被设计成可以在正常使用情况下从车载燃料中获取全部能量的混合动力汽车。

③ 按照混合度分类。

混合动力按照不同的定义可以有多种分类方式，其中一种为按照内燃机和电动机动力的混合度进行分类。目前国内普遍采用的混动系统按混合度分类的标准为：

微混合型：电动机峰值功率和发动机的额定功率比≤5%。

轻度混合型：电动机峰值功率和发动机的额定功率比为 5%～15%。

中度混合型：电动机峰值功率和发动机的额定功率比为 15%～40%。

重度混合型：电动机峰值功率和发动机的额定功率比＞40%。

（2）纯电动汽车

纯电动汽车（BEV，如图 1-1-18 所示）是指以车载电源为动力，用电动机驱动车轮行驶，符合道路交通、安全法规各项要求的车辆。其组成包括：电力驱动及控制系统、驱动力传动等机械系统、完成既定任务的工作装置等。

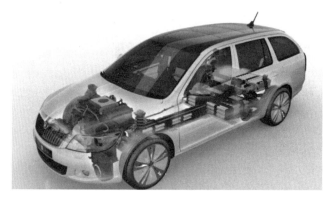

图 1-1-18　纯电动汽车结构

纯电动汽车是由电力驱动系统、电源系统和辅助系统等三部分组成的。电力驱动系统包括控制器、功率转换器、电动机、机械传动装置和车轮等。电动机就像是传统汽车中的发动机，其主要任务是在驾驶员的控制下高效率地将动力电池存储的电能转化为车轮的动能驱动车辆，或者在制动时将车轮上的动能转化为电能反馈到动力电池中以实现车辆的制动能量回收。控制器就像人体的神经中枢，电动汽车必须通过一个整车控制系统来进行各子系统的协调控制，从而实现整车的最佳性能。电源系统包括蓄电池组、电池管理系统（BMS）等。辅助系统包括辅助动力源、动力转向系统、空调器、照明装置等。

① 纯电动汽车动力系统结构如图 1-1-19 所示。

图 1-1-19　纯电动汽车动力系统结构

② 电池。目前，电动汽车特斯拉采用锂离子电池（图 1-1-20），比亚迪采用磷酸铁离子电池，上汽荣威 E50 电动车采用锂离子电池。为了提高安全性，对电池组外壳进行了

加强处理。锂离子电池具有工作电压高、比能量高、循环寿命长、自放电率低、对环境无污染、能够制造成任意形状等优点,因而得到广泛使用。

③ 电动机。基于电动汽车的特点,需要采用具有效率高、功率较大、可以高速运转、可靠性好、体积小、质量小、便于维修等特点的电动机。目前,纯电动汽车普遍采用永磁同步电动机(图1-1-21)。

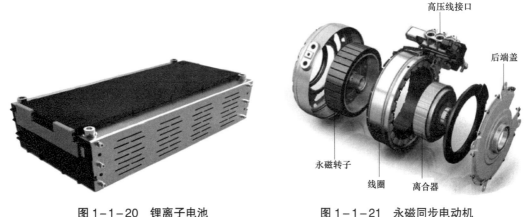

图1-1-20 锂离子电池　　　图1-1-21 永磁同步电动机

(3)氢能源动力汽车

氢能源动力汽车(图1-1-22)是一种真正实现零排放的交通工具,排放出的是纯净水,其具有无污染、零排放、储量丰富等优势,因此,氢能源动力汽车是传统汽车最理想的替代品。加气快速的氢能源动力汽车仅需3~5 min就能加满氢气,加满一次能连续行驶的里程接近传统汽油车,即500 km左右。氢能源动力汽车发动机通常是双燃料发动机,既能以氢做燃料,也能燃烧汽油,这样可以弥补氢能源供应系统的不足。

图1-1-22 氢能源动力汽车结构

燃料电池是氢气与氧气发生化学反应产生电能的装置,燃料电池并不像蓄电池那样是个储存电能的装置,它更像是一个发电厂,在持续的化学反应中不断产生电能。只要有源源不断的"燃料",它就能不断发电。

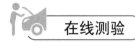 在线测验

通过任务学习,扫描下方二维码进入微知库平台的"在线测验"页面,完成在线测验。

任务1.1 在线测验A　　　　任务1.1 在线测验B

 任务实施

要掌握"汽车总体结构认知"的相关内容,结合实习车辆完成操作任务。

车辆识别操作　　　　　　车内开关功能操作

(1) 车辆VIN查找

依据图1-1-23所示,在实训车辆上查找车辆VIN所在的位置。

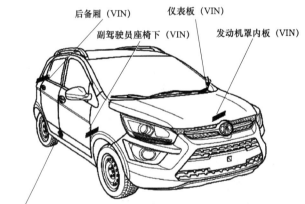

图1-1-23　车辆VIN所在的位置

(2) 车辆发动机罩开启操作

如图1-1-24所示,驾驶室内有发动机罩开关,它通过拉索连接发动机罩锁,拉动此开关可以打开发动机罩。打开发动机罩以后,需要采用支撑杆或液压支撑杆来支撑,并对

支撑情况进行确认。盖紧发动机罩时,要用手掰动检查发动机罩是否牢固锁止,以防止车辆行驶时,车辆的迎面风吹开发动机罩,造成安全事故。

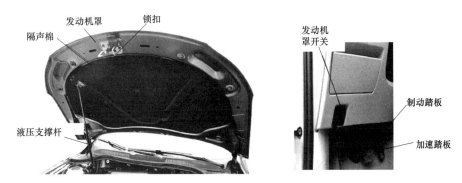

图 1-1-24 发动机罩

(3)发动机舱内油液与部件识别

发动机位于发动机舱(图 1-1-25)内。拉动发动机罩开关,支起发动机罩,就可以看到汽车发动机舱里面除了发动机还有安装空气滤芯的空气滤清器、装冷却液的膨胀水箱、装玻璃清洗液的储液罐等。

图 1-1-25 宝马汽车发动机舱

拓展提升

未来,汽车电动化、汽车共享、车联网、自动驾驶汽车四大发展趋势将会互相产生影响,继而影响汽车产业的发展速度。

(1) 汽车电动化

汽车技术发展的趋势和越来越严格的油耗排放法规,决定了电动化已是汽车不可逆转的潮流,而且,汽车电动化不仅使其自身能源结构改变,还会使车联网及自动驾驶成为可能,从而对现有汽车产业、市场格局产生革命性的影响。

未来汽车会是怎样的

(2) 汽车共享

汽车共享其实有很多种形式,现有的拼车、分时租赁、专车、顺风车等都属于汽车共享的范畴。如果在成熟市场,人口总量基本恒定,出行距离也相对固定,通过汽车共享能够提高一倍的使用率,那么从理论上说汽车保有量会减少一半。但是如果考虑到汽车的报废周期也会因此而缩短一半,那么长期来看汽车的需求并没有因此而减少。

(3) 车联网

车联网的核心在于大数据,尤其是对大数据的分析和挖掘。"大数据"三个字虽然近年来有被提滥的趋势,但事实上能够真正用好大数据的,或者用更通俗的话讲叫作"自学习",仍然十分鲜见。车联网的意义很大部分将体现在车辆故障诊断、预警、驾驶行为的预测及广告精确投放上。这对于提升车辆安全、降低车企召回及宣传成本、提升客户忠诚度都有积极的影响。

(4) 自动驾驶

在理想情况下,在实现全自动驾驶后,将不再会发生交通事故,但这显然还是相对遥远的事情,短期之内实现的可能性很小。在实现全方位的自动驾驶之前,配备有多种主动安全技术的先进驾驶辅助系统 ADAS 将会被越来越多的车企采用,也会逐步下放到更加便宜的汽车中。

任务 1.2　汽车拆装基本知识

学习目标

1. 了解维修车间安全管理；
2. 能掌握工具的名称及使用方法；
3. 会使用车辆举升设备。

相关知识

一、维修车间要注意哪些安全事项？

（1）车间安全定义

车间安全是指在车间劳动生产过程中的人身安全、环境安全、设备厂房安全、车辆安全等。也就是说，为了使劳动过程在符合安全要求的物质条件和工作秩序下进行，防止伤亡事故、车辆设备事故及各种危害的发生，保障劳动者的安全健康和生产劳动过程的正常进行而采取的各种措施和从事的一切活动。

（2）车间安全作业须知

在日常工作中，不管是人为因素还是自然因素造成的事故，我们均应杜绝其发生，为此我们需要从我做起、从小事做起。车间安全作业须知包括以下几部分内容：

① 车间工作场所。许多工伤事故都是由杂乱无章引起的。在凌乱的工作场所中，常常会发生因绊倒、跌倒或滑倒而导致受伤的事故（图 1-2-1、图 1-2-2）。

我们有责任安全妥善保管所有设备、部件和汽车，以保护我们自己和工友不受伤害。

② 手动工具。在维修作业过程中，许多割伤和擦伤都是由使用损坏的手动工具或误用手动工具造成的。保持工具清洁完好（图 1-2-3），切勿使用已知损坏的工具。

手动工具使用注意事项：

a. 一定要使用正确规格的工具进行作业。

b. 锋利的工具不用时，应保护好刃口。

c. 不要使用手柄松动的工具。

图 1-2-1 很滑的地面

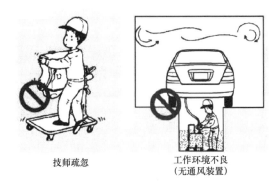

图 1-2-2 违规的操作

  d. 不要用工具干不相应的工作。
  e. 不要使用带"蘑菇头"的冲子或錾子。
  f. 在使用切具时，一定要用台虎钳固定工件。
  g. 切勿使用开裂的套筒。
  h. 切勿加长工具手柄以增大杠杆的作用。
  i. 切勿使用电动工具来驱动"手用"套筒。
  j. 不得将工具遗留在发动机罩下。
  k. 常用工具要时刻保持良好状况。
  l. 常用工具依据使用的频度合理安排在工具箱中的位置。

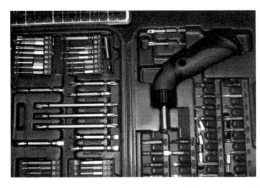 

图 1-2-3 整洁有序的工具

  ③ 压缩空气。许多车间都用压缩空气作为便利的动力源来驱动工具。压缩空气，如果正确使用很安全，但如果使用不当，则非常危险，可致人严重受伤或死亡。不得使用压缩空气进行下列操作：

  a. 吹掉工作台上的锉屑或铁屑。
  b. 吹去衣着上的粉尘。
  c. 清理部分密封的物体，如灯光设备等。
  d. 清除制动装置上的粉尘。

e. 使用压缩空气玩耍。

一般车间压缩空气的压力有可能超过 700 kPa（约 7 kg/cm²），这足以将空气吹透衣服进入人的血液，从而导致死亡。摆弄空气管线看起来好玩，但很可能带来不幸的后果。

④ 人工搬运。从地面或工作台上搬物体是再平常不过的事了。搬运物体时使用正确的方法有助于减小背部受伤的危险（图 1-2-4）。

注意：不要试图搬过重的物体，20 kg 通常是一个人的安全极限；从地面抬起物体时，两脚应微微分开，屈膝，背部挺直，用腿部肌肉提供力量；不要猛抬物体；搬运重物时，让重物贴近身体。

⑤ 使用举升和起重设备搬运。对于超过 20 kg 的物体，我们建议使用活动吊车或千斤顶等起重装置。使用每种设备前都应进行专门培训。下面是一些常识性的规定：

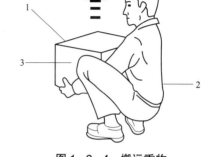

图 1-2-4　搬运重物

1—搬运 20 kg 以下的物体时，应让物体贴近身体；
2—背部挺直；3—膝盖弯曲

a. 切勿超过所用设备的安全工作载荷。

b. 在车下工作前，一定要用车桥支架支撑好汽车。

c. 举升或悬吊重物时难免有危险，所以，切勿在无支撑、悬吊或举起的重物（如悬吊的发动机等）下工作。

d. 一定要保证千斤顶、升举器、车桥支架、吊索等起重设备胜任和适用相应作业，而且状况良好并得到定期维护。

e. 切勿临时拼凑起重装置。

⑥ 车用油液。车用油液主要包括燃油、发动机冷却液、空调制冷剂、制动液及蓄电池酸液等。在维修作业过程中，应遵循合理的处理方法（图 1-2-5），避免对人体或财物造成伤害。

另外，蓄电池充电时会释放易爆气体（图 1-2-6），所以应确保充分通风，切勿在充电或刚充完电的蓄电池附近使用明火或产生火花。

图 1-2-5　油液收集

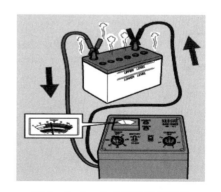

图 1-2-6　充电产生易爆气体

⑦ 安全用电的注意事项。发生电路短路或者意外火灾的时候，要首先关闭电源（图1-2-7）。

保险熔断时，不准调换容量不符的熔丝，要向领班或者车间主管汇报，请专业的电工进行检查更换，因为可能存在短路现象。拔掉插头时不要拔电线而是要拔插头部分（图1-2-8）；手湿或者地面有水时不要触碰电线；电线附近不能有油水或者易燃物品；电气线路不能放在尖锐物品附近；电气线路要合理布置，不得将零件车、工具等重物压在导线上，防止轧断导线发生触电。

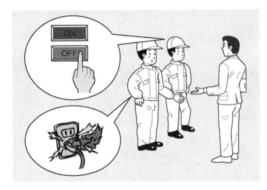

图1-2-7　电路起火时先关闭电源

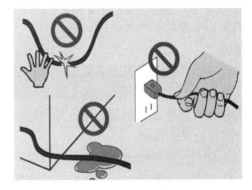

图1-2-8　禁止事项

打扫卫生、擦拭设备时，严禁用水冲洗或用湿布去擦拭，也不要用湿手和金属物去扳带电的电气开关，以免发生短路和触电事故。

发生电气火灾时严禁使用水和泡沫灭火器灭火；正确做法是先切断电源，然后用干粉灭火器或沙子进行灭火。

不准私拉乱接电气线路，也不准将电气设备电源线直接插入插座内。

⑧ 安全防火。汽车维修车间内部有很多易燃的物品，进行车辆维修作业时，有些工序实施、设备运转又会产生火花，极易发生火灾，所以严格遵守车间安全防火制度和油料库安全防护制度非常重要（图1-2-9、图1-2-10）。

图1-2-9　设置吸烟区

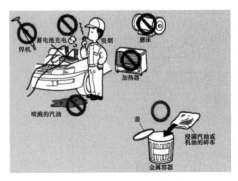

图1-2-10　错误典型

（3）5S 生产现场管理

5S 是指整理（Seiri）、整顿（Seiton）、清扫（Seiso）、清洁（Seiketsu）、素养（Shitsuke）等五个项目；在具体的实施过程中，还应注意很多细节的处理。

整理：区分要与不要的物品，现场只保留必需的物品。

整顿：必需品依规定定位、定方法，摆放整齐有序，明确标示。

清扫：清除现场内的脏污、清除作业区域内的物料垃圾。

清洁：将整理、整顿、清扫实施的做法制度化、规范化，维持其成果。

素养：人人按章操作、依规行事，养成良好的习惯，使每个人都成为有教养的人。

二、常用的维修工具有哪些？

① 套筒。套筒（图 1-2-11～图 1-2-14）是拆卸螺栓最方便、灵活且安全的工具。使用套筒不易损坏螺母的棱角。套筒呈短管状，一端内部呈六角形或十二角形，用来套住螺栓头；另一端有一个正方形的头孔，该头孔用来与配套手柄的方榫配合。

维修工具的认识

图 1-2-11 六角套筒

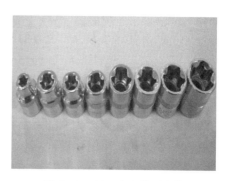

图 1-2-12 六角花形套筒

图 1-2-13 十字旋具套筒

图 1-2-14 花形旋具套筒

套筒（图 1-2-15）与不同手柄配合会起到不同作用。可用棘轮扳手（图 1-2-16）实现快速旋拧，也可接上接杆加长使用，对普通螺丝刀（螺钉旋具）无法拧动的螺钉可以施加较大扭矩。

在使用套筒的过程中，左手握紧手柄与套筒连接处，切勿摇晃，以免套筒滑出或损坏螺栓螺母的棱角。

朝向自己的方向用力，可防止滑脱造成手部受伤。

棘轮手柄使用方便但不够结实。不要使用棘轮扳手对螺栓或螺母进行最后的拧紧。另外，严禁对棘轮手柄施加过大的扭矩，否则会损坏内部的棘爪结构。

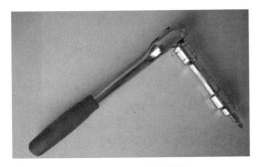

图 1-2-15 套筒组装

图 1-2-16 棘轮扳手的使用

② 扳手。扳手（图 1-2-17～图 1-2-24）是汽车修理中最常用的一种工具，主要用于扭转螺栓、螺母或带有螺纹的零件。如果扳手选用不当或使用不当，不但会造成工件和扳手损坏，还可能引发危及人身安全方面的事故。因此，正确地选择和使用扳手显得尤为重要。

扳手种类繁多，常见的有梅花扳手、开口扳手、两用扳手、活动扳手等（图 1-2-17～图 1-2-24）。

在拆卸螺栓时，应按照"先套筒，后梅花扳手，再开口扳手，最后活动扳手"的选用原则进行选取。在选用扳手时，要注意扳手的尺寸，尺寸是指它所能拧动的螺栓或螺母正对面间的距离。

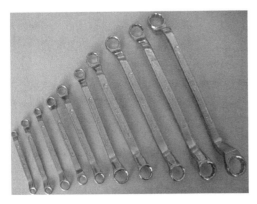

图 1-2-17 梅花扳手

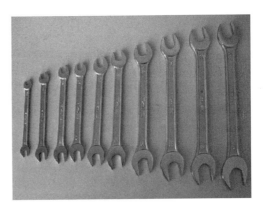

图 1-2-18 开口扳手

图 1-2-19 两用扳手

图 1-2-20 活动扳手

图 1-2-21 油管拆装专用扳手

图 1-2-22 内六角扳手

图 1-2-23 棘轮扳手

图 1-2-24 扭力扳手

在使用梅花扳手（图 1-2-25）时，左手推住梅花扳手与螺栓连接处，保持梅花扳手与螺栓完全配合，防止滑脱，右手握住梅花扳手另一端并加力。

在使用开口扳手（图 1-2-26）时，要根据螺栓头部的尺寸来确定合适的型号，并确保钳口的直径与螺栓头部直径相符，配合无间隙，然后才能进行操作。

在使用内六角扳手时，应选取与螺栓内六方孔相适应的扳手，并且严禁使用任何加长的装置。

汽车构造与拆装

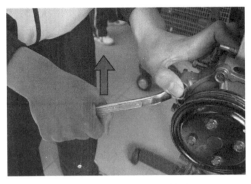

图1-2-25 梅花扳手的使用

图1-2-26 开口扳手的使用

③ 钳子。钳子用于弯曲小的金属材料，夹持扁形或圆形零件，切断软的金属丝等。在汽车维修中，常用的类型有钢丝钳、尖嘴钳、斜口钳、鲤鱼钳、水泵钳、卡簧钳、大力钳、管钳等（图1-2-27～图1-2-34）。钳子的选用及使用，应根据在汽车维修中所要达到的不同目的来选用不同种类的钳子，并且还要考虑工作空间的大小等因素。

图1-2-27 钢丝钳

图1-2-28 尖嘴钳

图1-2-29 斜口钳

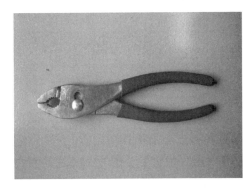

图1-2-30 鲤鱼钳

图 1-2-31 水泵钳

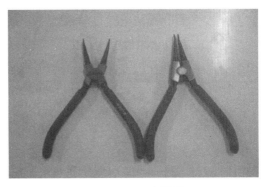

图 1-2-32 卡簧钳

图 1-2-33 大力钳

图 1-2-34 管钳

使用钢丝钳（图 1-2-35）时，用手握住钳柄后端，使钳口开闭，钳口前端主要用于夹持各种零件，根部的刃口可用来切割细导线。

严禁用钳子代替扳手来拧紧或拧松螺母、螺栓，以免损坏螺母、螺栓的棱角。

严禁把钳子当作锤子来使用，这会造成钳子本身的损坏。

严禁拿钳柄当作撬棒使用，以防钳柄弯曲、折断或损坏。

孔用卡簧钳（图 1-2-36）可以将卡簧收缩，以便将卡簧从轴孔内取出。在拆装卡簧时，可先使用卡簧钳将卡簧旋转后再进行拆卸，避免因工件生锈而增加操作难度。

图 1-2-35 钢丝钳的使用

图 1-2-36 卡簧钳的使用

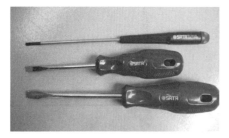

图 1-2-37 一字螺丝刀

④ 螺丝刀。螺丝刀俗称改锥或起子,主要用于旋拧小扭矩、头部开有凹槽的螺栓和螺钉。螺丝刀的类型取决于本身的结构及尖部的形状,常用的有一字螺丝刀(图 1-2-37)、十字螺丝刀。一字螺丝刀用于单个槽头的螺钉,十字螺丝刀用于带十字槽头的螺钉。

冲击螺丝刀(图 1-2-38)也称锤击式加力螺丝刀。如果螺钉、螺栓生锈或拧得过紧,就需要施加较大的力才能把它旋动。冲击螺丝刀通过实施瞬间冲击力来达到拆卸目的。

使用前,应先把冲击螺丝刀的旋转方向调整好,刀口对准螺钉、螺栓的头部,只需要用锤子击打冲击螺丝刀后部,冲击螺丝刀即可对螺钉、螺栓实施冲击力,达到对螺钉、螺栓进行松动的目的。

⑤ 锤子。锤子也称榔头或手锤,属于锤击类工具,主要用于锤击錾子、冲子等工具或用来敲击工件,使工件变形、产生位移、振动,从而达到校正、整形等目的。锤子按锤头的形状不同可分为圆头锤、方锤、钣金锤等,按锤头的材料不

图 1-2-38 冲击螺丝刀

同可分为铁锤、软面锤(木槌、橡胶锤、塑料锤)等(图 1-2-39、图 1-2-40)。

图 1-2-39 铁锤

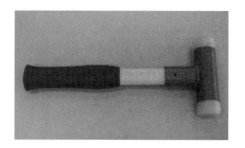

图 1-2-40 软面锤

锤子的正确使用方法:

a. 紧握法:右手 5 个手指紧握锤柄,大拇指合在食指上,虎口对准锤头方向(木柄椭圆的长轴方向),木柄尾端露出 15~30 mm。在敲击和挥锤过程中,五指始终紧握锤柄。

b. 松握法:只有大拇指和食指始终握紧锤柄,其余三指在挥锤时,按小指、无名指、中指顺序依次放松;在敲击时,又以相反的次序收拢握紧。这种方法的优点是手不易疲劳,且产生的敲击力较大。手握锤柄的位

维修工具的认识

置不要太靠近锤头,而要尽量靠近手柄的末端,这样打击时才会更省力、更灵活。

三、专用的维修工具有哪些?

(1)活塞环装卸钳

活塞环装卸钳(图1-2-41)主要用于从活塞环槽中取出或装入活塞环。活塞环镶放在活塞环槽内,如果想取出或装入,必须克服活塞环的弹力,使活塞环内径要大于活塞直径,才能正常取出。

如图1-2-42所示,使用活塞环装卸钳时,用环卡卡住活塞环开口间隙,轻握手柄慢慢收缩,在杠杆力的作用下,活塞环会逐渐张开,当其略大于其活塞直径时,便可将活塞环从环槽内装入或取出。使用时,活塞环要与钳面紧贴,手柄要轻握;张开活塞环时,不可用力过猛,以防滑脱;同时,张开开口不宜过大,以防折断。

图1-2-41 活塞环装卸钳

图1-2-42 活塞环装卸钳的使用

(2)活塞环压缩器

活塞环压缩器(图1-2-43)一般用带有刚性的铁皮制成。活塞环压缩器的大小、型号有所不同,选用时要根据活塞的直径选择合适的活塞环压缩器。

现在有些4S店中,维修车型比较单一,在安装活塞时经常使用压环器,其形状为锥形管状体,将装好活塞环的活塞及连杆放入压环器内,由于锥形结构将使活塞环自动压入活塞内,活塞连杆组就能很容易地进入气缸了。

安装活塞环时,应将各环口位置分布一下,将活塞环压缩器包裹在活塞的外面(图1-2-44),然后使用配套扳手收缩压缩器,将活塞环压入环槽内。

图1-2-43 活塞环压缩器

图1-2-44 活塞环压缩器的使用

（3）气门弹簧钳

气门弹簧钳（图1-2-45）是专门用于拆装气门的专用工具。在安装发动机气门时，气门弹簧处于预压缩状态，要想拆卸气门或气门锁片，必须对气门弹簧进行压缩。

气门弹簧钳使用时将凸台顶住气门头部，压头贴住气门弹簧座，然后下压手柄带动压头和气门弹簧下行，使锁片脱落在压头的凹槽内（图1-2-46）。

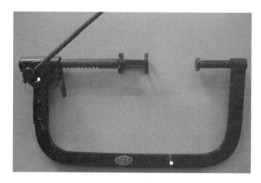

图1-2-45 气门弹簧钳

图1-2-46 气门弹簧钳的使用

（4）机油滤清器扳手

常见的机油滤清器扳手（图1-2-47）类型很多、结构各异，但作用相同，使用的操作方法也基本相似。

杯式滤清器扳手类同一个大型套筒，拆卸不同车型的滤清器需要不同尺寸的扳手，在购买时多为组套形式配装。使用时将杯式滤清器扳手套在机油滤清器顶部的多棱面上（图1-2-48），使用方法同套筒扳手。

图1-2-47 机油滤清器扳手

图1-2-48 杯式滤清器扳手的使用

（5）火花塞套筒

火花塞套筒（图1-2-49）专用于火花塞的拆卸及更换，可视为长套筒的一种变形形式，采用薄壁结构以避免与其他部分相互干涉。现在的车型主要使用16 mm类型，旧车型也有采用21 mm类型的。

（6）减振弹簧压缩器

减振器在装配时，向减振弹簧施加了很大的压缩力。要想更换减振阻尼器，必须拆卸减振器弹簧，但拆卸减振器弹簧则必须使用减振弹簧压缩器（图1-2-50）对弹簧进行压缩。

图1-2-49 火花塞套筒

图1-2-50 减振弹簧压缩器

（7）球头分离器

有些球头在车上使用时间过长，已经锈死，很难拆卸。球头分离器（图1-2-51）是使球头分离的很好的专用工具。根据球头的位置不同，设计的球头分离器的结构也不相同。

（8）密度计

在汽车维修中要经常用密度针（图1-2-52）检测各种液体的密度，如电解液密度、冷却液密度及喷洗液密度等，可通过密度情况了解蓄电池的充电情况及冷却液的凝固点。电解液密度在1.25~1.28 g/cm³，随环境温度及蓄电池放电量的变化而变化。

图1-2-51 球头分离器

（9）剥线钳

剥线钳（图1-2-53）是快速、便捷的去除导线绝缘层的工具，但很多汽车维修技术人员不能正确使用或者干脆使用尖嘴钳等代替。禁止使用尖嘴钳代替剥线钳，因为使用尖嘴钳很容易造成导线内金属丝的损坏。

图1-2-52 密度计

图1-2-53 剥线钳

四、怎样正确举升车辆?

（1）举升机类型

汽车举升机是用于汽车维修过程中举升汽车的设备（图 1-2-54～图 1-2-57），汽车开到举升机工位，通过人工操作可使汽车举升一定的高度，便于汽车维修。举升机在汽车维修

图 1-2-54 双柱举升机

图 1-2-55 四柱举升机

图 1-2-56 超薄剪式液压举升机

图 1-2-57 剪式液压举升机

养护中发挥着非常重要的作用，现在的维修厂都配备了举升机，举升机是汽车维修厂的必备设备。举升机分为：单柱、双柱（两柱）、四柱、龙门、子母大剪、超薄双剪、地藏剪式举升机等。

（2）举升机操作规程

① 使用前应清除举升机附近妨碍作业的器具及杂物，并检查操作手柄是否正常。

② 操作机构灵敏有效，液压系统不允许有爬行现象。

③ 支车时，四个支角应在同一平面上，调整支角胶垫高度使其接触车辆底盘支撑部位。

④ 支车时，车辆不可支得过高，支起后四个托架要锁紧。

⑤ 待举升车辆驶入后，应将举升机支撑块调整移动对正该车型规定的举升点。

⑥ 举升时人员应离开车辆，举升到需要高度时，必须插入保险锁销，并确保安全可靠才可开始车底作业。

⑦ 除低保及小修项目外，其他烦琐笨重作业，不得在举升器上操作修理。

⑧ 举升器不得频繁起落。
⑨ 支车时举升要稳，降落要慢。
⑩ 有人作业时严禁升降举升机。
⑪ 发现操作机构不灵，电动机不同步，托架不平或液压部分漏油，应及时报修，不得带病操作。
⑫ 作业完毕应清除杂物，打扫举升机周围以保持场地整洁。
⑬ 定期（半年）排除举升机油缸积水，并检查油量，油量不足应及时加注相同牌号的压力油；同时，应检查润滑、举升机传动齿轮及缝条。

  在线测验

通过任务学习，扫描下方二维码进入微知库平台的在"线测验"页面，完成在线测验。

任务 1.2 在线测验 A   任务 1.2 在线测验 B

  任务实施

要掌握"汽车拆装基本知识"的相关内容，结合实习车辆完成操作任务。
车辆举升操作流程如表 1-2-1 所示。

剪式举升机的操作

表 1-2-1 车辆举升操作流程

操作示意图	操作步骤描述
	① 使用前，打开电源，检查电动机电源是否安装正确，检查举升机有无漏电、漏油状况 ② 将车辆停在举升机的中间位置，此位置能将举升机的托臂支在汽车底盘指定支撑位置

续表

操作示意图	操作步骤描述
	③ 将车挂入 P 或 N 挡,拉上手刹
	④ 对好四个支撑点(汽车底盘的指定位置上)。四个支撑点位置通常用钢板加强,可承受较大的力
	⑤ 开动举升机,待支点接近车辆时停止举升车辆
	⑥ 再次检查支点与车辆是否对齐

续表

操作示意图	操作步骤描述
	⑦ 开动举升机，待支点与车辆接触后，重新检查支点位置，确定无误后将车辆举升离地（300 mm）
	⑧ 在车辆侧面推动车辆，确定车辆稳定后将车辆举升到工作高度
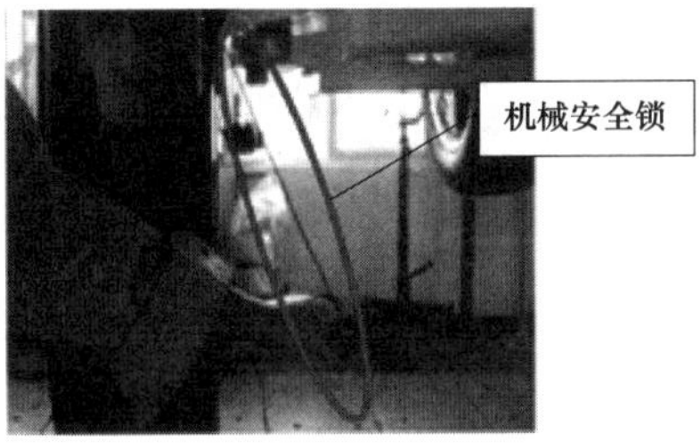 机械安全锁	⑨ 下降车辆时，先解除防下落保险

拓展提升

（1）车辆的随车工具

三角警示牌：当车辆遇到突发状况需要在道路上停放时，需要放置警示牌。

轮胎螺栓扳手：用于拆装轮胎螺母，使用千斤顶时也可以当作摇杆的一部分。

千斤顶摇杆：用于升降千斤顶。

牵引环：用于车辆的前后牵引。

一字螺丝刀：安装牵引环时使用。

（2）汽车备胎的安装位置与更换

汽车备胎安装位置如图 1-2-58 所示。汽车备胎的更换如图 1-2-59 所示。

图 1-2-58 汽车备胎的安装位置

图 1-2-59 汽车备胎的更换

备胎更换流程

项目二
发动机构造与拆装

本项目主要是让学生了解汽车发动机的总体结构与工作原理，学会使用发动机拆装的工具和设备，能按规范流程完成拆装任务。内容为"发动机总体结构认知""发动机外部附件拆装""配气机构认知与拆装""曲柄连杆机构认知与拆装""冷却系统认知与拆装""润滑系统认知与拆装""点火系统认知与拆装""燃油供给系统认知与拆装"共八个学习任务。通过相关理论知识学习和实践操作训练，了解发动机各机构系统作用、分类和基本结构，熟练掌握发动机各总成机构的拆装。同时，学生自己还要查阅大量资料，掌握发动机新技术的运用。

任务 2.1　发动机总体结构认知

学习目标

1. 了解并熟悉汽车发动机的总体结构及分类；
2. 知道发动机的基本术语；
3. 了解发动机的整个工作过程；
4. 了解发动机的特性。

相关知识

一、什么是汽车发动机？

发动机是汽车的"心脏"，是车辆的动力源。它"吃"的是空气中的氧气和汽油之类的燃料，产生类似电风扇一样的旋转作用力，通过发动机后面圆圆的"铁饼"——飞轮把力传出去，传给底盘变速器等机构，最终驱动车辆，如图2-1-1所示。

发动机组装动画

图2-1-1　汽车发动机结构

汽车的动力源就是发动机，而发动机的动力则来源于气缸内部。发动机气缸就是一个把燃料的内能转化为动能的场所，可以简单理解为，燃料在气缸内燃烧，产生巨大压力，推动活塞上下运动，通过连杆把力传给曲轴，最终转化为旋转运动，再通过变速器和传动轴，把动力传递到驱动车轮上，从而推动汽车前进。

二、发动机常见的类型有哪些？

汽车发动机的种类繁多，可按照不同特征加以分类，常见的有以下八类。

(1) 按活塞的运动方式分类

根据发动机将热能转化为机械能的主要构件形式的不同，发动机可分为往复活塞式（图2-1-2）和转子活塞式（图2-1-3）两种。前者的活塞在气缸内做往复直线运动，后者的活塞在气缸内做旋转运动。

图2-1-2 往复活塞式

图2-1-3 转子活塞式

(2) 按所用燃料分类

根据所用燃料不同，发动机可分为汽油发动机（简称汽油机）和柴油发动机（简称柴油机）两种。使用汽油为燃料的内燃机称为汽油机（图2-1-4），使用柴油为燃料的内燃机称为柴油机（图2-1-5）。汽油机与柴油机各有特点：汽油机转速高、质量小、噪声小、起动容易、制造成本低；柴油机压缩比大、热效率高，经济性能和排放性能都比汽油机好。

(3) 按点火方式分类

根据点火方式不同，发动机分为点燃式和压燃式两种。点燃式发动机利用电火花使可燃混合气着火，如汽油机（图2-1-4）。压燃式发动机是通过喷油泵和喷油器将燃油直接喷入气缸，与气缸内经压缩升温后的空气混合，使之在高温下自燃，如柴油机（图2-1-5）。

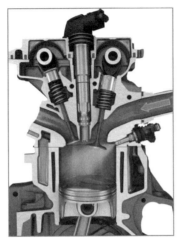
图 2-1-4 汽油机

图 2-1-5 柴油机

（4）按冲程数分类

发动机按照完成一个工作循环所需的冲程数可分为四冲程内燃机和二冲程内燃机。把曲轴转两圈（720°），活塞在气缸内上下往复运动四个冲程，完成一个工作循环的内燃机称为四冲程内燃机，如图 2-1-6 所示；而把曲轴转一圈（360°），活塞在气缸内上下往复运动两个冲程，完成一个工作循环的内燃机称为二冲程内燃机。汽车发动机广泛使用四冲程内燃机。

四冲程汽油机的工作过程：汽油机是将空气与汽油以一定的比例混合成良好的混合气，再被吸入气缸，混合气经压缩点火燃烧而产生热能，高温高压的气体作用于活塞顶部，推动活塞做往复直线运动，通过连杆、曲轴飞轮机构对外输出机械能。四冲程汽油机在进气行程、压缩行程、做功行程和排气行程内完成一个工作循环。

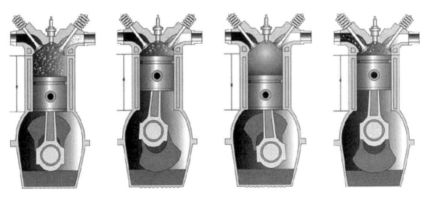

图 2-1-6 四冲程汽油机工作示意

（5）按冷却方式分类

根据冷却方式不同，发动机可分为水冷发动机和风冷发动机（图 2-1-7）。内燃水冷发动机是利用在气缸体和气缸盖冷却液套中进行循环的冷却液作为冷却介质进行冷却的；而风冷发动机是利用流动于气缸体与气缸盖外表面散热片之间的空气作为冷却介质进行冷却的。水冷发动机冷却均匀，工作可靠，冷却效果好，被广泛地应用于现代车用发动机。

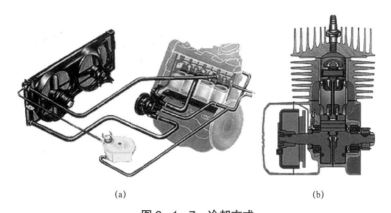

图 2-1-7　冷却方式
（a）水冷发动机；（b）风冷发动机

（6）按气缸数分类

发动机只有一个气缸的称为单缸发动机（图 2-1-8），有两个以及两个以上气缸的称为多缸发动机（图 2-1-9）。多缸发动机还可以根据气缸的具体数目及其排列形式进一步分类，汽车发动机一般为多缸发动机，如双缸、三缸、四缸、五缸、六缸、八缸、十二缸、十六缸发动机等。现代车用发动机多采用三缸、四缸、六缸、八缸发动机。

图 2-1-8　单缸发动机　　　　图 2-1-9　多缸发动机

（7）按气缸的排列形式分类

发动机按气缸的排列形式可分为直列发动机（图 2-1-10）、V 型发动机（图 2-1-11）、对置发动机（图 2-1-12）。通常排气量在 2.0 L 以下的汽车一般采用直列发动机，排气量在 3.0 L 以上的汽车一般采用 V 型发动机。

图 2-1-10　直列发动机

图 2-1-11　V 型发动机

图 2-1-12　对置发动机

（8）按进气系统是否采用增压方式分类

内燃机按照进气系统是否采用增压方式可以分为自然吸气式（非增压式）发动机和强制进气式（增压式）发动机，如图 2-1-13 所示，汽油机常采用自然吸气式。

(a)　　　　　　　　　　(b)

图 2-1-13　按照增压方式分类

(a) 自然吸气式（非增压式）发动机；(b) 强制进气式（增压式）发动机

三、发动机常用术语有哪些？

① 上止点：活塞顶离曲轴中心最大距离时的位置称为上止点（TDC），如图2-1-14所示。

② 下止点：活塞顶离曲轴中心最小距离时的位置称为下止点（BDC），如图2-1-14所示。

发动机常用术语

③ 活塞行程：活塞运行在上下两个止点间的距离称为活塞行程，一般用 S 表示。它等于曲轴连杆轴部分旋转直径的长度。

④ 冲程：活塞完成一个行程的过程叫冲程。

⑤ 曲柄半径：曲轴旋转中心到曲柄销中心之间的距离称为曲柄半径，一般用 R 表示，如图2-1-14所示。

⑥ 燃烧室容积：活塞位于上止点时，活塞顶上方的空间，一般用 V_c 表示，如图2-1-14所示。

⑦ 工作容积：活塞从上止点运行到下止点所让出的容积，一般用 V_h 表示，如图2-1-14所示。

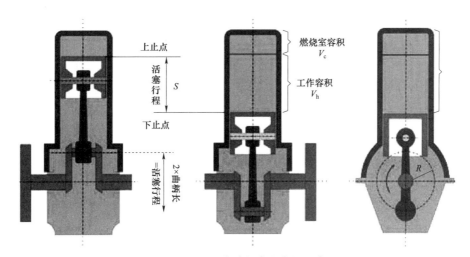

图2-1-14 发动机专业术语示意

⑧ 发动机排量：多气缸发动机的各气缸工作容积之和，一般用 V_L 表示。

$$V_L = V_h i$$

式中，i——气缸数目。

⑨ 总容积：活塞位于下止点时活塞顶上方的容积，一般用 V_a 表示，$V_a = V_c + V_h$。

⑩ 压缩比：表示气体的压缩程度，是气体压缩前的容积与气体压缩后的容积之比值，即气缸总容积与燃烧室容积之比，一般用 ε 表示。

$$\varepsilon = \frac{V_a}{V_c} = \frac{V_h + V_c}{V_c} = 1 + \frac{V_h}{V_c}$$

式中，V_a——气缸总容积；

V_h——气缸工作容积；

V_c——燃烧室容积。

⑪ 工作循环：汽车的每一个工作循环包括进气、压缩、做功和排气过程，即完成进气、压缩、做功和排气四个过程叫一个工作循环。

四、发动机的动力源于爆炸？

1680年，荷兰科学家霍因斯受到大炮原理的启发，心想如将炮弹的强大力量用来推动其他机械不是挺好吗？他一开始仍用火药做燃烧爆炸物，将炮弹改成"活塞"，用炮筒做"气缸"，并开一个单向阀。他在气缸内注入火药，当点燃火药后，火药猛烈地爆炸燃烧，推动活塞向上运动，并产生动力。

当然，由于行程过长、效率太低，他最终没有取得成功。但正是由于霍因斯首先提出了"内燃机"的设想，后人在此基础上才发明了汽车使用的发动机。

汽车的动力来自汽油或柴油燃烧时产生的爆炸力。可是，如果把汽油放在一个盆中并把它点燃，为什么只燃烧而不爆炸呢？

因为盆子不是密封的，而是敞口的。如果在一个密封容器中装入汽油和空气后点燃它们，便会产生爆炸现象。汽车发动机就是根据这个原理设计的。

如果将汽油和空气按照最适合燃烧的比例（1:14.7）进行混合，并对它们进行大力压缩使之温度上升，此时点燃它们就会产生更大的爆炸力。将这种力量通过一系列的机构"引导"到车轮上，它便会推动汽车前进。

发动机工作原理

五、发动机的工作原理是怎样的？

发动机之所以能源源不断地提供动力，得益于气缸内的进气、压缩、做功、排气这四个行程有条不紊地循环运作，如图2-1-15所示。

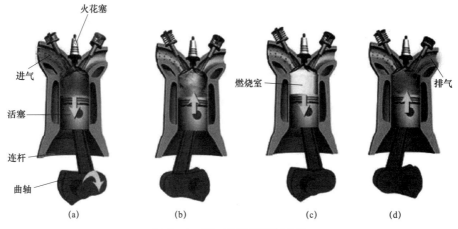

图2-1-15 发动机原理示意

（a）进气行程；（b）压缩行程；（c）做功行程；（d）排气行程

发动机在工作过程中，活塞从上止点运行到下止点，或从下止点运行到上止点，叫作一个冲程。四冲程发动机每个工作循环有四个冲程，分别叫作进气冲程、压缩冲程、做功冲程和排气冲程。活塞在气缸内的四个冲程，只有做功冲程产生动能，其他冲程只是为气缸的下一个做功冲程做准备。

因为汽油发动机与柴油发动机所使用的燃料有所不同，所以它们工作时的四个冲程从本质上有一定的异同之处。下面介绍汽油发动机的工作循环，在工作中我们也可把冲程叫作行程。

（1）进气行程

进气行程：吸入新鲜的空气和燃油混合气或纯空气，如图2-1-16所示。

进气门打开，排气门关闭，活塞由上止点（TDC）向下止点（BDC）运动。这会在气缸内产生一个真空，将按特定比例混合的空气和汽油混合气吸入气缸。对于直喷式汽油机，在进气行程中吸入气缸的是纯空气。

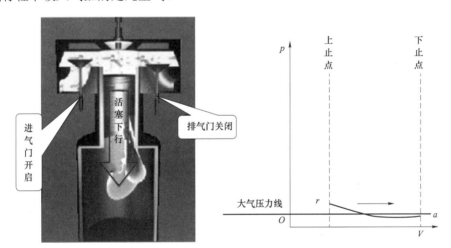

图2-1-16 进气行程示功图

（2）压缩行程

压缩行程，进、排气门关闭，活塞从下止点移动至上止点，将混合气体压缩至气缸顶部，以提高混合气的温度，为做功行程做准备，如图2-1-17所示。

（3）做功行程

做功行程，火花塞将压缩的气体点燃，混合气体在气缸内发生"爆炸"产生巨大压力，将活塞从上止点推至下止点，通过连杆推动曲轴旋转，如图2-1-18所示。

（4）排气行程

排气行程，活塞从下止点移至上止点，此时进气门关闭，排气门打开，将燃烧后的废气通过排气歧管排出气缸，如图2-1-19所示。

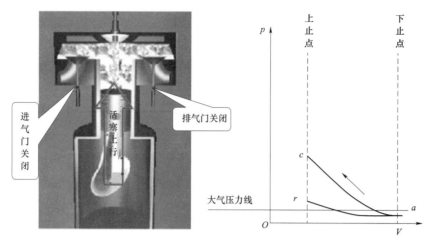

图 2-1-17　压缩行程示功图

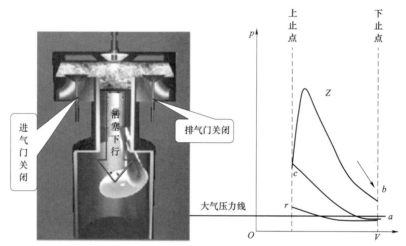

图 2-1-18　做功行程示功图

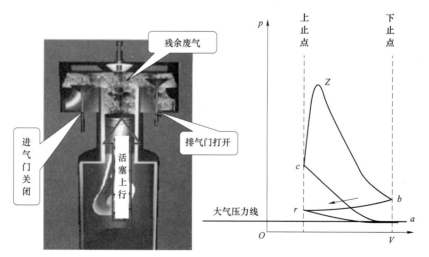

图 2-1-19　排气行程示功图

六、发动机由哪些零件构成？

一台汽车发动机不可拆卸的零部件总数是根据其构造的复杂程度而异的，一般为300～500个；一些特殊的车辆（如跑车、赛车等）的发动机中，不可拆卸的零部件数量高达几千个，如图2-1-20所示。

汽油机由两大机构和五大系统组成，即由曲柄连杆机构，配气机构、燃料供给系统、润滑系统、冷却系统、点火系统和起动系统组成；柴油机是压燃的，不需要点火系统。

发动机基本组成

图2-1-20 发动机的零件

（1）曲柄连杆机构

曲柄连杆机构是发动机实现工作循环、完成能量转换的主要运动零件。它由机体组、活塞连杆组和曲轴飞轮组等组成，如图2-1-21所示。

（2）配气机构

配气机构的功用是根据发动机的工作顺序和工作过程，定时开启和关闭进气门和排气门，使可燃混合气或空气进入气缸，并使废气从气缸内排出，实现换气过程。配气机构由气门组和气门传动组组成，如图2-1-22所示。

（3）燃料供给系统

汽油机燃料供给系统的功用是根据发动机的要求，配制出一定数量和浓度的混合气，供入气缸，并将燃烧后的废气从气缸内排出到大气中；柴油机燃料供给系统的功用是把柴油和空气分别供入气缸，在燃烧室内形成混合气并燃烧，最后将燃烧后的废气排出，如图2-1-23所示。

图 2-1-21 曲柄连杆机构

图 2-1-22 配气机构

（4）润滑系统

润滑系统的功用是向做相对运动的零件表面输送定量的清洁润滑油,以实现液体摩擦,减小摩擦阻力,减轻机件的磨损,并对零件表面进行清洗和冷却。润滑系统通常由润滑油道、机油泵、机油滤清器和一些阀门等组成,如图 2-1-24 所示。

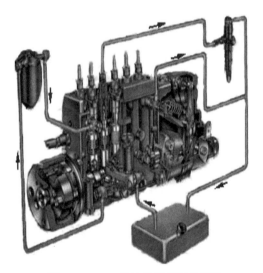
图 2-1-23 柴油机燃料供给系统

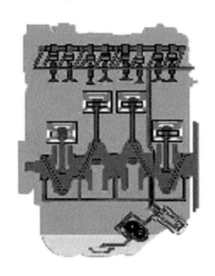
图 2-1-24 润滑系统

（5）冷却系统

冷却系统的功用是将受热零件吸收的部分热量及时散发出去,保证发动机在最适宜的温度状态下工作。水冷发动机的冷却系统通常由冷却水套、水泵、风扇、水箱、节温器等组成,如图 2-1-25 所示。

（6）点火系统

汽油机中,气缸内的可燃混合气是靠电火花点燃的,为此在汽油机的气缸盖上装有火花塞,火花塞头部伸入燃烧室内。能够按时在火花塞电极间产生电火花的全部设备称为点火系统。点火系统通常由蓄电池、发电机、分电器、点火线圈和火花塞等组成，如图 2-1-26 所示。

（7）起动系统

发动机由静止状态过渡到工作状态，必须先用外力转动发动机的曲轴，使活塞做往复运动，气缸内的可燃混合气燃烧膨胀做功，推动活塞向下运动使曲轴旋转，发动机才能自行运转，工作循环才能自动进行。曲轴在外力作用下开始转动到发动机开始自动地怠速运转的全过程，称为发动机的起动。完成起动过程所需的装置，称为发动机起动系统，如图 2-1-27 所示。

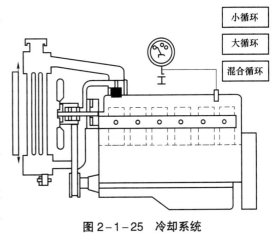

图 2-1-25 冷却系统

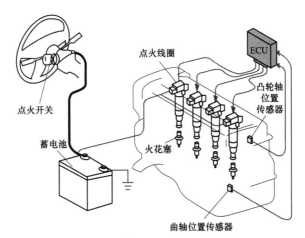

图 2-1-26 点火系统

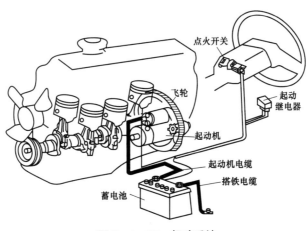

图 2-1-27 起动系统

七、发动机的型号怎么区分？

发动机型号是发动机生产企业按照有关规定、企业或行业惯例以及发动机的属性，为某一批相同产品编制的识别代码，用以表示发动机的生产企业、规格、性能、特征、工艺、用途和产品批次等相关信息，如燃料类型、气缸数量、排量和静制动功率等。

装在轿车或多用途载客车上的发动机，都按规定标明了发动机专业制造厂、型号及生产编号，由四部分组成，如图2-1-28所示。

① 首部：包括产品系列符号、换代标志符号，制造厂根据需要可以自选相应的字母表示，但须经行业标准标准化归口单位核准、备案。

② 中部：由缸数符号、气缸布置形式符号、冲程符号和缸径符号组成。

③ 后部：由结构特征符号和用途特征符号组成。

④ 尾部：区分符号。同一系列产品因改进等原因需要区分时，由制造厂选择适当的符号表示。后部与尾部可用"-"分隔。

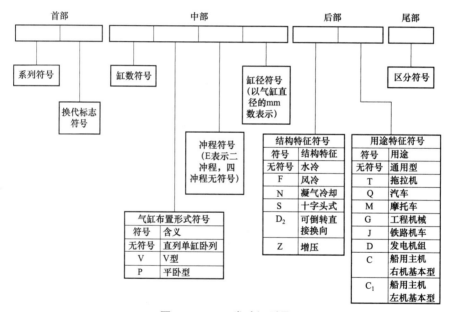

图2-1-28 发动机型号

八、如何判断发动机的性能好坏？

（1）有效扭矩

发动机通过飞轮对外输出的扭矩称为有效扭矩，单位为N·m。有效扭矩与外界施加于发动机曲轴上的阻力矩相平衡。

（2）有效功率

发动机通过飞轮对外输出的功率称为有效功率，单位为kW。它等于有效扭矩与曲轴角速度的乘积。发动机的有效功率可以用台架试验方法测定，也可用测功器测定有效扭矩和曲轴角速度,然后运用下面的公式计算发动机的有效功率(kW),其中 n 为曲轴转速(r/min)。

$$P_e = T_e \frac{2\pi n}{60} \times 10^{-3} = \frac{T_e n}{9\,550}$$

发动机每发出 1 kW 有效功率,在 1 h 内所消耗的燃油质量(以 g 为单位)称为燃油消耗率。很明显,燃油消耗率越低,经济性越好。

燃油消耗率[g/(kW·h)]按下式计算：

$$b_e = \frac{B}{P_e} \times 10^3$$

式中,B——发动机在单位时间内的耗油量,kg/h,可由试验测定；

P_e——发动机的有效功率,kW。

(3) 速度特性

发动机速度特性指发动机的功率、扭矩和燃油消耗率三者随曲轴转速变化的规律。发动机工作状况(简称发动机工况)一般是用它的功率与曲轴转速来表征,有时也用负荷与曲轴转速来表征。

发动机在某一转速下的负荷,就是当时发动机发出的功率与同一转速下所能发出的最大功率之比,以百分数表示。如某一转速是全负荷,并不意味着发动机发出的是最大功率。就是说,功率的大小并不代表负荷的大小。

此外,外特性曲线上各点都表示在各转速下的全负荷工况,但在同一根特性曲线上各点的负荷值并不相同。在同一转速下,节气门开度越大表示负荷越大,但是两者并不成比例。

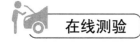

通过任务学习,扫描下方二维码进入微知库平台的"在线测验"页面,完成在线测验。

任务 2.1　在线测验

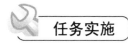

要掌握"发动机总体结构认知"的相关内容,结合实习车辆完成操作任务。

发动机总体结构

发动机总体结构认知如表 2-1-1 所示。

表 2-1-1 发动机总体结构认知

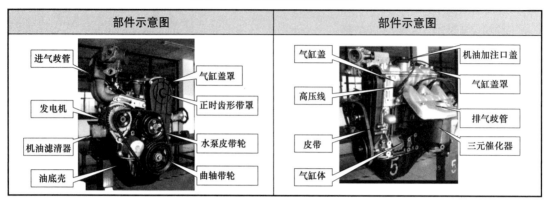

拓展提升

四冲程柴油机的工作原理

（1）进气冲程

进入气缸的工质是纯空气。由于柴油机进气系统阻力较小，进气终点压力 p_a=0.85～0.95 MPa，比汽油机高；进气终点温度 T_a=300～340 K，比汽油机低。

（2）压缩冲程

由于压缩的工质是纯空气，因此柴油机的压缩比比汽油机高（一般为 16～22）。压缩终点的压力为 3 000～5 000 kPa，压缩终点的温度为 750～1 000 K，大大超过柴油的自燃温度（约 520 K）。

（3）做功冲程

当压缩冲程接近终了时，在高压油泵作用下，将柴油以 100 MPa 左右的高压通过喷油器喷入气缸燃烧室中，在很短的时间内与空气混合后立即自行发火燃烧。气缸内气体的压力急速上升，最高达 5 000～9 000 kPa，最高温度达 1 800～2 000 K。由于柴油机是靠压缩自行着火燃烧，因此称柴油机为压燃式发动机。

（4）排气冲程

柴油机的排气冲程与汽油机基本相同，只是排气温度比汽油机低。

任务 2.2　发动机外部附件拆装

学习目标

1. 了解发动机进气和排气系统；
2. 了解发动机增压技术；
3. 能按正确的顺序拆装进、排气歧管。

相关知识

一、发动机需要"呼吸"吗？

油要燃烧需要氧气，所以要"吸"空气。燃烧完了的废气要排出去，才能再"吸"气，所以也得"呼"气。

进气系统由空气滤清器、进气软管、节气门总成、进气歧管组成，如图 2-2-1 所示。发动机工作时，驾驶员通过加速踏板操纵节气门的开度，以此来改变进气量，控制发动机的运转。进入发动机的空气经空气滤清器滤去尘埃等杂质后，流经空气流量计，沿节气门通道进入动力腔，再经进气歧管分配到各个气缸中；发动机冷车怠速运转时，部分空气经附加空气阀或怠速控制阀绕过节气门进入气缸。

图 2-2-1　进气系统的组成

排气系统指收集并且排放废气的系统，包括排气歧管、三元催化器、排气管、消声器和尾管等，如图 2-2-2 所示。新鲜空气与汽油混合进入发动机燃烧后，产生高温高压的气体推动活塞。当气体能量释放后，对发动机就不再有价值，这些气体就成为废气被排放到发动机外。废气自气缸排出后，随即进入排气歧管，各缸的排气歧管汇集后，经过排气管将废气排出。而就如进气歧管一样，气体在排气歧管内也是以脉冲的方式离开发动机，所以各缸的排气歧管长度及弯度也要设计成尽量相同，使各缸的排气都能一样顺畅。

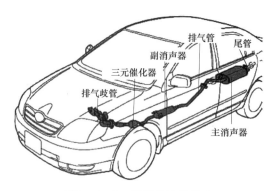

图 2-2-2 排气系统的组成

二、空气滤清器有什么作用?

发动机在工作过程中要吸进大量的空气,如果空气不经过滤清,空气中悬浮的尘埃被吸入气缸中,就会加速活塞组及气缸的磨损。较大的颗粒进入活塞与气缸之间会造成严重的"拉缸"现象,这在干燥多沙的工作环境中尤为严重。空气滤清器装在进气管的前方,起到滤除空气中灰尘、砂粒的作用,保证气缸中进入足量、清洁的空气,如图 2-2-3 所示。

空气滤清器拆装

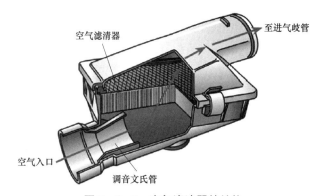

图 2-2-3 空气滤清器的结构

空气滤清器一般有纸质和油浴式两种。由于纸质滤清器具有滤清效率高、质量轻、成本低、维护方便等优点,已被广泛采用。纸质滤芯的滤清效率高达 99.5%以上,油浴式滤清器的滤清效率在正常的情况下为 95%～96%。纸质滤芯分为干式滤芯和湿式滤芯两种。干式滤芯材料为滤纸或无纺布。为了增加空气的通过面积,都把滤芯加工出许多细小的褶皱。当滤芯轻度污损时,可以使用压缩空气吹净;当滤芯污损严重时,应当及时更换为新芯。对干式滤芯来说,一旦浸入油液或水分,滤清阻力就会急剧增大,因此清洁时切忌接触水分或油液,否则必须更换为新芯。

纸质空气滤清器在标准含尘条件下正常使用寿命为 2 万～5 万公里。

在发动机运转时,进气是断续的,从而引起空气滤清器壳体内的空气振动。如果空气压力波动太大，有时会影响发动机的进气。此外，这时也将加大进气噪声。为了抑制进气噪声，可以加大空气滤清器壳体的容积，有的还在其中布置了隔板，以减小谐振。

三、什么是进气软管？

进气管通常指发动机空气滤清器到节气门体之间的进气软管（图2-2-4）。进气软管必须保证有足够的流通面积，避免转弯及截面突变，改善管道表面的光洁度等以减小阻力。为此，在高性能的汽油机上采用了直线型进气系统，在直线化的同时，还应合理设计气道节流和进气管长度，布置适当的稳压箱容积等，以期达到高转速、高功率的目的。

图 2-2-4　进气软管

在汽油机上，进气管还必须考虑燃烧的雾化、蒸发、分配以及压力波的利用等问题。在柴油机上，还要求气流通过进气道时在气缸中形成进气涡流，以改善混合气的形成和燃烧质量。这些要求往往互相矛盾，如为得到高速、高功率，进气管直径宜选大些；而为中、低速经济考虑，进气管直径宜选小些，故必须根据用途协调处理。

四、节气门体总成是什么意思？

节气门体总成是控制发动机吸气多少的一个阀门。节气门体根据喷油器装配位置的不同来对进入气缸的空气或者混合气进行控制，由驾驶员踩下加速踏板通过节气门位置传感器来控制喷油器喷油量和节气门开度大小，如图2-2-5所示。节气门体分电子式和机械式两种。

图 2-2-5　节气门体总成的结构

五、进气歧管为什么要设计成可变式的？

进气歧管（图 2-2-6）是将空气或者空气和燃油的混合气送入发动机的一个组件，同时进气歧管也是其他管路和较小附件的支撑体，如炭罐电磁阀、真空助力器和一些真空阀等的管路接头。

进气歧管总成

进气歧管的作用：把空气、燃料、曲轴箱通风的油气和EGR（排气再循环）的废气均

图 2-2-6 进气歧管的结构

匀地分配给各缸；利用进气歧管和稳压箱的形状和长度提高充量系数。

进气歧管按照材料成分主要可以分为铸铝进气歧管和塑料进气歧管。铸铝进气歧管质量轻、强度高，但是铸造的时候毛坯比较粗糙，进气歧管内壁不平对进气量影响较大；塑料进气歧管成本低，内壁不存在粗糙不平的情况，因此进气量较好，现在高档车的进气歧管一般都用塑料的。

发动机需要转速高时，如果进气流速比较低，进入气缸的空气量就会减少，满足不了发动机的高速运转及最大功率输出，如图2-2-7所示。如将进气歧管的长度变短一些，便可提高进气速度，从而将进气流速控制在一个合理的范围内，因此将进气歧管设计成为可变式的。

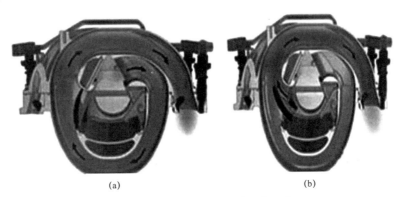

(a) (b)

图 2-2-7 可变进气歧管长度示意

（a）进气歧管较长；（b）进气歧管较短

六、排气歧管的设计有何特点？

排气歧管是将发动机各个缸排出的燃烧后的废气汇集后送到发动机尾气处理系统。排气歧管内部构造必须尽可能减小排气阻力，以免影响发动机的容积效率。

一般采用价格便宜、耐高温的铸铁制成。但也有采用不锈钢管制成的，其优点为管壁薄、质量轻、形状自由度大、可提高容积效率。

排气歧管与缸盖连接法兰各气孔之间部分设计得比较窄，其作用就是防止高温变形量大，避免应力集中。大多数排气歧管法兰都采用分段结构（图2-2-8）。

图 2-2-8 排气歧管

排气歧管的特点是：各缸排气歧管相对独立；各缸排气歧管长度相对等长；排气歧管的内表面光滑。

七、什么是排气消声器？

排气消声器的作用是降低发动机的排气噪声，并使高温废气能安全有效地排出。消声器作为排气管道的一部分，应保证其排气畅通、阻力小及有足够的强度。消声器要经受500～700℃高温排气，保证在汽车规定的行驶里程内不损坏、不失去消声效果。

目前在轿车上流行的排气消声器由前消声器（主消声器，如图2-2-9所示）、中消声器和后消声器（副消声器）以及连接管等组成，并焊接成一个整体，以保持消声器的坚固性。

前消声器采用谐振原理，将三个大小不同的谐振室彼此用穿孔管贯通。穿孔管、隔板和断面的突变是谐振室内的基本声学

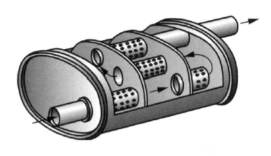

图2-2-9 主消声器的结构

元件，它们作为声源的发射体，彼此间利用声波的相互干涉和在谐振室内传播的声波向这些声源反射，从而达到消声的效果。谐振器对抑制低频声波特别有效。中消声器采用谐振器和吸声原理，使气体在两谐振室之间突然膨胀，从反射孔流出的气体再在穿孔管中折返后排出。采用吸声原理的后消声器在穿孔管外面装填了吸声材料。

八、什么是三元催化器（TWC）？

三元催化器（图2-2-10）是安装在汽车排气系统中最重要的机外净化装置，它可将汽车尾气排出的CO（一氧化碳）、HC（碳氢化合物）和NO_x（氮氧化物）等有害气体通过氧化和还原作用转变为无害的CO_2（二氧化碳）、H_2O（水）和N_2（氮气）。由于这种催化器可同时将废气中的三种主要有害物质转化为无害物质，故称三元催化器。

三元催化器类似消声器。它的外面用双层不锈薄钢板制成筒形。在双层薄板夹层中装有绝热材料——石棉纤维毡。内部在网状隔板中间装有净化剂。净化剂由载体和催化剂组成。载体部件是一块多孔陶瓷材料，安装在特制的排气管当中。称它是载体，是因为它本身并不参加催化反应，而是在上面覆盖着一层铂、铑、钯等贵重金属。它可以把废气中的HC、CO变成水和CO_2，同时把NO_x分解成N_2和O_2。HC、CO是有毒气体，过多吸入会导致人死亡，而NO_x会直接导致光化学烟雾的产生。

经过研究证明，三元催化器是减少这些排放物的最有效的方法。通过氧化和还原反应，CO被氧化成CO_2，HC被氧化成H_2O和CO_2，NO_x被还原成N_2和O_2。

催化剂最低要在250℃的时候起反应，温度过低时，转换效率急剧下降；而催化剂的活性温度（最佳的工作温度）是400～800℃，过高也会使催化剂老化加剧。在理想的空燃比（14.7:1）下，催化转化的效果也最好。

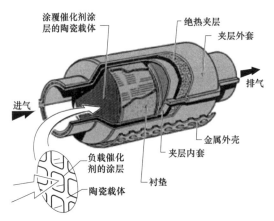

图 2-2-10 三元催化器的结构

在线测验

通过任务学习,扫描下方二维码进入微知库平台的"在线测验"页面,完成在线测验。

任务 2.2 在线测验

任务实施

要掌握"发动机外部附件拆装"的相关内容,结合实习车辆完成操作任务。

进排气歧管拆卸　　　　　　进排气歧管安装

进、排气歧管拆装流程如表 2-2-1 所示。

表 2-2-1　进、排气歧管拆装流程

操作示意图	操作步骤描述
	一、拆卸 ① 拆卸进气歧管。旋出进气歧管的固定螺栓，将进气歧管与密封垫一起取下。 ② 拆卸排气歧管。旋出排气歧管的固定螺母，取下排气歧管和排气歧管密封件。 注意：对角拆卸螺栓
	二、安装 安装以倒序进行，同时注意下列事项： ① 安装进气歧管。 提示：螺栓的拧紧力矩参阅维修手册。 注意：更换进气歧管的密封垫时，需对称拧紧固定螺栓。 ② 安装排气歧管。 提示：螺栓的拧紧力矩参阅维修手册。 注意：需对称拧紧固定螺栓。在安装排气歧管垫片时，垫片突出部分（如箭头所示）必须以左图中所示方向为准

拓展提升

涡轮增压系统

涡轮增压器的发明者是谁？比较公认的说法是瑞士工程师比希。他于 1905 年申报了此项专利，当时主要应用于飞机发动机和坦克发动机，直到1961年美国通用汽车公司才将涡轮增压器试探性地装在其生产的某种车型上。20世纪70年代成了涡轮增压器的一个转折点，装配增压发动机的保时捷911问世。但让涡轮增压技术焕发青春的非瑞典SAAB绅宝公司莫属，它于1977年推出的SAAB99车型将涡轮增压技术传播得更广泛，但那时的涡轮增压器仅限于装配在小车的汽油发动机上面，一直到80年代中期，欧美的卡车制造商才将涡轮增压技术应用在各自的柴油发动机上面，而国产车是在最近10年才开始逐渐流行带涡轮增压器车型的。

涡轮增压发动机是依靠涡轮增压器来加大发动机进气量的一种发动机，涡轮增压器（Turbo）实际上就是一个空气压缩机。它是将发动机排出的废气作为动力来推动涡轮室内的涡轮（位于排气道内），涡轮又带动同轴的叶轮（位于进气道内），叶轮压缩由空气滤清器管道送来的新鲜空气，再送入气缸。当发动机转速加快时，废气排出速度与涡轮转速也同步加快，空气压缩程度就得以加大，发动机的进气量就相应地得到增加，也就可以增加发动机的输出功率了。

机械增压系统：这个装置安装在发动机上并由皮带与发动机曲轴相连接，从发动机输出轴获得动力来驱动增压器的转子旋转，从而将空气增压吹到进气歧管里。其优点是涡轮转速和发动机相同，因此没有滞后现象，动力输出非常流畅。但是由于装在发动机转动轴里面，因此还是消耗了部分动力，增压出来的效果并不好。

气波增压系统：利用高压废气的脉冲气波迫使空气压缩。这种系统增压性能好、加速性好，但是整个装置比较笨重，不太适合安装在体积较小的轿车里面。

废气涡轮增压系统（图2-2-11）：这就是我们平时最常见的涡轮增压装置了。增压器与发动机无任何机械联系，它实际上是一种空气压缩机，通过压缩空气来增加进气量。它是利用发动机排出的废气惯性冲力来推动涡轮室内的涡轮，涡轮又带动同轴的叶轮，叶轮压送由空气滤清器管道送来的空气，使之增压进入气缸。当发动机转速增快时，废气排出速度与涡轮转速也同步增快，叶轮就压缩更多的空气进入气缸，空气的压力和密度增大可以燃烧更多的燃料，相应增加燃料量就可以增加发动机的输出功率。一般而言，加装废气涡轮增压器后的发动机功率及扭矩要增大20%～30%。但是废气涡轮增压器技术也有其必须注意的地方，那就是泵轮和涡轮由一根轴相连，也就是转子；发动机排出的废气驱动涡轮，涡轮带动泵轮旋转，泵轮转动后给进气系统增压。增压器安装在发动机的排气一侧，所以增压器的工作温度很高，而且增压器在工作时转子的转速非常高，可达到每分钟十几万转，如此高的转速和温度使得常见的机械滚针或滚珠轴承无法为转子工作，因此涡轮增压器普遍采用全浮动轴承，由机油来进行润滑，还有冷却液为增压器进行冷却。

复合增压系统：即废气涡轮增压和机械增压并用，机械增压有助于低转速时的扭力输出，但是高转速时功率输出有限；而废气涡轮增压在高转速时拥有强大的功率输出，但在低转速时则力不从心。发动机的设计师们于是就设想把机械增压和涡轮增压结合在一起来解决两种技术各自的不足，同时解决低速扭力输出和高速功率输出的问题。这种装置在大功率柴油机上采用得比较多，汽油机上采用双增压系统（复合增压系统）的车型还比较

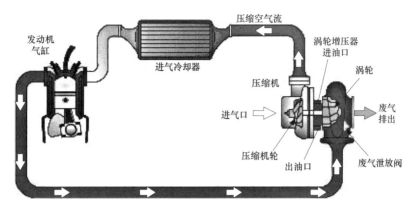

图 2-2-11 废气涡轮增压系统

少,大众的 1.4 TSI 发动机采用了这一系统。这款发动机兼顾了低速扭力输出和高速功率输出。在低转速时,由机械增压提供大部分的增压压力,在 1 500 r/min 时,两个增压器同时提供增压压力。随着转速的提高,涡轮增压器能使发动机获得更大的功率,与此同时,机械增压器的增压压力逐渐减少。机械增压通过电磁离合器控制,它与水泵集合在一起。在转速超过 3 500 r/min 时,由涡轮增压器提供所有的增压压力,此时机械增压器在电磁离合器的作用下完全与发动机分离,防止消耗发动机功率。该发动机输出功率大、燃油消耗率低、噪声小,只是结构太复杂、技术含量高、维修保养不容易,因此很难普及。

任务 2.3 配气机构认知与拆装

学习目标

1. 掌握配气机构的组成及各部分的作用;
2. 能正确理解配气相位知识;
3. 能正确使用工具进行气门组的拆装。

相关知识

一、配气机构的作用是什么?

配气机构的作用:按照发动机每个气缸所进行的工作循环和发火次序的要求,按时开启和关闭各气缸的进、排气门,将新鲜的可燃混合气吸入气缸,并将燃烧后的废气从气缸内排出。

配气机构的基本要求是进气充分、排气彻底。

配气机构

二、配气机构是由哪些部件组成的?

配气机构由气门组、气门传动组等零部件组成,如图 2-3-1 所示。
配气机构可以从不同角度分类。
(1) 配气机构的型式
① 按气门安装位置不同分为气门顶置式(图 2-3-2)、气门侧置式(图 2-3-3)。
② 按凸轮轴安装位置不同分为凸轮轴下置式(图 2-3-4)、凸轮轴中置式(图 2-3-5)、凸轮轴上置式(图 2-3-6)。
③ 按曲轴和凸轮轴的传动方式不同分为齿轮传动(图 2-3-7)、链条传动(图 2-3-8)、齿带传动(图 2-3-9)。

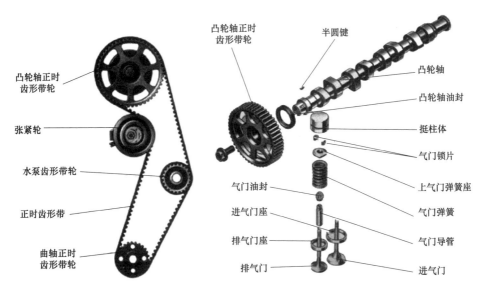

图 2-3-1 配气机构的组成

图 2-3-2 气门顶置式

图 2-3-3 气门侧置式

图 2-3-4 凸轮轴下置式

图 2-3-5 凸轮轴中置式

图 2-3-6 凸轮轴上置式

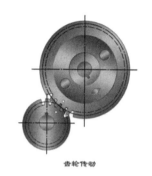
图 2-3-7 齿轮传动

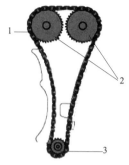
图 2-3-8 链条传动
1—正时链条；2—凸轮轴正时链轮；
3—曲轴正时链轮

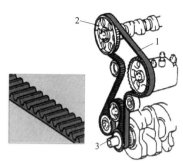
图 2-3-9 齿带传动
1—正时齿形带；2—凸轮轴正时齿形带轮；
3—曲轴正时齿形带轮

三、气门组的结构是怎样的？

气门组由气门、气门座、气门导管与气门油封、气门弹簧与弹簧座、气门弹簧锁片等组成。气门组结构如图 2-3-10 所示。

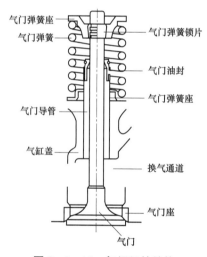

气门组的认知

图 2-3-10 气门组的结构

（1）气门

气门（图 2-3-11）头部是一个具有圆锥斜面的圆盘，气门锥角一般为 45°，也有 30° 的，气门头边缘应保持一定厚度，一般为 1~3 mm，用以防止在工作中被冲击损坏和被高温烧蚀。气门密封锥面与气门座配对研磨。

气门的开启

气门头顶部形状（图 2-3-12）有平顶、球面顶和喇叭形顶等。

平顶：结构简单，制造方便，吸热面积小，质量小，进、排气门均可采用。

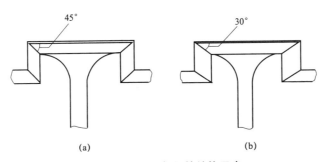

图 2-3-11 气门的结构示意
(a) 气门锥角为 45° 的;(b) 气门锥角为 30° 的

球面顶:适用于排气门,强度大,排气阻力小,废气的清除效果好,但受热面积大,质量和惯性力大,加工较复杂。

喇叭形顶:适用于进气门,进气阻力小,但受热面积大。

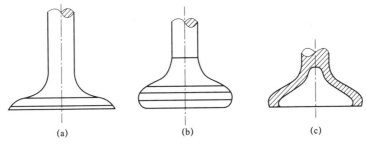

图 2-3-12 气门头顶部形状示意
(a) 平顶;(b) 球面顶;(c) 喇叭形顶

对于两气门或者四气门发动机,进气门一般设计得比排气门大,以保证进气量的充足(图 2-3-13)。而对于三气门或者五气门发动机,进气门的数量比排气门多,同样是为了增加进气量。

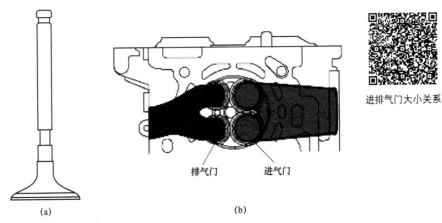

进排气门大小关系

图 2-3-13 气门组的结构
(a) 气门;(b) 气门安装位置

在发动机工作过程中，气门需经受极度高温。虽然进气门受到流入气缸的新鲜气体的冷却，但它的温度仍高达 500 ℃。排气门因正处于炽热燃烧气体的通道上，温度能高达 800 ℃（气门头处）。

由于排气门温度太高，通常会在排气门内填充钠。发动机运行时钠填充物会熔化。移动的熔化物质能将热从气门头带到气门杆，从而传给气缸盖。这可将气门头处的温度降低 100 ℃左右。由于气门会受到极大的机械应力，所以在气门锥面和气门杆的末端镀有高强度合金。

气门杆末端的锁止槽能夹住支撑气门弹簧座的气门锁止器。

（2）气门座

气门座

气门座是压嵌入气缸盖的。当气门关闭时，气门工作面与气门座紧密地接触（图 2-3-14），使燃烧室保持气密。气门座也将热量从气门传到气缸盖，使气门冷却。

由于气门座暴露在高温燃烧气体中，而且连续重复地与气门接触，所以制造气门座的材料必须具有极好的耐高温和耐磨损性能。气门座磨损，可用硬质合金刀具研磨或更换。有些发动机上气门座与气缸盖成为一体，这种类型的气门座无法单独更换。通常，气门座做成像 45°的锥面，以便与气门工作面配合。

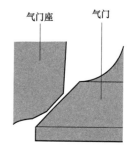
图 2-3-14 气门座示意

气门座接触面宽度一般应为 1.5～2.0 mm。气门座的接触面越宽，冷却效果越明显，但容易产生积炭，使气密性降低。相反，气门座接触面越窄，冷却效果越差，但积炭可能性越小。

（3）气门导管和气门油封

气门导管一般由铸铁制成，压嵌入气缸盖内。其作用为气门运动导向，以使气门工作面与气门座紧密地接触。

气门油封

气门导管与气门杆的接触面由发动机油润滑。为防止过多的机油进入燃烧室，在气门导管衬套的最上端安装了橡胶油封（图 2-3-15）。

当气门杆与气门导管之间的间隙太小或润滑不足时，气门杆在气门导管衬套中出现不平衡运动或发涩。当此间隙过大时，则会导致气门在运行过程中出现偏摆而造成气门密封不严。

如果气门油封破损或硬化，机油就会进入燃烧室内燃烧，使机油消耗增加。

气门间隙的认知

（4）气门弹簧锁片

气门弹簧锁片（图 2-3-16）的作用是将气门与弹簧座互相固定。气门弹簧锁片有非夹紧式和夹紧式两种。

非夹紧式气门弹簧锁片：锁片与气门杆间有间隙，从而允许气门做旋转运动，以保证气门座的清洁。

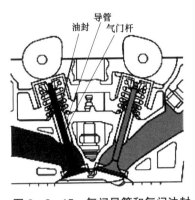

图 2-3-15 气门导管和气门油封

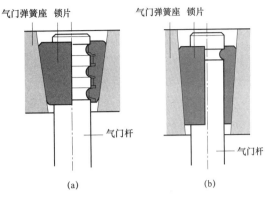

图 2-3-16 气门弹簧锁片
（a）非夹紧式；（b）夹紧式

夹紧式气门弹簧锁片：不允许气门做旋转运动，此类锁片的固定方式适合于高速发动机。

（5）气门弹簧

气门弹簧是螺旋弹簧，它向气门关闭方向施加张力以使气门在需要关闭时快速关闭。

大多数发动机的每个气门用 1 个气门弹簧，但有的发动机每个气门用 2 个气门弹簧。为防止发动机高速运转时气门振动，用不等节距弹簧（图 2-3-17）或双弹簧。

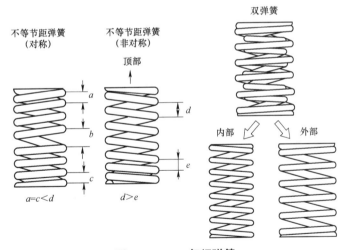

图 2-3-17 气门弹簧

气门弹簧有固有频率，当气门的开关频率与其固有频率一致时，则发生波浪形振动，导致凸轮轴不能正常运转。此时发动机会出现不正常噪声，造成气门弹簧的损坏和气门与活塞之间的干扰。

凸轮轴的认知

四、凸轮轴有什么作用？

凸轮轴（图 2-3-18）用于操纵气门的打开或关闭，它由曲轴通过正时链条或正时皮带驱动，并以曲轴一半的速度转动。凸轮轴或者用钢锻造而成，或者用黑色回火铸铁或球墨铸铁制成。凸轮的形状决定气门启闭时间的长短、启闭程度的大小和启闭速度的快慢。凸轮的形状对发动机的工作特性有重要影响。

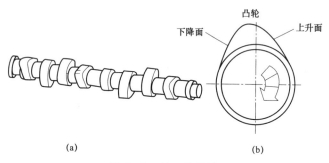

图 2-3-18　凸轮轴
（a）凸轮轴；（b）凸轮

按凸轮轴和气门的相互安装位置不同，发动机配气机构（图 2-3-19）主要有两种形式：底置凸轮轴（OHV）式和顶置凸轮轴（OHC）式。顶置凸轮轴式配气机构按凸轮轴的数量不同又可分为双顶置凸轮轴（DOHC）式和单顶置凸轮轴（SOHC）式两种。

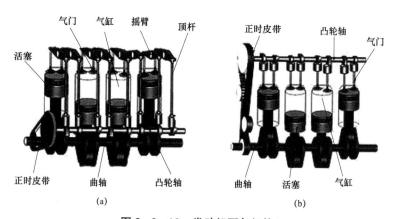

图 2-3-19　发动机配气机构
（a）OHV（底置凸轮轴）式；（b）SOHC（单顶置凸轮轴）式

凸轮轴

液力挺柱

在以前很长的一段时间里，底置凸轮轴在内燃机中最为常见。通常在这样的发动机中，气门位于发动机凸轮轴的底部，即所谓的 OHV 式发动机。此种凸轮轴通常位于曲轴箱的侧面，通过配气机构（如挺杆、推杆、摇臂等）对气门进行控制。因此底置凸轮轴一般也叫侧置式凸轮轴。由于在这样的发动机中凸轮轴距离气门较远，而且每个气缸通常只有两个气门，因此转速通常较慢，平顺性不佳，输出功率也比较低。不过这种结构的发动机输出扭矩和低速性能比较出色，结构也比较简单，易于维修。

顶置凸轮轴

大多数车的发动机配备的是顶置凸轮轴。顶置凸轮轴结构使凸轮轴更加接近气门，减少了底置凸轮轴由于凸轮轴和气门之间较大的距离而造成的往返动能的浪费。顶置凸轮轴式发动机由于气门开闭动作比较迅速，因而转速更高，运行的平稳度也比较好。较早出现的顶置凸轮轴式发动机是 SOHC 式发动机。这种发动机在顶部只安装了一根凸轮轴，因此一般每个气缸只有两到三个气门（进气门一到两个，排气门一个），高速性能受到了限制。而技术更新一些的则是 DOHC 式发动机，这种发动机由于配备了两根凸轮轴，每个气缸可以安装四到五个气门（进气门两到三个，排气门两个），高速性能得到了显著的提升，不过与此同时低速性能会受到一定的影响，结构也会变得复杂，不易维修。

五、配气机构的工作原理是怎样的？

发动机工作时，驱动机构驱动凸轮轴旋转，凸轮的凸起部分通过挺柱、推杆和绕摇臂轴摆动的摇臂压缩气门弹簧，使气门离座，即气门开启。当凸轮凸起部分离开后，气门便在气门弹簧力的作用下落座，即气门关闭。在压缩行程和做功行程中，气门在弹簧张力的作用下严密关闭。

四冲程发动机每完成一个工作循环，曲轴旋转两周，各缸的进、排气门各开启一次，凸轮轴应只旋转一周。因此，曲轴与凸轮轴的转速之比为 2∶1。

六、什么是配气相位？

配气相位就是用曲轴转角表示进、排气门的实际开启时刻和开启持续时间。用曲轴转角的环形图来表示配气相位，这种图称为配气相位图。

发动机在换气过程中，若能够做到排气彻底、进气充分，则可以提高充气系数，增大发动机的输出功率。四冲程的每个工作行程，其曲轴要转 180°。现代发动机转速很高，一个行程经历的时间很短（如上海桑塔

配气相位

纳的四冲程的发动机，最大功率的发动机转速达 5 600 r/min，一个行程的时间只有 0.005 4 s）。这样短时间的进气和排气过程往往会使发动机充气不足或者排气不净，从而使发动机功率下降。因此，现在发动机都延长进、排气时间，即气门的开启和关闭时刻并不正好是活塞处于上止点和下止点的时刻，而是分别提前或延迟一定的曲轴转角，以改善进、排气状况，从而提高发动机的动力性。

七、什么是可变气门正时？

发动机进气和排气时间太短，为了能延长进、排气时间，气门需要提前开启和延迟关闭。所谓配气正时，可以简单地理解为气门开启和关闭的时刻。为了安装的方便，在曲轴皮带轮和凸轮轴皮带轮等处有正时记号。

可变配气正时控制系统（图2-3-20）主要包括VVT控制器、机油压力控制阀等元件。该系统是通过机油压力调节凸轮轴的转角，从而实现气门正时的变化。

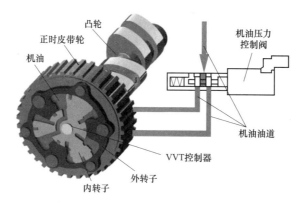

图2-3-20　可变配气正时控制系统

可变配气正时控制系统可以采用正时皮带或正时链条驱动凸轮轴。

可变配气正时控制系统类型很多，有的只能调节进气凸轮的角度，有些能同时调节进气和排气凸轮轴的角度。可变正时系统不仅可以使燃油经济性得到改善、废气排放量减少，还可以代替废气再循环系统。

丰田可变配气正时系统（图2-3-21）简称VVT-i。

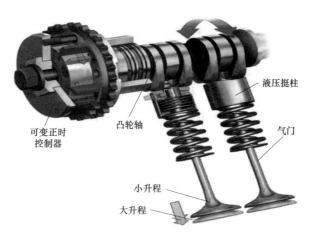

图2-3-21　丰田可变配气正时系统

随着技术发展，可变配气正时逐渐代替固定不变的配气正时，可变配气正时系统在低转速时，让进气门打开的提前量小，以避免吸入废气；在高转速时，让进气门打开的提前量大，以增大进气量。

有些可变配气正时系统，不仅能调节凸轮轴的转动角度，还可以调节气门的打开程度，即调节气门的升程。

这种系统除了有可变配气正时控制器以外，还在凸轮轴上设有两组不同夹角和升程的凸轮，发动机电控单元根据转速，利用油压使不同的凸轮驱动气门，从而实现气门升程的变化。

 在线测验

通过任务学习，扫描下方二维码进入微知库平台的"在线测验"页面，完成在线测验。

任务2.3　在线测验A　　　任务2.3　在线测验B

 任务实施

要掌握"配气机构认知与拆装"的相关内容，结合实习车辆完成操作任务。

凸轮轴拆卸　　　　　　凸轮轴安装

凸轮轴拆装流程如表 2-3-1 所示。

表 2-3-1 凸轮轴拆装流程

操作示意图	操作步骤描述
	一、拆卸 ① 分数次均匀地将所有进气凸轮轴 1 和排气凸轮轴 2 的轴盖固定螺栓旋出。 ② 取下所有的凸轮轴盖 3。 ③ 取下进气凸轮轴和排气凸轮轴
	二、安装 安装以倒序进行，同时注意下列事项： ① 分数次均匀地将所有进气凸轮轴和排气凸轮轴的轴盖固定螺栓 1 紧固。 ② 螺栓紧固时应按照先中间后两边的顺序逐次拧紧。 ③ 凸轮轴盖固定螺栓拧紧力矩：15 N·m

气门组拆卸

气门组安装

气门组拆装流程如表 2-3-2 所示。

表 2-3-2　气门组拆装流程

操作示意图	操作步骤描述
	一、拆卸 ① 使用气门弹簧压缩器压缩气门弹簧，拆下气门锁夹。 ② 缓慢拆下工具，小心取出气门弹簧压缩器和气门弹簧
	③ 使用油封拆卸钳拔出气门油封。 ④ 取出气门。 ⚠ 注意：为了方便重新装配气门，气门弹簧和其他拆卸部件都应有序摆放，并做好标记
	二、安装 安装以倒序进行，同时注意下列事项： ① 将进气门 1 沿箭头所示方向装入气缸中。 ⚠ 注意：更换新的气门油封。在安装气门油封时要确认气门油封垂直进入气门杆中，切勿倾斜

续表

操作示意图	操作步骤描述
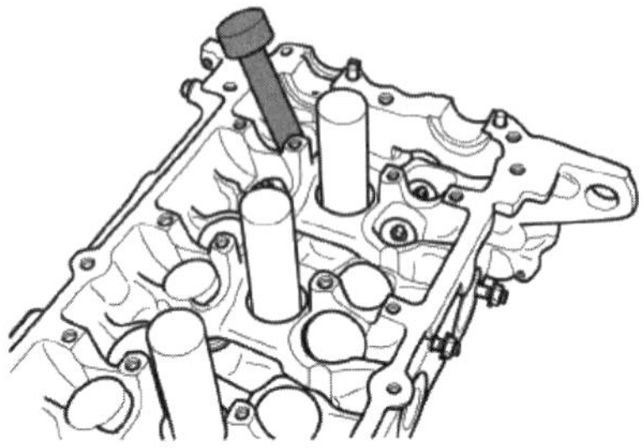	② 将新的气门油封装入气门油封安装工具中。 ③ 将气门油封密封唇上涂上机油,并小心地安装到气门导管上
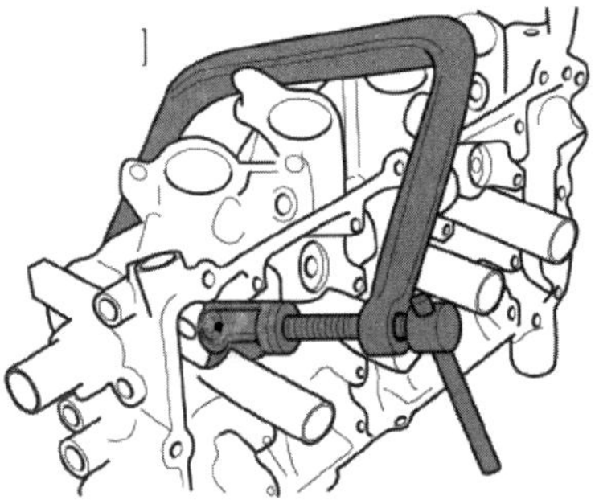	④ 使用气门弹簧压缩器安装气门锁夹。 ⑤ 检查气门间隙

正时链条拆装流程如表 2-3-3 所示。

表 2-3-3　正时链条拆装流程

操作示意图	操作步骤描述
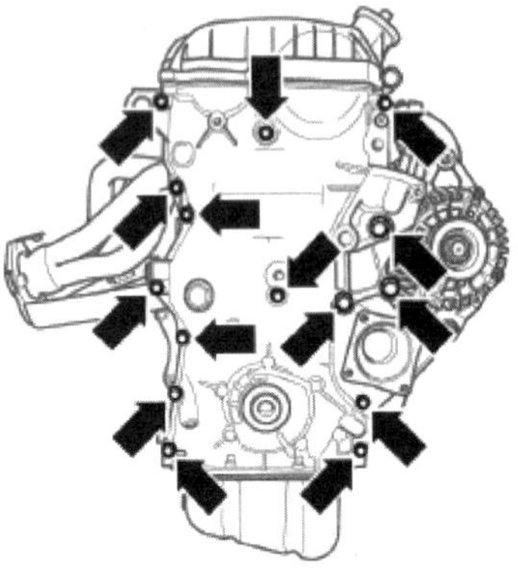	一、拆卸 ① 顺时针转动曲轴,使曲轴皮带轮上的缺口与正时链盖上的标记对准。 ② 拆卸曲轴皮带轮。 ③ 拆卸正时链盖

续表

操作示意图	操作步骤描述
	④ 沿发动机转动方向将曲轴转到气缸的上止点位置。 ⑤ 用色彩记号笔标出正时链条的转动方向。 ⑥ 对正曲轴链轮上的正时位置，即结合件 2 和曲轴链轮上的记号 1
	⑦ 同时也要保证曲轴链轮上的正时记号 1 与气缸体上的正时记号 2 对正
	⑧ 对正 VVT 链轮上的链结合件 1 和链轮上的记号（如箭头所示）
	二、安装 安装以倒序进行，同时注意下列事项： ① 分数次均匀地将所有进气凸轮轴和排气凸轮轴的轴盖固定螺栓 1 紧固。 ② 螺栓紧固时应按照先中间后两边的顺序逐次拧紧。 ③ 凸轮轴盖固定螺栓拧紧力矩：15 N·m

拓展提升

BMW 的 Valvetronic 电子气门技术

BMW 的 Valvetronic 系统（图 2-3-22）在传统的配气相位机构上增加了一根偏心轴、一个步进电动机和中间推杆等部件，该系统借由步进电动机的旋转，在一系列机械传动后很巧妙地改变了进气门升程的大小。

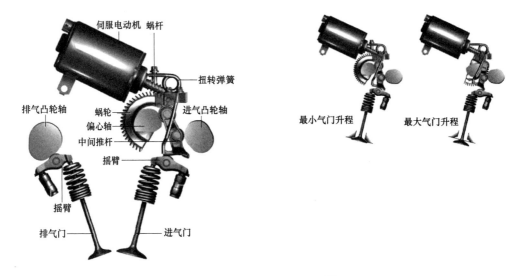

图 2-3-22 Valvetronic 系统

当凸轮轴运转时，凸轮会驱动中间推杆和摇臂来完成气门的开启和关闭。当电动机工作时，蜗轮蜗杆机构会首先驱动偏心轴发生旋转，然后中间推杆和摇臂会产生联动，偏心轴旋转的角度不同，最终凸轮轴通过中间推杆和摇臂顶动气门产生的升程也会不同。在电动机的驱动下，进气门的升程可以实现 0.18～9.9 mm 的无级变化。

该技术能够让发动机对驾驶员的意图做出更迅捷的反馈，同时通过发动机管理系统对气门升程进行精确控制，实现车辆在各种工况和负荷下的最佳动力匹配。

任务 2.4 曲柄连杆机构认知与拆装

学习目标

1. 了解曲柄连杆机构的组成部分；
2. 掌握发动机做功的顺序；
3. 学会活塞连杆及曲轴的拆装流程及要点。

相关知识

一、曲柄连杆机构的结构是怎样的？

曲柄连杆机构将活塞的往复运动转变为曲轴的旋转运动，如图 2-4-1 所示；同时，将作用于活塞上的力转变为曲轴对外输出的扭矩，以驱动车轮转动。曲柄连杆机构由机体组、活塞连杆组、曲轴飞轮组三部分组成。主要包括活塞、连杆、曲轴、飞轮、扭转减震器等部件，如图 2-4-2 所示。

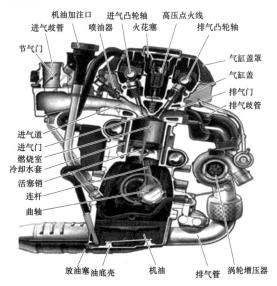

图 2-4-1 发动机内部运动示意

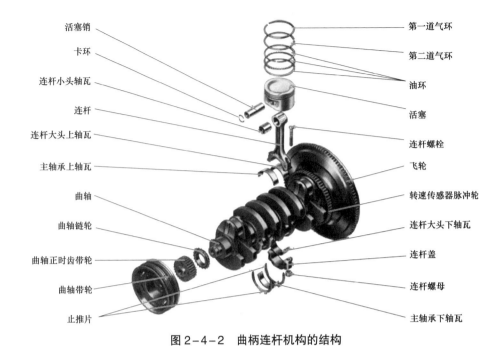

图 2-4-2　曲柄连杆机构的结构

二、曲轴是怎样完成旋转运动的？

曲轴是发动机曲柄连杆机构的一个部件。我们在骑自行车的时候，会感觉到两小腿是在做上下往复运动，就好比连杆一样，小腿上下运动的动力来源于大腿给的力，大腿给的力压住膝盖，膝盖就好比活塞，膝盖传力给小腿，迫使小腿做上下往复运动，小腿连接自行车的脚踏板，脚踏板曲拐就好比是发动机的曲轴，来带动驱动轮做旋转运动。这样就得到了动力使自行车能够在陆地上行驶，如图 2-4-3 所示。

曲轴飞轮组的认知

发动机的曲轴就是通过活塞在缸体里的往复运动（转子发动机除外），通过连杆来带动曲轴做旋转运动，完成发动机的动力输出，如图 2-4-4 所示。

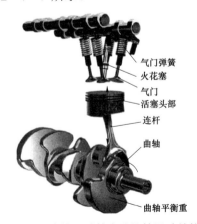

图 2-4-3　由直线运动变为旋转运动示意　　图 2-4-4　直线运动转变为旋转运动的构造

三、机体组包括什么?

发动机机体组是发动机的骨架,是曲柄连杆机构、配气机构和发动机各系统主要零部件的装配基体。它主要由气缸体、气缸盖、气缸盖罩、气缸垫及油底壳等组成,如图2-4-5所示。

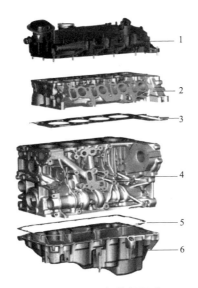

图2-4-5 机体组组成

1—气缸盖罩;2—气缸盖;3—气缸垫;4—气缸体;5—密封垫圈;6—油底壳

(1)气缸体

① 气缸体的结构。气缸体由灰铸铁或铝合金铸成。其上部有气缸,下部是供安装曲轴用的曲轴箱,在气缸体内部铸有冷却水套(水冷式)和润滑油道等,如图2-4-6所示。

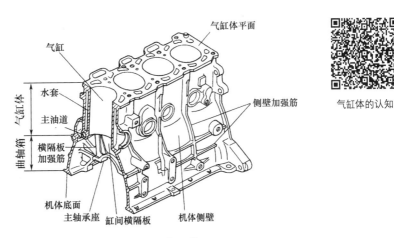

图2-4-6 气缸体

气缸体的认知

② 不同型式的气缸体。气缸体按气缸结构来分有整体式、湿气缸套式、干气缸套式等三类，如表2-4-1所示。

气缸排列

表2-4-1　不同气缸结构型式的气缸体

整体式（无气缸套式）	湿气缸套式	干气缸套式
整体式的缸筒与缸体制成一体，即缸筒是在缸体上直接加工出来的	湿气缸套外壁与冷却液直接接触	干气缸套不与冷却液接触

气缸体按气缸排列形式分有直列式（单列式）、水平对置式、V型等，如表2-4-2所示。

缸套

表 2-4-2 不同排列形式的气缸体

直列式	水平对置式	V 型
各气缸排成一列，一般只用于六缸以下的发动机	两列气缸水平相对排列	两列气缸成 V 形排列，多用于六缸（特别是八缸）以上的发动机

按冷却方式来分，如表 2-4-3 所示。汽车发动机上采用较多的是水冷式。

表 2-4-3 不同冷却方式的气缸体

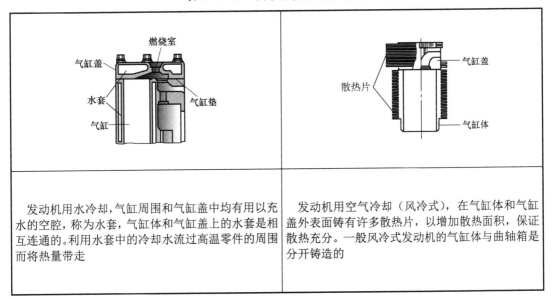

发动机用水冷却，气缸周围和气缸盖中均有用以充水的空腔，称为水套，气缸体和气缸盖上的水套是相互连通的。利用水套中的冷却水流过高温零件的周围而将热量带走	发动机用空气冷却（风冷式），在气缸体和气缸盖外表面铸有许多散热片，以增加散热面积，保证散热充分。一般风冷式发动机的气缸体与曲轴箱是分开铸造的

按曲轴箱的形式来分有一般式、龙门式、隧道式，如表 2-4-4 所示。

表 2-4-4 不同形式曲轴箱的气缸体

一般式	龙门式	隧道式
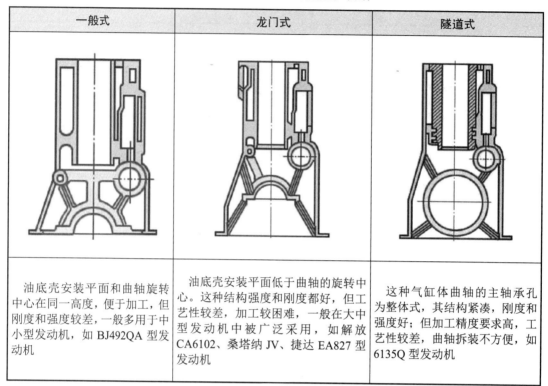		
油底壳安装平面和曲轴旋转中心在同一高度，便于加工，但刚度和强度较差，一般多用于中小型发动机，如 BJ492QA 型发动机	油底壳安装平面低于曲轴的旋转中心。这种结构强度和刚度都好，但工艺性较差，加工较困难，一般在大中型发动机中被广泛采用，如解放 CA6102、桑塔纳 JV、捷达 EA827 型发动机	这种气缸体曲轴的主轴承孔为整体式，其结构紧凑，刚度和强度好；但加工精度要求高，工艺性较差，曲轴拆装不方便，如 6135Q 型发动机

（2）气缸盖

① 气缸盖的作用。气缸盖的主要作用是封闭气缸上部，并与活塞顶部和气缸壁一起构成燃烧室。

② 气缸盖的结构。气缸盖安装在气缸体的上面，其上装有进、排气门座以及气门导管孔，用于安装进、排气门，还有进气通道和排气通道等。汽油机的气缸盖上加工有安装火花塞的孔，而柴油机的气缸盖上加工有安装喷油器的孔。顶置凸轮轴式发动机的气缸盖上还加工有凸轮轴轴承孔，用以安装凸轮轴。气缸盖实物如图 2-4-7 所示。

气缸盖

图 2-4-7 气缸盖

③ 汽油机燃烧室。汽油机燃烧室主要在气缸盖上,它是由活塞顶部和气缸盖上相应的凹坑所组成的。燃烧室的形状对发动机的工作影响很大,汽油机常见的燃烧室形状有半球形、楔形与盆形,如表 2-4-5 所示。

气缸盖的认知

表 2-4-5 汽油机的燃烧室形状

半球形燃烧室	楔形燃烧室	盆形燃烧室
结构紧凑,火花塞布置在燃烧室顶部中央,火焰行程短而均匀,故燃烧速率高、散热少、热效率高、排气净化效果好,在轿车发动机上被广泛应用	结构简单、紧凑,散热面积小,热损失也小,能保证混合气在压缩行程中形成良好的涡流运动,有利于提高混合气的混合质量,进气阻力小,提高了充气效率	结构简单,成本低,但不够紧凑,热损失大

(3) 气缸垫

气缸垫是安装于气缸盖与气缸体结合面之间的密封部件,它的主要作用是实现对燃气的密封,同时可防止冷却液和机油的泄漏。气缸垫实物如图 2-4-8 所示。

气缸垫受到缸盖螺栓预紧力的压紧和高温燃气的作用,因此气缸垫必须具有一定的强度和良好的弹性,以补偿气缸盖与气缸体结合面的不平度。

目前气缸垫有金属-石棉衬垫、金属-复合材料衬垫和纯金属垫等多种。

发动机大修时须更换气缸垫。在安装气缸垫时,应将卷边背向需保护的零件,并且所有气缸垫上的孔要和气缸体上的孔对齐。

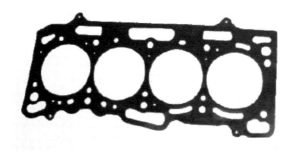

图 2-4-8 气缸垫

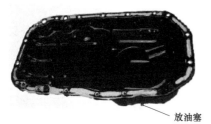

图 2-4-9 油底壳

（4）油底壳

油底壳的主要功用是储存机油并密封曲轴箱。为防止汽车行驶时油面波动过大，油底壳内设有稳油挡板。为保证发动机在纵向倾斜时机油泵能吸到机油，油底壳后部一般做得较深。油底壳底部装有放油塞，有的放油塞是磁性的，能吸附机油中的金属屑，起到清洁机油的作用，如图 2-4-9 所示。

四、活塞连杆组的活塞、活塞销有何作用？

活塞和连杆通过活塞销连接成为活塞连杆组。

活塞连杆组包括活塞组件（活塞、活塞环、活塞销）和连杆组件（连杆、连杆轴承、轴承盖）。曲轴飞轮组包括曲轴、主轴承与轴承盖、飞轮、平衡重等。

（1）活塞组件

活塞的认知

活塞

活塞组件（图 2-4-10）的主要作用是与气缸盖、气缸体共同组成燃烧室，承受高温高压燃气作用并将热能传递给连杆，推动曲轴旋转，同时将活塞顶所受的热量传递给气缸体。

活塞的基本结构可分为顶部、头部、裙部三个部分，如图 2-4-11 所示。

① 活塞顶部。活塞顶：活塞的顶部称为活塞顶，其充当燃烧室的底部，承受很高的温度和压力。常见的活塞顶部形状有平顶式、凹顶式和凸顶式，如图 2-4-12 所示。

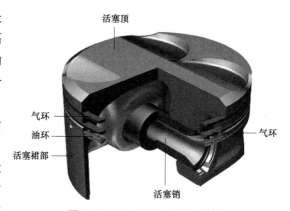

图 2-4-10 活塞组件的结构

② 活塞头部。活塞头部，也叫活塞环槽部，其上安装有气环和油环（如图 2-4-13 所示）。汽油机一般有 2~3 道环槽，上面 1~2 道用来安装气环，实现气缸的密封；最下面的一道安装油环。在油环槽底面上钻有许多径向回油孔，当活塞向下运动时，油环把气缸壁上多余的机油刮下来经回油孔流回油底壳。若温度过高，第一道环容易产生积炭，出现过热卡死现象。

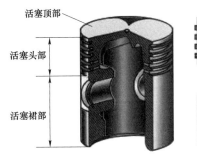

图 2-4-11 活塞的结构

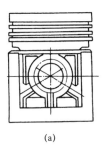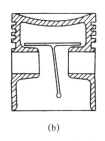

(a)   (b)   (c)

图 2-4-12 活塞顶部形状

(a) 平顶式；(b) 凹顶式；(c) 凸顶式

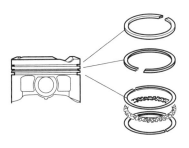

图 2-4-13 活塞头部

③ 活塞裙部。从油环下端面到活塞底面的部分称为活塞裙部。活塞的裙部是用来为活塞导向和承受侧压力的。

④ 活塞上的热负载。发动机运转时，活塞裙部的温度可达到 150 ℃，活塞顶的温度则高达 350 ℃。这种不均匀的受热也会导致活塞热膨胀的不均匀，如果不采取应对措施，将导致活塞在气缸中卡滞。活塞是按正常工作温度下为圆柱形设计的。为了补偿活塞各点热膨胀的差异，常温下活塞的截面被设计成椭圆形，与活塞销轴线垂直的直径较大（图 2-4-14）。活塞头部由于需要安装活塞销，而活塞销安装孔周围的材料比头部的其他区域更厚，因此更容易受到热膨胀的影响。

另外，由于工作时活塞头部直接接触高温燃气，活塞头部可比活塞裙部达到更高的温度，热膨胀效果更加明显，所以冷态时活塞头部直径比裙部更小，略成锥形。

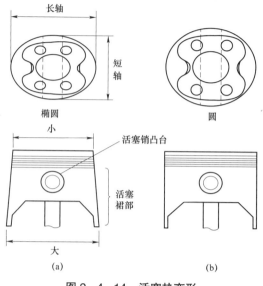

图 2-4-14 活塞热变形

（a）圆截锥；（b）校正后活塞

（2）活塞环

① 活塞环的作用。活塞环主要有密封、控油（调节机油）、导热（散热）、支承（导向）四个作用（图 2-4-15）。

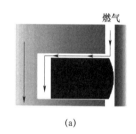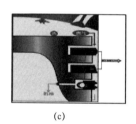

图 2-4-15 活塞环的作用

（a）密封作用；（b）控油作用；（c）导热作用；（d）支承作用

密封：指密封燃气，不让燃烧室的气体漏到曲轴箱，把气体的泄漏量控制在最低限度，提高热效率。漏气不仅会使发动机的动力下降，而且会使机油变质，因此密封是气环的主要任务。

控油（调节机油）：把气缸壁上多余的润滑油刮下，同时又使缸壁上布有薄薄的油膜，保证气缸和活塞及环的正常润滑，这是油环的主要任务。在现代高速发动机上，特别重视活塞环控制油膜的作用。

活塞环的认知

导热：通过活塞环将活塞的热量传导给缸套，即起冷却作用。活塞顶所受热量中有 70%～80% 是通过活塞环传给缸壁而散掉的。

支承：活塞环将活塞保持在气缸中，防止活塞与气缸壁直接接触，保证活塞平顺运动，降低摩擦阻力,而且防止活塞敲缸。

一般汽油发动机的活塞采用两道气环、一道油环,而柴油发动机通常采用两道油环、一道气环。

活塞环提供活塞与气缸壁之间的密封。它们必须具有弹性,而且安装时形状不得改变。由于燃烧压力作用于活塞环的后面,所以在做功冲程中活塞环对气缸壁的接触压力会增加。

② 活塞环的类型。根据作用的不同,活塞环分为气环和油环(图2-4-16)。气环的作用是保证活塞与气缸间的密封,防止气缸中的高温、高压燃气大量漏入曲轴箱,同时还将活塞顶部的大部分热量传递到气缸壁,再由冷却水或空气带走。

油环用来刮除气缸壁上多余的机油,并在气缸壁上涂一层均匀的机油膜,这样既可以防止机油窜入气缸燃烧,又可以减小活塞、活塞环与气缸的磨损,减轻摩擦阻力。

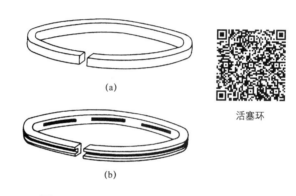

活塞环

图2-4-16 活塞环类型

(a)气环;(b)油环

常见的气环的形式有矩形环、锥形环、扭曲环、梯形环、桶面环等,如表2-4-6所示。

表2-4-6 常见活塞环形式及特点

名称	示意图	特点
矩形环		结构简单、制造方便、易于生产、应用面广、磨合性差,有"泵油作用"
锥形环		减小了环与气缸壁的接触面,提高了表面接触压力,有利于磨合和密封,但是导热性差,一般不做第一道环,安装时有记号面向上
扭曲环		断面不对称,受力不平衡,活塞环扭曲,消除"泵油作用",做功行程同矩形环。内圆上边或外圆下边切掉为正扭曲环;内圆下边切掉为反扭曲环

续表

名称	示意图	特点
梯形环		抗黏结性好，经常用作柴油机第一道气环
桶面环		外圆不凸圆弧形，密封性、磨合性、适应性好，减轻磨损

目前汽车发动机采用的油环有整体式和组合式两种，如图 2-4-17 所示。

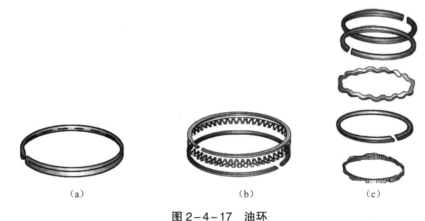

（a） （b） （c）

图 2-4-17 油环
（a）整体式油环；（b）（c）组合式油环

③ 活塞环的"三隙"。活塞环的"三隙"（图 2-4-18）是指：端隙、侧隙、背隙。

端隙：端隙又称为开口间隙，是活塞环安装时必需的开口，指活塞环在冷态下装入气缸后，该环在上止点时环的两端头的间隙，一般为 0.25～0.80 mm。第一道气环温度高，其端隙也最大。端隙过大漏气严重；端隙过小，活塞环受热膨胀后可能卡死甚至折断。

侧隙：是指活塞环装入活塞后，其侧面与活塞环槽之间的间隙。第一环因工作温度高，间隙较大，一般为 0.04～0.10 mm，其他环一般为 0.03～0.07 mm。油环侧隙较气环小，为 0.025～0.07 mm。

背隙：背隙是活塞及活塞环装入气缸后，活塞环内圆柱面与活塞环槽底部间的间隙。活塞环在工作时靠燃烧时的高压气体进入背隙对活塞环产生压力来加强活塞环与气缸工作面的密封作用，一般为 0.50～1.00 mm。油环背隙较气环大，以增大存油间隙，利于减压泄油。

（3）活塞销

活塞销的功用是连接活塞与连杆小头，将活塞承受的力传递给连杆。

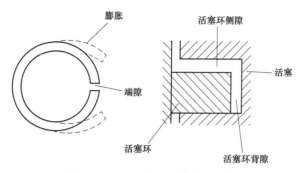

图 2-4-18 活塞环的"三隙"

活塞销与活塞的配合有全浮式和半浮式两种,如图 2-4-19 所示。全浮式配合时,活塞销与活塞之间存在间隙,活塞销两端用卡环限位。半浮式配合时,活塞销与活塞之间为过盈配合关系,拆装时一般需使用专用工具并有加热需求。

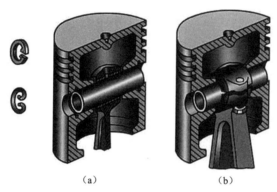

图 2-4-19 活塞销的连接方式
(a)全浮式;(b)半浮式

五、连杆的结构是什么?

连杆(图 2-4-20)由连杆体、连杆盖、连杆螺栓和连杆轴瓦等零件组成。

图 2-4-20 连杆的组成
1—连杆大头盖;2—连杆轴承(轴瓦);3—连杆大头;4—连杆小头衬套;5—连杆小头;6—连杆体;7—连杆螺栓

连杆的作用是连接活塞和曲轴,并将活塞所受的作用力传递给曲轴,将活塞的往复运动转变为旋转运动。

连杆轴承上有机油孔,将从曲轴油道输送过来的机油分布在连杆轴承与轴颈之间,并将机油通过连杆体中间的油道输送到活塞销区域。

发动机运转时,连杆轴承与曲轴连杆轴颈之间形成一层油膜,即连杆轴承与轴颈之间不是直接接触运行的。如果机油润滑不足,则可能会导致轴承和连杆轴颈磨损,严重时造成发动机咬死。

连杆的认知

六、曲轴的作用是什么?

曲轴是发动机中最重要的部件之一,如图2-4-21所示。它安装于气缸体的曲轴箱中,承受连杆传来的力,并将其转变为扭矩向车辆提供动力。

曲轴

图 2-4-21　曲轴外观

曲轴由主轴颈、连杆轴颈、平衡重组成,在曲轴中间还加工了连接主轴颈与连杆轴颈的油道。在很大程度上,发动机的形式和气缸数决定了曲轴的形状和轴承数。曲轴主轴颈排在一条轴线上,它们用来支撑曲轴箱中的曲轴。固定连杆的连杆轴颈位于曲轴的四周,根据气缸数和点火次序排列。

发动机后部被螺栓固定在曲轴上的飞轮也有助于发动机平稳运转。扭转减振器也有助于减小前端的扭转振动。

平衡重的作用是为了平衡旋转离心力及其力矩,有时也可以平衡往复惯性力及其力矩。当这些力和力矩自身达到平衡时,平衡重还可用来减轻主轴承的负荷,提高轴承的寿命。

制造曲轴的材料可以是球墨铸铁或铬钒钼合金钢,经铸造或锻造和热处理制成。锻造使曲轴材料中形成完整的纤维形态。这可增加曲轴的强度。曲柄轴颈和主轴颈轴承的表面经过表面硬化和研磨。

曲轴拆卸

七、曲轴有轴承吗?

曲轴的轴承有连杆轴承、主轴承与止推轴承三种。连杆轴承支撑和导向连杆的运行,主轴承支撑和导向曲轴旋转,止推轴承用于调整曲轴的轴向间隙。

曲轴在运转时摩擦力必须尽可能小,以减少主轴颈与连杆轴颈的磨损。因此,当曲轴旋转时需要在轴颈四周（与轴承内表面之间）形成润滑油膜。另外，油膜还可吸收做功冲程中曲轴转动时所产生的重荷和振动。曲轴必须有足够的间隙供给润滑油。然而，如果间隙过大，润滑油容易从轴承处逸出，导致润滑不足和轴承严重损坏。

主轴承与连杆轴承一般都设计有定位唇，组装时轴承的定位唇与轴承盖（轴承安装孔）配合，这样即可确保曲轴旋转时轴承不会移动。

提示：现在的发动机轴承一般都不设计定位唇，它们是靠轴承本身的张力与轴承座压紧配合的，组装时需要确保轴承放置在轴承座的中间位置。

发动机轴承

止推轴承用于调整曲轴的轴向间隙，既要确保曲轴的旋转自由，又要防止曲轴轴向移动。止推轴承与曲轴之间的间隙正确与否将直接影响到它们的寿命长短。

提示：安装止推轴承时，需要确保轴承的油槽朝向外侧。

曲轴轴承的结构如图 2-4-22 所示。

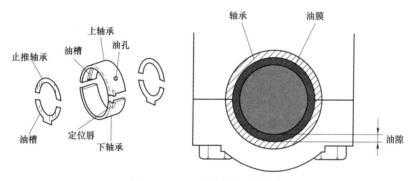

图 2-4-22　曲轴轴承的结构

八、飞轮为什么很重？

飞轮安装在曲轴后端法兰上，它的主要作用是将做功冲程中输入曲轴的能量的一部分储存起来，并在其他冲程中释放出来，使活塞能够顺利越过上止点、下止点，减小曲轴旋转角速度的不均匀性，减缓曲轴输出扭矩的波动。

飞轮上还装有齿圈，以备起动机驱动并起动发动机。

在自动变速器车辆上，飞轮与液力变矩器直接连接，它将曲轴的能量传递给变矩器。

在手动变速器车辆上，飞轮也是发动机动力输出的摩擦部件，它为离合器盖提供了安装面，也为离合器从动盘提供了均匀的摩擦工作面。离合器结合后，飞轮将动力通过摩擦的效果传递给离合器总成。

飞轮　　　　　　　　　飞轮拆卸

九、曲拐布置是怎样的？

四缸发动机点火顺序（1-3-4-2）如表2-4-7所示。

表2-4-7 四缸发动机点火顺序

曲轴转角/（°）	第一缸	第二缸	第三缸	第四缸
0～180	做功	排气	压缩	进气
180～360	排气	进气	做功	压缩
360～540	进气	压缩	排气	做功
540～720	压缩	做功	进气	排气

直列六缸发动机点火顺序（1-5-3-6-2-4）如表2-4-8所示。

表2-4-8 直列六缸发动机点火顺序

曲轴转角/（°）		第一缸	第二缸	第三缸	第四缸	第五缸	第六缸
0～180	0～60	做功	排气			压缩	进气
	60～120			压缩	排气		
	120～180					做功	
180～360	180～240	排气	进气				压缩
	240～300			做功	进气		
	300～360					排气	
360～540	360～420	进气	压缩				做功
	420～480			排气	压缩		
	480～540					进气	
540～720	540～600	压缩	做功				排气
	600～660			进气	做功		
	660～720						

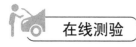

通过任务学习，扫描下方二维码进入微知库平台的"在线测验"页面，完成在线测验。

项目二 发动机构造与拆装

任务 2.4 在线测验 A　　任务 2.4 在线测验 B　　任务 2.4 在线测验 C

任务实施

要掌握"曲柄连杆机构认知与拆装"的相关内容，结合实习车辆完成操作任务。

活塞连杆组拆卸　　　　活塞连杆组安装

活塞连杆组拆装流程如表 2-4-9 所示。

表 2-4-9 活塞连杆组的拆装流程

操作示意图	操作步骤描述
	一、拆卸 ① 转动曲轴，使一缸曲柄处于下止点。 ② 旋出螺栓，并拆下连杆盖
	③ 拆下连杆盖，将专用工具连杆导向杆安装到被拆连杆上。 ④ 将活塞和连杆总成拆离气缸体

091

续表

操作示意图	操作步骤描述
	⑤ 拆下后，将连杆轴承盖装回所匹配连杆以防止损坏连杆开口表面，并按顺序摆放整齐
	二、安装 安装以倒序进行，同时注意下列事项： ① 转动曲轴，使一缸曲柄处于下止点
	② 清洗、润滑：清洗活塞连杆组各零件，用钢丝疏通各油孔油道，清除污垢，然后用高压空气吹干各零件，擦干气缸、连杆轴径并润滑
	③ 将专用工具连杆导向杆装到连杆上

续表

操作示意图	操作步骤描述
	④ 调整活塞环的开口方向
	⑤ 使用活塞导向筒固定活塞环,将活塞连杆总成装入气缸体,确保活塞顶部瓦的瓦前记号朝向凸轮轴链轮
	⑥ 用锤柄在气缸中向下轻击活塞。与此同时引导连杆到连杆轴颈的位置。 注意:不要猛烈敲击活塞和连杆总成,否则会损坏活塞环
	⑦ 取出连杆导向杆

续表

操作示意图	操作步骤描述
	⑧ 用发动机机油润滑连杆螺栓和轴承表面，安装连杆盖和轴承。 注意：在螺纹部分与螺母支撑面部分涂抹机油。正确安装连杆盖，用手指松松地安装螺栓
	⑨ 拧紧螺栓。 注意：连杆盖螺栓拧紧力矩请查阅维修手册
	⑩ 转动曲轴，检查活塞是否有卡滞现象

拓展提升

曲柄连杆机构常见故障

（1）曲轴主轴承响

故障现象：发动机稳定运转时声响不明显，急加速或负荷较大时，发出较沉重、有力、有节奏的"铛铛"声，严重时机体振抖。

故障原因：

① 因主轴颈磨损失圆造成的主轴承配合间隙过大或配合不良。

② 润滑不良。

③ 主轴承盖螺栓松动，轴承合金脱落、烧损、轴承破裂等。

④ 曲轴弯曲。

（2）连杆轴承响

故障现象：发动机怠速运转时无异响或响声较小，急加速时有明显的较重且短促的"铛铛"连续敲击声。

故障原因：

① 连杆轴承或轴颈磨损，使配合间隙过大或配合不良。

② 油压过低或机油变质，或连杆轴承油道堵塞，致使润滑不良。

③ 连杆轴承盖螺栓松动或折断。

④ 连杆轴承尺寸不符，引起转动或断裂。

（3）活塞敲缸响

活塞敲缸响指活塞上下运动时在气缸内摆动或窜动，其头部或裙部与气缸壁、气缸盖碰撞发出的响声。通常专指活塞与气缸壁间隙较大，活塞上下运动时撞击气缸壁发出的响声。

故障现象：发动机怠速或低速运转时，在气缸的上部发出清晰而明显的、有节奏的"嗒嗒"的连续不断的金属敲击声，严重时响声沉重，即为"铛铛"的响声。

故障原因：

① 活塞与气缸壁配合间隙过大。

② 活塞裙部腐蚀，或气缸磨损过大。

③ 活塞装配不当。

④ 油压过低，气缸壁润滑不良。

（4）活塞销响

故障现象：在怠速、低速和从怠速向低速抖动节气门时，发出响亮而有节奏的"喀喀"金属敲击声，稍微将点火时间提前，声响加剧，在同样转速下比活塞敲缸响更加连续而尖锐。

故障原因：

① 活塞销与销孔、连杆衬套磨损严重，配合间隙过大。

② 卡环松旷、脱落，活塞销断裂。

③ 润滑不良。

任务 2.5 冷却系统认知与拆装

学习目标

1. 掌握发动机冷却系统的结构、作用；
2. 掌握节温器的功用、结构和工作原理；
3. 能按正确的流程进行水泵的拆卸和安装。

相关知识

一、发动机温度过高或过低对发动机有哪些影响？

发动机工作期间，最高燃烧温度可能高达 2 500 ℃，即使在怠速或中等转速下，燃烧室的平均温度也在 1 000 ℃ 以上。因此，与高温燃气接触的发动机零件受到强烈的加热。在这种情况下，若不进行适当的冷却，发动机将会过热，工作过程恶化、零件强度降低、机油变质、零件磨损加剧，最终导致发动机动力性、经济性、可靠性及耐久性全面降低。但是，冷却过度也是有害的。不论是过度冷却还是发动机长时间在低温下工作，均会使散热损失及摩擦损失增加，零件磨损加剧，排放量增加，发动机工作粗暴，发动机功率下降及燃油消耗率增加。

二、发动机冷却系统有哪些功用？

冷却系统使发动机在所有工况下都保持在适当的温度范围内。所以冷却系统既要防止发动机过热，也要防止冬季发动机过冷。在冷发动机起动后，冷却系统还要保证发动机升温，尽快达到正常工作温度。发动机冷却系统结构如图 2-5-1 所示。

冷却系统结构

三、冷却系统组成有哪些介质和部件？

汽车发动机的冷却系统为强制循环水冷系统，即利用水泵提高冷却液的压力，强制冷却液在发动机中循环流动，如图 2-5-2 所示。强制循环水冷系统由水泵、散热器、电动风扇、节温器、气缸体水套以及其他附属装置组成。

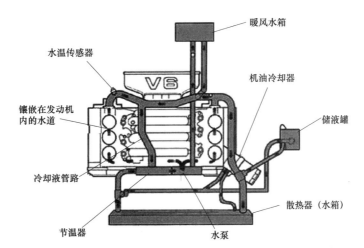

图 2-5-1 发动机冷却系统的结构

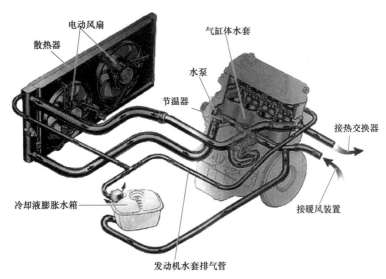

图 2-5-2 发动机冷却系统的循环

（1）冷却液

冷却液是水与防冻剂的混合物，如图 2-5-3 所示。冷却液用水最好是软水，否则将在发动机水套中产生水垢，使传热受阻，易造成发动机过热。

纯净水在 0 ℃时结冰。如果发动机冷却系统中的水结冰，那么将使冷却水终止循环而引起发动机过热；尤其严重的是水结冰时体积膨胀，可能将机体、气缸盖和散热器胀裂。为了适应冬季行车的需要，在水中加入防冻剂制成冷却液，以防止循环冷却水冻结。最常用的防冻剂是乙二醇。

（2）散热器（俗称水箱）

发动机水冷系统中的散热器由进水室、出水室及散热器芯三部分构成，如图 2-5-4 所示。冷却液在散热器芯内流动，空气在散热器芯外通过。热的冷却液由于向空气散热而变冷，冷空气则因为吸收冷却液散出的热量而升温，所以散热器是一个热交换器。

图 2-5-3　冷却液储存罐内的冷却液

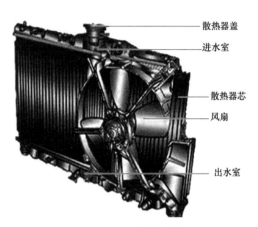

图 2-5-4　散热器结构

按照散热器中冷却液流动的方向，可将散热器分为纵流式和横流式两种。纵流式散热器芯竖直布置，上接进水室，下连出水室，冷却液由进水室自上而下地流过散热器芯进入出水室。横流式散热器芯横向布置，左右两端分别为进、出水室，冷却液自进水室经散热器芯到出水室横向流过散热器。大多数新型轿车均采用横流式散热器，这可以使发动机罩的外廓较低，有利于改善车身前端的空气动力性。

图 2-5-5　散热器盖

（3）散热器盖

现代汽车发动机强制循环水冷系统都将散热器盖（如图 2-5-5 所示）严密地盖在散热器添加冷却液的口上，使水冷系统成为封闭系统，通常称这种水冷系统为闭式水冷系统。其优点是：

① 闭式水冷系统可使系统内的压力提高 98～196 kPa，冷却液的沸点相应地提高到 120 ℃左右，从而扩大了散热器与周围空气的温差，提高了散热器的换热效率。由于散热器散热能力增强，所以可以相应地减小散热器尺寸。

② 闭式水冷系统可减少冷却液外溢及蒸发损失。

散热器盖的作用是：密封水冷系统并调节系统的工作压力。其工作原理是：当发动机工作时，冷却液的温度逐渐升高；由于冷却液容积膨胀，使冷却系统内的压力增高；当压力超过预定值时，压力阀开启，一部分冷却液经溢流管流入补偿水桶，以防止冷却液胀裂散热器；当发动机停机后，冷却液的温度下降，冷却系统内的压力也随之降低；当压力降低至大气压力以下出现真空时，真空阀开启，补偿水桶内的冷却液部分地流回散热器，可以避免散热器被大气压力压坏。

（4）补偿水桶

在现代汽车特别是轿车的冷却系统中，都设有用塑料制成的补偿水桶（或膨胀水箱），如图 2-5-6 所示。该水箱用橡胶软管与散热器上面的溢流管连接。补偿水桶可以减少冷却液的溢损并消除水冷系统中产生的气泡。当冷却液受热膨胀后，散热器内多余的冷却液流入补偿水桶，温度降低后散热器内产生一定的真空度，补偿水桶中的冷却液又被吸回散热器内，使散热器始终被冷却液充满。

冷却系统补偿箱

采用该方式，冷却液损失很少。驾驶员不必经常加注冷却液，补充冷却液时可从补偿水桶口加入，液面以保持在两条液面高度标记线之间为宜。

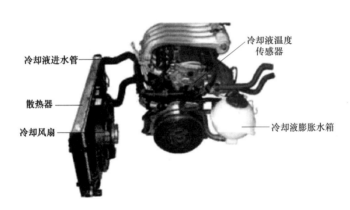

图 2-5-6　膨胀水箱

（5）电动风扇

很多轿车发动机的水冷系统采用电动风扇，尤其横置发动机前轮驱动的汽车更是如此。电动风扇由风扇电动机驱动并由蓄电池供电，所以风扇转速与发动机转速无关。电动风扇的装配位置如图 2-5-7 所示。电动风扇的优点是结构简单，布置方便，不消耗发动机功率，使燃油经济性得到改善。此外，由于不需要检查、调整或更换风扇传动带而减少了维修保养工作量。

风扇

（6）水泵

水泵的功用是对冷却液加压，保证其在冷却系统中循环流动。

汽车发动机广泛采用离心式水泵，如图 2-5-8 所示。泵体中包含一个叶轮，此叶轮连接到轴承总成中所支撑的轴。叶轮由压在轴前端的带轮驱动，而轴由附件传动带驱动。

图 2-5-7 电动风扇

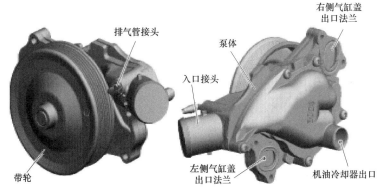

水泵的认知

图 2-5-8 水泵结构示意

离心式水泵的工作原理：当水泵叶轮按逆时针方向旋转时，水泵中的冷却液被叶轮带动一起旋转，并在离心力的作用下被甩向水泵壳体的边缘，同时产生一定的压力，然后从水管中流出。在叶轮的中心处，由于冷却液被甩出而压力下降。散热器中的冷却液在水泵进口与叶轮中心的压差作用下，经进水管流入叶轮中心，如图 2-5-9 所示。

图 2-5-9 水泵工作原理示意

四、节温器是怎样进行工作的?

节温器（图 2-5-10）是一个多级设备，位于水（冷却液）泵入口中，用于对发动机出口温度提供快速响应和控制。主要的节温器为蜡式节温器，当冷却液温度低于规定值时，节温器感温体内的精致石蜡呈固态，节温器阀在弹簧的作用下关闭发动机与散热器之间的通道，冷却液经水泵返回发动机，进行发动机内的小循环[图 2-5-11（a）]。当冷却液温度达到规定值后，石蜡开始熔化，逐渐变为液体，体积随之增大并压迫橡胶管使其收缩。在橡胶管收缩的同时给推杆以向上的推力，推杆对阀门有向下的反推力，使阀门开启。这时冷却液经由散热器和节温器阀，再经水泵流回发动机，进行大循环[图 2-5-11（b）]。

节温器的认知

节温器在发动机处于冷机状态时阻止冷却液流过散热器，并限制通过气缸体的冷却液流量，从而帮助发动机快速预热。在自然进气型和机械增压型车辆中，节温器在 88~90 ℃时开始打开，在 102 ℃时完全打开。

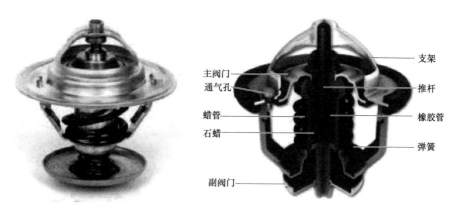

图 2-5-10 节温器的结构

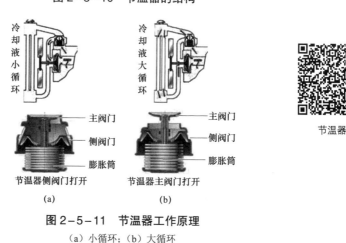

（a）　　　　　（b）

图 2-5-11 节温器工作原理
（a）小循环；（b）大循环

五、冷却系统水冷的循环路径是如何进行分配的?

冷却液在水泵中增压后,经分水管进入发动机的机体水套。冷却液从水套壁周围流过并从水套壁吸热之后经节温器及散热器进水软管流入散热器,在散热器中,冷却液向流过散热器周围的空气散热而降温,最后冷却液经散热器出水软管返回水泵,如此循环不已,如图 2-5-12 所示。在汽车行驶时或冷却风扇工作时,空气从散热器周围高速流过,以增强对冷却液的冷却。分水管或分水道的作用是:使多缸发动机各气缸的冷却强度均匀一致。

冷却系统的大小循环

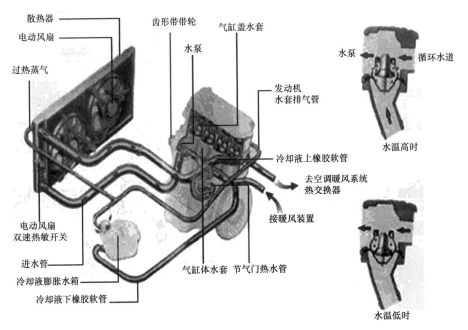

图 2-5-12 发动机冷却系统工作原理示意

有些发动机水冷系统冷却液的循环流动方向与上述相反,可称其为逆流式水冷系统。在这种水冷系统中,温度较低的冷却液首先被引入气缸盖水套,然后才流过机体水套。由于它改善了燃烧室的冷却而允许发动机有较高的压缩比,所以可以提高发动机的热效率和功率。

其实冷却系统除了对发动机有冷却作用外,还有"保温"的作用,因为"过冷"或"过热"都会影响发动机的正常工作。这个过程主要是通过节温器实现发动机冷却系统"大小循环"的切换。什么是冷却系统的大小循环? 可以简单理解为,小循环的冷却液是不通过散热器的(图 2-5-13),而大循环的冷却液是通过散热器的(图 2-5-14)。

节温器拆卸

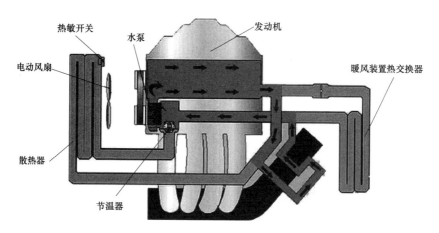

图 2-5-13 冷却系统小循环示意

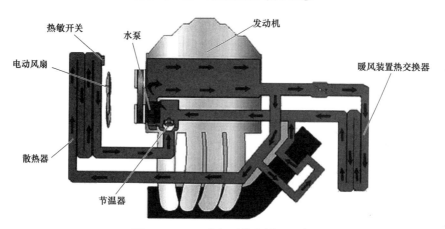

图 2-5-14 冷却系统大循环示意

当发动机温度过高时，冷却液在机体内进行大循环：水泵—水套—节温器（主阀门）—散热器—水泵。当发动机温度过低时，冷却液在机体内进行小循环：水泵—水套—节温器（副阀门）—水泵。

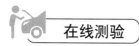

通过任务学习，扫描下方二维码进入微知库平台的"在线测验"页面，完成在线测验。

任务 2.5　在线测验

任务实施

要掌握"冷却系统认知与拆装"的相关内容,结合实习车辆完成操作任务。

水泵拆卸

水泵安装

水泵拆装流程如表 2-5-1 所示。

表 2-5-1 水泵的拆装流程

操作示意图	操作步骤描述
	一、拆卸 ① 拆卸水泵皮带轮
	② 旋出水泵固定螺栓,取下水泵。 ③ 从气缸体上取下 O 形圈

续表

操作示意图	操作步骤描述
	二、安装 安装以倒序进行，同时注意下列事项： ① 清洁气缸体上水泵安装平面和水泵的平面
	② 安装O形圈，抹上一层密封胶。 ③ 安装水泵，拧紧固定螺栓［力矩：（8.4±0.6）N·m］
	④ 安装水泵皮带轮，拧紧固定螺栓［力矩：（8.4±0.6）N·m］

拓展提升

发动机过热故障的原因

最常见的发动机温度过高原因是发动机冷却系统缺少冷却液，使发动机热量不能被冷却液带走，冷却效率降低。如果冷却系统密封不好，造成泄漏，则易在行车中造成缺水，导致发动机产生高温。泄漏分以下几种情况：

① 散热器泄漏。

② 管路系统泄漏。

③ 管路系统连接处泄漏。

如果发动机在冷却液充足的情况下产生高温，就需对散热器进行检查：

① 散热器芯表面是否被杂物堵塞？

② 散热片是否变形粘连？

③ 散热器芯管是否堵塞？

还有对风扇的检查，电动风扇熔丝是否烧坏；电动风扇继电器是否工作正常。水温传感器工作不正常、水泵密封件老化、壳体受腐蚀导致冷却液泄漏、冷却液减少，都是导致发动机过热的主要因素。

任务 2.6　润滑系统认知与拆装

学习目标

1. 了解润滑系统的功用、结构和循环原理；
2. 掌握机油泵的结构和工作原理；
3. 能按正确的流程进行机油泵的拆卸和安装。

相关知识

一、润滑系统有哪些功用？

润滑系统（图2-6-1）的作用就是在发动机工作时连续不断地把数量足够、温度适当的洁净机油输送到全部传动件的摩擦表面，并在摩擦表面之间形成油膜，实现液体摩擦，从而减小摩擦阻力、降低功率消耗、减轻机件磨损，以达到提高发动机工作可靠性和耐久性的目的。具体有以下几大作用（图2-6-2）。

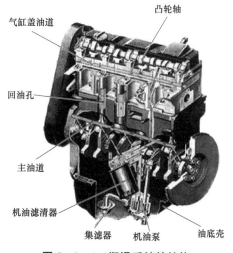

润滑系统结构

图2-6-1　润滑系统的结构

润滑作用：减少零件的摩擦和磨损，减少功率损失。

冷却作用：通过机油带走零件所吸收的部分热量，保持零件温度不致过高。

清洗作用：利用循环的机油冲洗零件表面，清除摩擦表面上的磨屑。

密封作用：气缸壁和活塞环上的油膜能提高气缸的密封性。

润滑的作用

防锈作用：机油附着于零件表面可防止零件表面与水、空气及燃气接触而发生氧化和腐蚀。

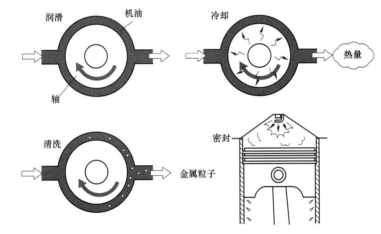

图 2-6-2 润滑系统作用示意

二、发动机润滑系统将对哪些部件进行润滑？

发动机工作时，很多传动零件都是在很小的间隙下做高速相对运动的。如曲轴主轴承，曲柄销与连杆轴承，凸轮轴颈与凸轮轴轴承，活塞、活塞环与气缸壁面，配气机构各运动副及传动齿轮副等。尽管这些零件的工作表面都经过精细的加工，但放大来看这些表面却是凹凸不平的。若不对这些表面进行润滑，它们之间将发生强烈的摩擦。金属表面之间的干摩擦不仅增加发动机的功率消耗、加速零件工作表面的磨损，而且还可能使摩擦产生的热将零件工作表面烧损，从而导致发动机无法运转。

三、发动机的润滑方式有哪些？

发动机工作时由于各运动部件的工作条件不同，所需要的润滑强度也不同，因而也要相应地采取不同的润滑方式。

（1）压力润滑

曲轴主轴承、连杆轴承及凸轮轴轴承等所承受的载荷及相对运动速度较大，需要以一定的压力将机油输送到摩擦部位，这种润滑方式被称为压力润滑。其特点是工作可靠、润滑效果好，还具有强烈的冷却和清洗作用。

压力润滑

飞溅润滑

（2）飞溅润滑

对于机油难以用压力输送到或承受负荷不大的摩擦表面，如气缸壁、正时齿轮、凸轮表面等的润滑，则利用运动部件飞溅出来的油滴或油雾润滑摩擦表面，我们称之为飞溅润滑。

（3）润滑脂润滑

润滑脂润滑是通过润滑脂嘴定期加注润滑脂来润滑零件的工作表面，一般包括水泵、发电机轴承、底盘零部件工作表面的润滑等。

四、润滑系统由哪些零部件组成？

为了实现润滑系统的功用，汽车发动机润滑系统由机油泵、机油滤清器、机油冷却器、油底壳、集滤器、机油压力表、温度表、润滑油道等组成。润滑流程如图2-6-3所示。

图2-6-3 润滑流程示意

（1）机油滤清器

机油滤清器（图2-6-4）从发动机油中清除污染物，例如金属颗粒等，并保持发动机油洁净。

机油滤清器中有一个单向阀，当发动机停机时，它使油保持在滤清器中。这样发动机起动时滤清器就总有油。它还有一个释放阀,当滤清器堵塞时,它允许油被输送到发动机。机油滤清器是需要定期更换的零件,并且达到规定行驶里程时要整体更换。

机油滤清器的认知

图 2-6-4 机油滤清器的结构

(2)机油冷却器

在高性能大功率的强化发动机上,由于热负荷大,所以必须装设机油冷却器(图 2-6-5)。通过对高温的机油进行冷却来确保机油对高温部件的冷却性能。

机油冷却器被布置在润滑油路中,一般使用水冷的方式,其工作原理与散热器相同。

图 2-6-5 机油冷却器

(3)油底壳

油底壳(图 2-6-6)被安装在气缸体的底部,其作用主要包括:

① 存储发动机机油,收集从润滑部件回流的机油。
② 形成曲轴箱的底部密封空间。
③ 加固发动机和变速箱。
④ 固定机油尺导管。

⑤ 安装放油螺塞，用于排放机油。

图 2-6-6 油底壳

（4）集滤器

集滤器一般为滤网式，装在机油泵之前。目前，汽车发动机所用的集滤器分为浮筒式（图 2-6-7）和固定式两种。

当机油泵工作时，润滑油从油底壳经进油狭缝、滤网、吸油管进入机油泵。润滑油流过滤网时，其中的粗大杂质被滤除。当滤网被杂质堵塞之后，滤网上方的真空度增大，于是克服滤网的弹力，使滤网上升，环口离开浮筒罩，这时润滑油经进油狭缝和环口进入吸油管和机油泵，以保证润滑油的供给不致中断。

（5）机油警告灯

该指示灯用来显示发动机内机油的压力状况。打开钥匙门，车辆开始自检时，指示灯点亮，起动后熄灭。该指示灯常亮，说明该车发动机机油压力低于规定标准，需要维修。

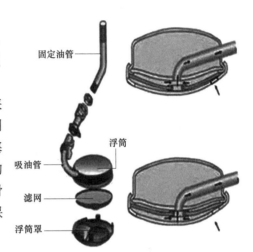

图 2-6-7 浮筒式集滤器的构造

五、机油泵是怎么进行分类的，其功用及原理如何？

机油泵根据结构形式可分为齿轮式和转子式两类。齿轮式机油泵又分为内啮合齿轮式和外啮合齿轮式，一般把后者称为齿轮式机油泵。齿轮式机油泵装配位置如图 2-6-8 所示。

（1）齿轮式机油泵

齿轮式机油泵的工作原理如下：

在机油泵体内装有一对外啮合齿轮，齿轮的端面由机油泵盖封闭。泵体、泵盖和齿轮的各个齿槽组成工作腔，如图 2-6-9 所示。当齿轮按顺时针、逆时针方向旋转时，进油腔的容积由于轮齿逐渐脱离啮合而增大，腔内产生一定的真空，润滑油从油底壳经进油口被吸入进油腔，随后又被轮齿带到出油腔。出油腔的容积由于轮齿逐渐进入啮合而减小，使润滑油压力升高，润滑油经出油口被压入发动机机体上的润滑油道。在发动机工作时，机油泵齿轮不停地旋转,润滑油便连续不断地流入润滑油道,经过滤清之后被送到各润滑部位。

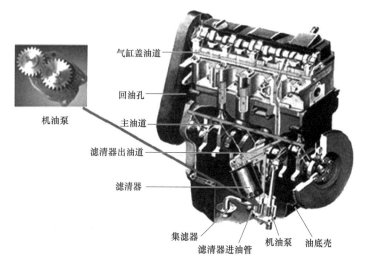

机油泵的认知

图 2-6-8 齿轮式机油泵装配位置

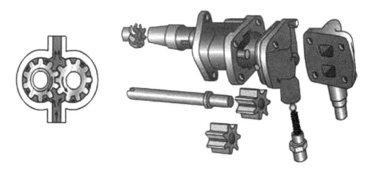

图 2-6-9 齿轮式机油泵的结构

当轮齿进入啮合时,封闭在轮齿径向间隙内的润滑油压力急剧升高,使齿轮受到很大的推力,并使机油泵轴衬套的磨损加剧。如能将径向间隙内的润滑油及时引出,油压自然降低。为此,特在泵盖上加工一道卸压槽,使轮齿径向间隙内被挤压的润滑油通过卸压槽流入出油腔。

齿轮式机油泵结构

齿轮式机油泵由曲轴或凸轮轴经中间传动机构驱动。汽油机的齿轮式机油泵典型的传动方式是机油泵与分电器由凸轮轴或中间轴上的曲线齿轮经同一个传动轴驱动。

齿轮式机油泵的优点是效率高,功率损失小,工作可靠;缺点是需要中间传动机构,制造成本相应较高。

(2)内啮合齿轮式机油泵

内啮合齿轮式机油泵(图 2-6-10)也称内接齿轮泵,其工作原理与外啮合齿轮式机油泵(齿轮式机油泵)相同。

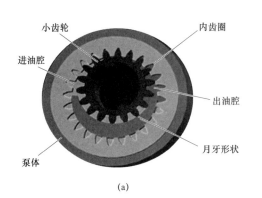 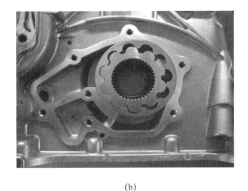

(a) (b)

图 2-6-10 内啮合齿轮式机油泵

(a) 内啮合齿轮式机油泵的内部结构；(b) 内啮合齿轮式机油泵外观

因为内接齿轮泵由曲轴直接驱动，无须中间传动机构，所以零件数量少、制造成本低、占用空间小、使用范围广。但是这种机油泵在内、外齿轮之间有一处无用的空间，使机油泵的泵油效率降低。另外，如果曲轴前端轴颈太粗，机油泵外形尺寸随之增大，发动机驱动机油泵的功率损失也相应有所增加。

（3）转子式机油泵

转子式机油泵主要由内外转子、机油泵体及机油泵盖等零件组成，如图 2-6-11 所示。内转子固定在机油泵传动轴上，外转子自由地安装在泵体内，并与内转子啮合转动，如图 2-6-12 所示。

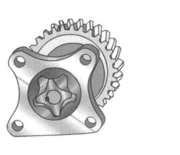

机油泵工作原理

图 2-6-11 转子式机油泵的结构

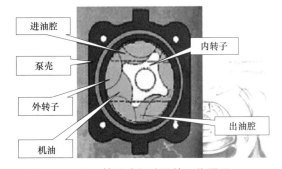

图 2-6-12 转子式机油泵的工作原理

（4）安全阀

机油泵必须在发动机各种转速下都能供给足够数量的润滑油，以维持足够的润滑油压力，保证发动机的润滑。机油泵的供油量与其转速有关，而机油泵的转速又与发动机转速成正比。因此，在设计机油泵时，都是使其在低速时有足够大的供油量。但是，在高速时机油泵的供油量明显偏大，润滑油压力也显著偏高。另外，在发动机冷起动时，润滑油黏度大、流动性差，润滑油压力也会大幅度升高。为了防止油压过高，在润滑油路中要设置安全阀或限压阀。

一般安全阀装在机油泵或机体的气缸体油道上。如果将安全阀安装在机油泵上，则当油压达到规定值时，安全阀开启，多余的机油返回机油泵进口。如果将安全阀安装在主油道上，则当油压达到规定值时，多余的机油经过安全阀流回油底壳。

六、润滑油根据什么条件分类，有哪些用途？

国际上广泛采用美国SAE（美国汽车工程师协会）黏度分类法和API（美国石油协会）等级分类法对润滑油进行分类，而且它们已被国际标准化组织（ISO）确认。

（1）机油质量

API等级代表发动机油质量的等级，它采用容易识别的代码来表示发动机机油质量的等级，（图2-6-13）所示。

"S"开头系列代表汽油发动机用油，规格有：API SA、SB、SC、SD、SE、SF、SG、SH、SJ、SL。

"C"开头系列代表柴油发动机用油，规格有：API CA，CB，CC，CD，CE，CF，CF-2，CF-4，CG-4，CH-4，CI-4。

当"S"和"C"两个字母同时存在时，则表示此机油为汽柴通用型，从"SA"到"SL"每递增一个字母，机油的功能都会优于前一种，机油中会有更多用来维护发动机的添加剂。字母越靠后，质量等级越高。

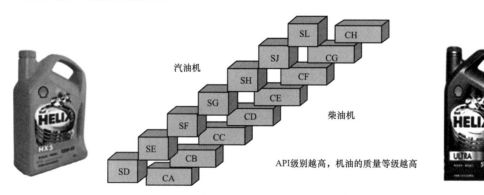

图2-6-13 API质量分级示意

（2）机油黏度

机油的黏度多运用SAE等级标识，例如SAE15W-40、SAE5W-40。

"W"表示 winter（冬季），"W"前面的数字越小，表示机油的黏度越小，活动性越好，可供应用的环境温度越低，在冷起动时对发动机的维护性能越好。

"W"后面的数字表示机油的耐高温性，数值越大表示机油在高温下对发动机的维护性能越好。

对-18 ℃和100 ℃所测得的黏度值能满足其中之一者，称为单级机油。-18 ℃（冬用）发动机机油可分为0 W、5 W、10 W、15 W、20 W、25 W等六个级别；100 ℃（春、夏、秋用）发动机机油可分为20、30、40和50四个级别。

能同时满足-18 ℃和 100 ℃两方面黏度要求的机油，称为多级机油。多级机油牌号标记为5W-20、10W-30、15W-40、30W-40等。这种机油，可以适应一定温度变化的区域，因此，可在某一地区范围的冬、夏季通用。

例如：标号为 SAE10W-40 的机油，可以使用在-25 ℃～40 ℃的温度范围（图 2-6-14）。

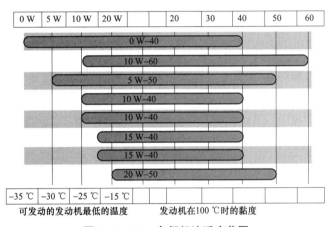

图 2-6-14 多级机油适应范围

七、润滑油有哪些使用特性？

汽车发动机机油在润滑系统内循环流动，循环次数每小时可达 100 次。润滑油的工作条件十分恶劣，在循环过程中，润滑油与高温的金属壁面及空气频频接触，不断氧化变质。窜入曲轴箱内的燃油蒸气、废气以及金属磨屑和积炭等，使润滑油受到严重污染。另外，润滑油的工作温度变化范围很大，在发动机起动时为环境温度；在发动机正常运转时，曲轴箱中润滑油的平均温度可达 95 ℃或更高。同时，润滑油还与 180～300 ℃的高温零件接触，受到强烈的加热。因此，作为汽车发动机的润滑油，必须具备优良的使用性能。目前，汽车发动机广泛使用的润滑油，以从石油中提炼出来的润滑油为基础油，再加入各种添加剂混合而成，如图 2-6-15 所示。其使用性能有：

图 2-6-15 机油品质排列示意

① 适当黏度。油的黏度对发动机的工作有很大的影响。黏度过小，在高温、高压下容易从摩擦表面流失，不能形成足够厚度的油膜；黏度过大，冷起动困难，润滑油不能被送到摩擦表面。润滑油的黏度随温度变化而变化。温度升高，黏度减小；温度降低，黏度增大。为了使润滑油在较宽的温度范围内都有适当的黏度，必须在基础油中加入增稠剂。

② 优异的氧化安定性。氧化安定性是指润滑油抵抗氧化作用不使其性质发生永久变化的能力。当润滑油在使用与储存过程中与空气中的氧气接触而发生氧化作用时，润滑油的颜色变暗，黏度增加，酸性增大，并产生胶状沉积物。氧化变质的润滑油将腐蚀发动机零件，甚至破坏发动机工作。

③ 良好的防腐性。润滑油在使用过程中不可避免地被氧化而生成各种有机酸。这类酸性物质对金属零件有腐蚀作用，产生斑点、麻坑或使合金层剥落。

④ 较低的起泡性。由于润滑油在润滑系统中快速循环和飞溅，所以必然会产生泡沫。如果泡沫太多，或泡沫不能迅速消除，将造成摩擦表面供油不足。控制泡沫生成的方法是在润滑油中添加泡沫抑制剂。

⑤ 强烈的清净分散性。润滑油的清净分散性是指润滑油分散、疏松和移走附着在零件表面上的积炭和污垢的能力。为使润滑油具有清净分散性，必须加入清净分散添加剂。

⑥ 高度的极压性。在摩擦表面之间的油膜厚度小于 0.3～0.4 mm 的润滑状态称为边界润滑。习惯上把高温、高压下的边界润滑称为极压润滑。润滑油在极压条件下的抗磨性叫作极压性。现代汽车发动机的轴承及配气机构等零件的润滑即为极压润滑。为了提高润滑油的极压性，避免在极压润滑的条件下润滑油被挤出摩擦表面，必须在润滑油中加入极压添加剂。极压添加剂与金属表面起化学反应，形成强韧的油膜，以提供对零件的极压保护。

八、润滑系统的润滑油在油路中是怎样工作的?

现代汽车发动机的润滑系统油路大致相同。一般曲轴的主轴颈、曲柄销、凸轮轴颈及中间轴(分电器和机油泵的传动轴)颈均采用压力润滑,其余部分则采用飞溅润滑或润滑脂润滑。

润滑油循环

当发动机工作时,润滑油从油底壳经集滤器被机油泵送入机油滤清器,如图 2-6-16 所示。如果机油压力太高,则润滑油经机油泵上的安全阀返回机油泵入口。全部润滑油经滤清器滤清之后进入发动机主油道。滤清器盖上设有旁通阀,当滤清器堵塞时,润滑油不经过滤清器滤清,而由旁通阀直接进入主油道。润滑油经主油道进入 5 条分油道,分别润滑 5 个主轴承。然后,润滑油经曲轴上的斜油道,从主轴承流向连杆轴承润滑曲柄销。主油道中的部分润滑油经第 6 条分油道供入中间轴的后轴承。中间轴的前轴承由机油滤清器出油口的一条油道供油润滑。主油道的另一条分油道直通凸轮轴轴承润滑油道,此油道也有 5 个分油道,分别向 5 个凸轮轴轴承供油。在凸轮轴轴承润滑油道的后端,也就是整个压力润滑油路的终端,装有最低润滑油压力报警开关。当发动机起动后,润滑油压力较低,最低油压报警开关触点闭合,油压指示灯亮。当润滑油压力超过 31 kPa 时,最低油压报警开关触点断开,指示灯熄灭。另外,在机油滤清器上装有润滑油压力开关。当发动机转速超过 2 150 r/min 时,润滑油压力若低于 180 kPa,则开关触点闭合,报警灯闪亮,同时蜂鸣器也鸣响报警。

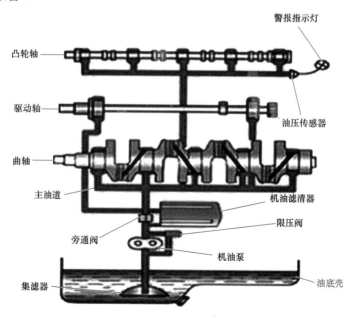

图 2-6-16 上海桑塔纳轿车发动机润滑油工作示意

在线测验

通过任务学习,扫描下方二维码进入微知库平台的"在线测验"页面,完成在线测验。

任务 2.6 在线测验

 任务实施

要掌握"润滑系统认知与拆装"的相关内容,结合实习车辆完成操作任务。

机油泵拆卸　　　　　　　　机油泵安装

机油泵拆装流程如表 2-6-1 所示。

表 2-6-1 机油泵的拆装流程

操作示意图	操作步骤描述
	一、拆卸 ① 拆卸气缸盖罩总成、油底壳总成、机油集滤器、曲轴皮带轮等。 ② 将机油尺导管连同机油尺同时拔下

续表

操作示意图	操作步骤描述
	③ 拆卸正时链轮壳体
	④ 松开并旋下机油泵的固定螺钉（如箭头 A 所示）和固定螺栓（如箭头 B 所示）
	⑤ 从正时链轮壳体上取下机油泵
	二、安装 安装以倒序进行，同时注意下列事项： ① 清洁并润滑机油泵转子

续表

操作示意图	操作步骤描述
	② 安装机油泵的内外转子
	③ 拧紧机油泵的固定螺钉(如箭头A所示,拧紧力矩:4～8 N·m)和固定螺栓(如箭头B所示,拧紧力矩:5～12 N·m)
	④ 安装正时链轮壳体,固定螺栓拧紧力矩:M6,(8.4±0.6)N·m;M10,(39.5±3.0)N·m

拓展提升

汽车仪表上的机油压力指示灯是用来指示主油道内机油压力高低的，正常的工作状况是当打开点火开关没有起动发动机时，机油压力指示灯亮；当发动机正常运转时，机油压力指示灯熄灭。当发动机运转时，若主油道的机油压力过低，则机油压力指示灯点亮，指示发动机润滑系统有故障，需立刻停车检修发动机。

图 2-6-17　机油压力指示灯

任务 2.7 点火系统认知与拆装

学习目标

1. 了解点火系统的功用、结构和工作原理;
2. 掌握点火线圈的结构和工作原理;
3. 能按照正确的流程进行火花塞的拆卸和安装。

相关知识

一、发动机点火系统是怎样工作的?

汽油发动机工作时,吸入气缸中的可燃混合气在压缩行程终了时靠电火花点燃,使混合气燃烧产生强大动力,推动活塞向下运动使发动机做功,如图 2-7-1 所示。因此,在汽油发动机的燃烧室中装有火花塞。

点火系统结构

在火花塞的两个电极之间加上直流高电压时,电极之间的气体便发生电离现象。随着两电极间电压的升高,气体电离的程度也不断增强。当电压增长到一定值时,火花塞两极间的间隙被击穿而产生电火花。使火花塞两电极间隙击穿所需要的电压,称为击穿电压。击穿电压的数值与电极间的距离(火花塞间隙)、气缸内的压力和温度有关。电极间隙越大,缸内压力越高,温度越低,则击穿电压越高。为了使发动机在各种工况下均能可靠地点火,作用在火花塞间隙的电压应能达到 15~20 kV。能够按时在火花塞两电极之间产生电火花的全部装置,称为发动机点火系统。为了适应发动机的工作,要求点火系统能在规定的时刻,按发动机的点火次序供给火花塞以足够能量的高压电,使其两电极间产生电火花,点燃混合气,使发动机做功。

二、点火系统是由哪些部分组成的?

点火系统(图 2-7-2)根据产生高压电方式的不同,分为传统点火系统和微机控制点火系统。

图2-7-1 汽油在气缸内燃烧示意

（1）传统点火系统

以蓄电池或发电机为电源，提供6 V、12 V、24 V的低电压直流电，借点火线圈和断电器将低压电转变为高压电，再经过配电器分配到各缸火花塞，使火花塞两电极之间产生电火花，点燃混合气。

（2）微机控制点火系统

由点火线圈（点火模块）和微机控制装置产生的点火信号，将电源的低压电转变为高压电。现代发动机点火系统取消了分电器，由微机系统直接进行高压电的分配，是现代新型的无分电器点火系统。微机控制的点火系统已广泛应用于各种轿车上。

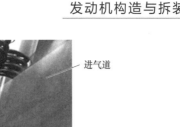

电子控制点火系统

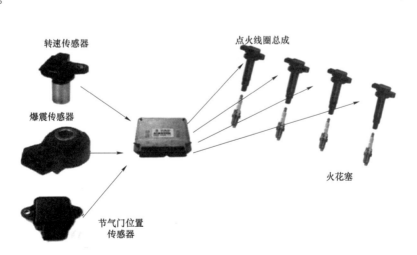

图2-7-2 点火系统的结构

三、火花塞怎样点火的？

汽油发动机混合气在压缩以后，需要点燃才能"引爆"。安装在气缸上的火花塞就是扮演"引爆"的角色。火花塞的结构由接线螺母、绝缘体、密封垫圈、中心电极、侧电极组成（图2-7-3）。

火花塞的认知

火花塞点火的原理类似雷电，其头部有中心电极和侧电极，两个电极之间有 0.9～1.3 mm 的间隙，当通电时能产生高达 1 万多伏的电火花，可以瞬间"引爆"气缸内的混合气体。

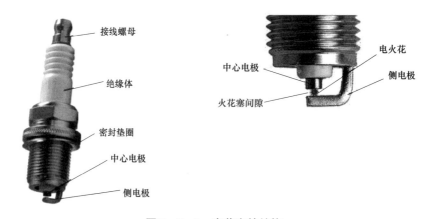

图2-7-3　火花塞的结构

火花塞的作用是在电极间产生电火花，点燃混合气。火花塞属于易损件，使用正常的火花塞头部通常呈暗红色，火花塞安装位置如图2-7-4所示。

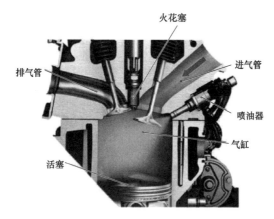

图2-7-4　火花塞安装位置

四、点火电压从哪里来？

火花塞要点火，需要提供高压电，而蓄电池只能提供 12 V 的电压。为此，需要采用点火线圈将 12 V 的低压提高至两万伏左右。

点火线圈（图 2-7-5）实际上是一个升压变压器，它由初级线圈、次级线圈和铁芯等组成，通过线圈自感和互感原理实现电压升高。

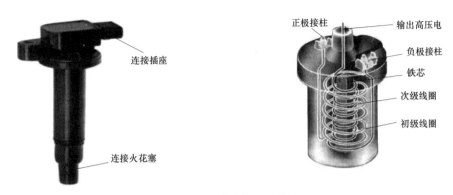

图 2-7-5 点火线圈的结构

点火线圈产生高压电以后，传统点火系统采用分电器和高压线来分配、传输给火花塞。随着独立点火系统的发展，每个气缸都有一个或两个点火线圈，分电器和高压线被取消。

目前，普遍使用每缸都有点火线圈的独立点火系统，其点火线圈还集成了高压线、点火控制器等功能。

点火线圈

要想使气缸内的"爆炸"威力更大，适时地点火就非常重要。实际的点火时刻都是在压缩行程末就开始了，相对压缩上止点时是提前的，所以我们称之为点火提前。通常用上止点时的曲轴转角做点火提前的参考点，例如点火提前角 10°。在不同转速下、不同节气门开度下点火的提前量是不同的，所以需要一个复杂的点火系统来控制。

点火系统包括转速传感器、节气门位置传感器、爆燃传感器等传感器元件，发动机控制单元以及点火控制模块、点火线圈和火花塞等。

发动机如果点火太早，混合气在火焰还没有到达之时就自行发火，发动机这时会产生一种高频金属敲击声，这种现象既有损发动机功率，也容易损坏发动机。发动机采用了爆燃传感器来预防这种情况发生，爆燃传感器的作用是检测到发动机振动，并将振动转化为电信号，传输给电控单元。

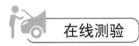

通过任务学习，扫描下方二维码进入微知库平台的"在线测验"页面，完成在线测验。

任务 2.7　在线测验

任务实施

要掌握"点火系统认知与拆装"的相关内容,结合实习车辆完成操作任务。

火花塞拆卸

火花塞安装

火花塞拆装流程如表 2-7-1 所示。

表 2-7-1　火花塞的拆装流程

操作示意图	操作步骤描述
	一、拆卸 ① 拆卸一缸点火线圈。 ② 用火花塞扳手拧出火花塞。 火花塞拧紧力矩:20~30 N·m。 ③ 安装以倒序进行,同时必须注意以下事项

操作示意图	操作步骤描述
	① 检查火花塞 1 的电极间隙。标准间隙：1.0 mm。 ② 若发现火花塞发黑、积炭过多，则说明较长时间没有更换火花塞或气门密封性不良，须清洁火花塞积炭或检查气门密封性。 ③ 若发现火花塞发白，则说明发动机在烧机油，须检查气缸密封性。 ④ 若发现火花塞潮湿，则可能是火花塞不点火，须检查电控系统，排除部件或线路故障

拓展提升

点火系统控制

（1）点火系统控制逻辑

线圈充磁控制：点火线圈充磁时间决定了火花塞的点火能量。太长的充磁时间会损害线圈或线圈驱动器，太短会导致失火。

起动模式：在起动模式下，系统采用一个固定的点火角，以保证缸内混合气被点燃，并提供正扭矩；发动机着车，转速上升，并且能够自行运转后，点火角控制退出起动模式。

起燃控制：在不影响冷态驾驶性的前提下，为让催化器尽可能快地起燃，在加热催化器过程中，基本点火角可以不是最佳扭矩点（MBT）或爆燃临界点（KBL）点火角，而且在不影响驾驶性的情况下应该尽可能地延迟。

（2）点火提前角的计算

主点火角：发动机冷却液温度正常后，通常节气门开启工况下的主点火角就是 MBT 时的最小点火角，即 KBL；在怠速情况下，点火角应该小于 MBT 点以获得怠速稳定性。

（3）爆燃控制逻辑

爆燃的产生：当火花塞前沿向外传播但还未完全扩散到整个燃烧室时，如果气缸内的气体压力已经足够高，可能会导致混合气体产生自动提前点火，即自燃；自燃将导致气缸内的压力产生剧烈的波动，这种波动将以机械振动的形式传递到缸体上；当这种振动强到一定程度时，将可以听到一种"敲击"缸体的声音，这就是爆燃。

爆燃控制方案主要有下列模式：

① 稳态爆燃控制：在发动机正常运转时，ECM 通过爆燃传感器收集和分析发动机燃烧过程中的声音，经过过滤，检出爆燃。一旦爆燃的强度超过允许的限制，系统将快速推迟爆燃所发生气缸的点火提前角，在后续的燃烧循环中消除爆燃，点火提前角将逐渐恢复至正常角度。

② 瞬态爆燃控制：在急加速或发动机转速急剧变化时，爆燃容易发生。系统预测到爆燃发生的可能性后，会自动推迟点火提前角，以避免超限（强烈）的爆燃发生。

③ 快速推迟点火角：在急加速或发动机转速急剧变化时，爆燃容易发生。系统预测到爆燃发生的可能性后，会自动推迟点火提前角，以避免超限（强烈）的爆燃发生。

④ 适应性调整点火角：由于制造误差和长期使用后的磨损，发动机之间存在差异。在系统和发动机使用初始或 ECM 重新上电后，发动机工作时可能会有爆燃发生，而系统将其记录，经过一段时间的磨合后，系统将自动生成适应性的点火调整修正值（自学习值）；当发动机运行到相同的工况时，系统将自动地对点火提前角进行适应性调整，杜绝强烈爆燃的发生。系统适应性学习值是在发动机运转过程中不断更新的。

任务 2.8 燃油供给系统认知与拆装

学习目标

1. 掌握燃油供给系统的结构、作用;
2. 掌握燃油泵的结构和工作原理;
3. 能按正确的流程进行起动机的拆卸和安装。

相关知识

一、燃油供给系统的作用是怎样的?

燃油供给系统的作用是向气缸内提供燃烧时所需要的汽油量。因为燃料不同,喷油控制方式不同,所以汽油机和柴油机的燃油供给系统区别较大。

(1) 汽油机燃油供给系统

汽油的使用特性指标——蒸发性、热值和抗爆性,将对发动机起动、运行性能造成很大影响。要想使汽油在气缸内燃烧,必须经过雾化和汽化的过程,形成可以燃烧的混合气,并被电火花点燃,如图 2-8-1 所示,这种按一定比例混合的汽油空气混合物,称为可燃混合气。理论上 1 kg 汽油完全燃烧需要空气 14.7 kg,故对于汽油机而言,空燃比为 14.7 的可燃混合气可称为理论混合气。若可燃混合气的空燃比小于 14.7,则意味着其中汽油含量有余(亦即空气含量不足),可称之为浓混合气;反之则亦然。应该注意的是:对于不同的燃料,其理论空燃比数值是不同的。

燃油供给系统结构

(2) 柴油机燃油供给系统

柴油机以柴油为燃料。由于柴油的蒸发性和流动性都比汽油差,因此柴油机不能像汽油机那样在气缸外部形成可燃混合气。柴油机的混合气只能在气缸内部形成,即在接近压缩行程终点时,通过喷油器(高压油泵)把柴油喷入气缸内,如图 2-8-2 所示。柴油油滴在炽热的空气中受热、蒸发、扩散,并与空气混合形成可燃混合气,最终自行发火燃烧。

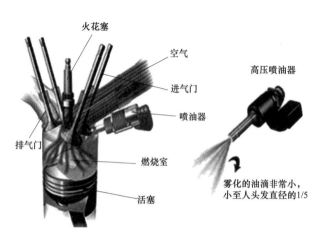
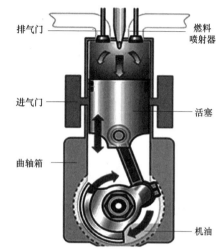

图 2-8-1　汽油机汽油喷射做功示意　　　　图 2-8-2　柴油机柴油喷射做功示意

二、汽油有什么重要特性？

汽油是原油精炼产生的碳氢化合物。汽油是高挥发性的，燃烧时能生成大量的热。因此汽油不含有害物质，并且抗爆性能高，所以它可以用作汽油发动机的燃料。

汽油是高挥发性的，与空气接触后汽化并形成可燃气体，极小的火花都能轻易将其点燃，因此非常危险，必须小心处理。

（1）汽油的辛烷值

辛烷值是表示汽油特性的量度标准之一，并代表燃油的抗爆特性。辛烷值高的汽油比辛烷值低的汽油更少引起发动机爆燃。

普通汽油的最低辛烷值为 91 ROZ/RON，高级汽油的最低辛烷值为 95 ROZ/RON，超级汽油的最低辛烷值为 98 ROZ/RON。

（2）无铅汽油

为了增加辛烷值，有些汽油添加了适量的铅，称为含铅汽油。然而，铅会破坏汽油汽车三元催化器的活性贵金属镀层，所以装有三元催化器的汽车需要使用无铅燃料。所谓"无铅汽油"，只是其铅含量被减少到最低限度，实际上不可能完全无铅。

无铅汽油因为铅含量减少，其抗爆性也随之有所降低，所以汽油中必须用专用添加剂来纠正抗爆性。

三、缸内直喷式和顺序多点喷射式有什么区别？

汽油汽车的燃油供给系统，有顺序多点喷射式和缸内直喷式两种。

顺序多点喷射式燃油供给系统的特点是将燃油按顺序喷到进气歧管中并被进气带到气缸中，与进气混合成可燃气体。顺序多点喷射式燃油供给系统的供油压力较低，一般为

380 kPa 左右（因发动机类型而异）。

缸内直喷式燃油供给系统的特点是将燃油按做功顺序直接喷到气缸中。缸内直喷式燃油供给系统的供油压力相对较大，一般在高负荷时能达到 150 bar（1 bar=10^5 Pa）左右（因发动机类型而异）。

（1）顺序多点喷射式燃油供给系统

顺序多点喷射式燃油供给系统主要包括燃油箱、电动燃油泵、燃油滤清器、燃油压力调节器、燃油管、燃油轨道和喷油器等。顺序多点喷射式燃油供给系统的结构如图 2-8-3 所示。

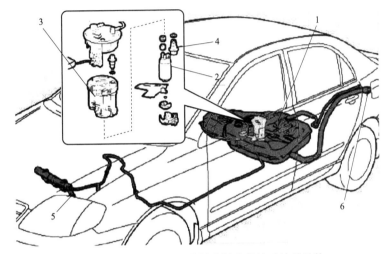

图 2-8-3 顺序多点喷射式燃油供给系统的结构

1—燃油箱；2—电动燃油泵；3—燃油滤清器；4—燃油压力调节器；5—燃油喷油器；6—燃油箱盖

电动燃油泵由 ECM 控制，它将燃油从燃油箱中吸出并加压，通过燃油管输送到燃油轨道中，向喷油器提供发动机工作所需的燃油。喷油器由 ECM 根据气缸的做功顺序依次喷油，并根据进气压力传感器、曲轴位置传感器、进气温度传感器和氧传感器等输入信号精确检测发动机工况，并控制喷油脉宽，以达到合理的空燃比。

顺序多点喷射式燃油供给系统的油压在正常情况下保持在 3.8 bar 左右，在发动机起动和冷车时会升高到 4.2 bar。

（2）缸内直喷式燃油供给系统

缸内直喷式燃油供给系统（图 2-8-4、图 2-8-5）的主要部件包括燃油箱、燃油输送模块、加油组件和两个燃油油位传感器。缸内直喷式燃油供给系统的优点主要包括：

① 高压喷射，喷油雾化优良。

② 精确控制各工况下的喷油量和喷油正时，保证最佳空燃比。

③ 动力性、燃油经济性、排放性等均得到极大改善。

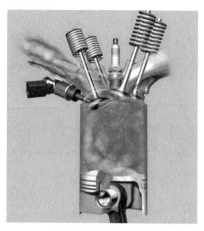 

图2-8-4 缸内直喷式燃油供给系统示意　　图2-8-5 缸内直喷式燃油供给系统的基本结构

四、汽油机燃油供给系统由哪些部件组成？

（1）燃油箱

燃油箱（图2-8-6）用于盛放足够多的燃油，一般安装在车辆底部位置，使用一个托架将整个燃油箱总成固定在车辆上。燃油箱采用HDPE（高密度聚乙烯）吹塑而成。

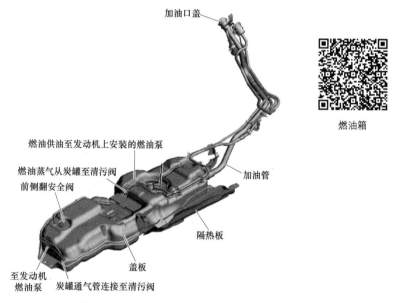

图2-8-6 燃油箱的组成

（2）燃油泵

燃油泵的作用是把汽油从燃油箱中吸出，并经管路和汽油滤清器压送到燃油轨道上，最终通过喷油器将燃油喷入进气管路中。正是由于有了燃油泵，燃油箱才能安放到远离发动机的汽车尾部，并低于发动机。燃油泵外部形状及内部结构如图2-8-7所示。

燃油泵电动机通电时,燃油泵电动机驱动涡轮泵叶轮旋转,由于离心力的作用,叶轮周围小槽内的叶片贴紧泵壳,将燃油从进油室带往出油室。由于进油室的燃油不断被带走,所以形成一定的真空度,将燃油从进油口吸入;而出油室燃油不断增多,燃油压力升高,当达到一定值时,则顶开出油阀经出油口输出。出油阀还可在油泵不工作时阻止燃油流回燃油箱,保持油路中有一定的残余压力,便于下次起动。

燃油泵的认知

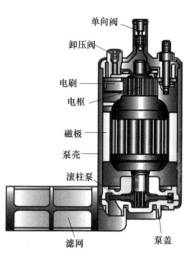

图 2-8-7 燃油泵外部形状及内部结构示意

(a) 外部形状;(b) 内部结构

燃油泵上配有卸压阀通过固定输油管和燃油轨道中预置的燃油压力来辅助发动机起动。此卸压阀也限制因高温条件下蒸汽临时性增加引起的燃油轨道压力,并限制因负荷突然变化(例如节气门全开至关闭的转变)引起的压力。

(3) 燃油滤清器

燃油滤清器(图 2-8-8)的作用是把含在燃油中的氧化铁、粉尘等固体杂物除去,防止燃油系统堵塞(特别是喷油器)。减少机械磨损,确保发动机稳定运行,提高可靠性。燃油滤清器的结构由一个铝壳和一个内有不锈钢的支架组成,在支架上装有高效滤纸片,滤纸片成菊花形,以增大流通面积。电喷滤清器不能与燃油滤清器通用。由于电喷滤清器经常承受 200~300 kPa 的燃油压力,因此该滤清器耐压强度一般要求达到 500 kPa 以上,而燃油滤清器则没有必要达到如此高的压力。

燃油滤清器的认知

图 2-8-8 燃油滤清器

（4）燃油轨道

燃油轨道简称共轨，用于共轨式的燃油系统。共轨的作用是为喷油器储存并提供高压燃油，并将燃油压力波动减至最小。燃油轨道如图2-8-9所示。

有些燃油轨道上安装有一个压力传感器，其作用是检测燃油压力，并向ECM反馈压力信号，以调整油量计量阀的开度，使实际油压与目标油压保持一致。

图2-8-9 燃油轨道示意

（5）喷油器

喷油器受ECM控制，ECM通过各传感器检测发动机的工况，计算出理想的喷油需求，并控制喷油器工作，以实现最佳的喷油正时、喷油量和喷油率。

车辆常用的喷油器有电磁式喷油器和压电式喷油器（图2-8-10）。压电式喷油器的响应性比电磁式喷油器要快，其控制精度更高。

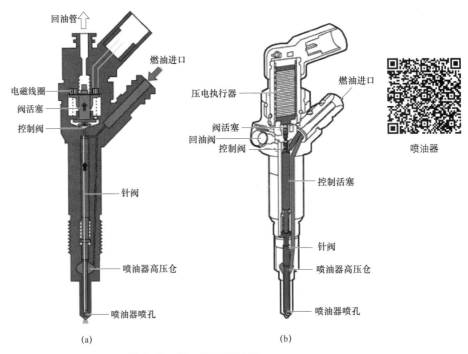

图2-8-10 喷油器示意
（a）电磁式喷油器；（b）压电式喷油器

五、汽油喷油器和柴油喷油器的作用有何不同？

从两者的结构原理来看，其作用存在一定的区别。

① 对于缸外喷射的汽油机而言，喷油器将汽油喷到发动机的进气管，被喷入进气管的汽油形成雾状，然后与空气混合；发动机在进气行程的时候，将汽油和空气的混合物吸入气缸进行燃烧。对于缸内喷射的汽油机而言，喷油器将汽油直接喷入气缸内部，被喷入的汽油形成雾状，与空气混合后，被火花塞点燃，形成高温高压燃气推动活塞做功。简单地说，汽油机上喷油器的作用是：将定量的燃油由液态变成雾状，然后与空气混合。

② 柴油机喷油器的作用主要是根据柴油机混合气形成的特点，将燃油雾化成细微的油滴，并将其喷射到燃烧室待定的位置。

六、柴油机燃油供给系统由哪几部分组成？

柴油机燃油供给系统主要由燃油供给装置、空气供给装置、混合气形成装置和废气排出装置4部分组成。

① 燃油供给装置的主要功用是完成燃料的储存、滤清和输送工作，并以一定压力和喷油质量定时、定量地将燃料喷入燃烧室。其包括喷油泵、喷油器和调速器（它根据柴油机负荷的变化自动增减喷油泵的供油量，使柴油机能够以稳定的转速运行）。主要部件由燃油箱、输油泵、油水分离器、燃油滤清器、喷油提前器、高压和低压油管等辅助装置组成，如图2-8-11所示。

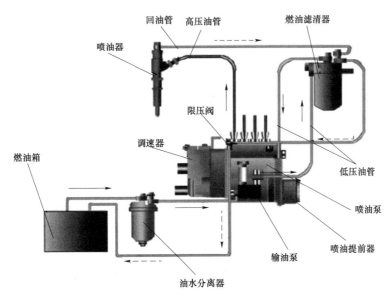

图2-8-11 柴油机燃油供给系统的结构

② 空气供给装置的主要功用是供给发动机清洁的空气。
③ 柴油机混合气形成装置就是燃烧室，使燃油与空气混合形成混合气。
④ 废气排出装置的主要功用是在发动机完成做功后排出气缸内的燃烧废气。

在线测验

通过任务学习,扫描下方二维码进入微知库平台的"在线测验"页面,完成在线测验。

俗务 2.8 在线测验

 任务实施

要掌握"燃油供给系统认知与拆装"的相关内容,结合实习车辆完成操作任务。

燃油泵拆装

燃油滤清器拆装

燃油泵拆装流程如表 2-8-1 所示。

表 2-8-1 燃油泵的拆装流程

操作示意图	操作步骤描述
	一、拆卸 ① 释放燃油压力。 ② 拆卸后排座椅坐垫总成。 ③ 取下堵盖 1
	④ 断开燃油泵插头(如箭头 A 所示)。 ⑤ 断开燃油泵出油管(如箭头 B 所示)及回油管(如箭头 C 所示)与燃油泵的连接

续表

操作示意图	操作步骤描述
	⑥ 使用燃油泵锁紧螺母扳手 T61132101 旋出卡环 1
	⑦ 取出燃油泵总成 1。 提示：拆卸燃油泵总成 1 时注意燃油液位传感器浮力杆
	二、安装 安装以倒序进行，同时注意下列事项： 若更换新的燃油泵总成，须将旧的燃油泵总成内的残余燃油清空，并妥善处理。 提示：燃油泵密封圈 1 须更换

拓展提升

一、燃油喷射系统

燃油喷射装置中，电子控制燃油喷射系统（电喷系统）以发动机控制单元（ECU）为控制中心，利用安装在发动机上的各种传感器所提供的发动机各种工作参数，根据控制单元中设定的控制程序，通过控制喷油器，精确地控制喷油量和喷油时间，从而使发动机在各种工况下都能获得最佳浓度的混合气,使发动机获得良好的燃料经济性和排放性,同时也提高汽车的使用性能。

燃油喷射主要部件包括:燃油轨道、喷油器和发动机控制单元(ECU)。

二、安全操作事项

① 在对燃油系统操作之前,须在近距离内准备灭火消防设备。

② 佩戴耐油的手套及护目镜,尽量避免皮肤接触燃油。

③ 禁止工作场所出现明火、火花及容易引起火花的电器设备。

④ 燃油具有很强的挥发性,吸入过多的燃油蒸气会使人头晕、眼花、恶心甚至昏迷,因此必须确保工作场所通风。

⑤ 在断开燃油管路之前,须对燃油系统作释放压力处理,否则在断开燃油管路接头的一瞬间燃油可能喷射到工作人员的身上或脸上,造成人身伤害。

⑥ 从燃油箱中取下燃油泵时不要给油泵通电,以免产生电火花,引起火灾。

⑦ 燃油泵不允许在干态下或水里进行运转试验,否则会缩减其使用寿命。另外,燃油泵的正负极切不可接反。

⑧ 对点火系统进行检查时,只有在必要的时候才进行跳火花检测,并且时间要尽可能短,检测时不能打开节气门,否则会导致大量未燃烧的燃油进入排气管,损坏三元催化器。

⑨ 怠速的调节完全由电喷系统完成,不需要人工调节。所以节气门体上的限位螺钉在生产厂家出厂时已调好,不允许用户随意改变其初始位置。不要用刺穿导线表皮的方法来检测零部件输入输出的电信号。

⑩ 为了避免磨损燃油管路,安装时注意其与所有运动的或热的部件要有足够的距离,并且不得过度弯折管路。

项目三
汽车底盘构造与拆装

本项目主要是让学生了解汽车底盘各个系统的构造与工作原理，学会使用底盘拆装的工具和设备，能按规范流程完成拆装任务。内容为"离合器认知与拆装""手动变速器认知与拆装""自动变速器认知与拆装""分动器认知与拆装""万向传动装置认知与拆装""驱动桥认知与拆装""悬架系统认知与拆装""车轮认知与拆装""转向系统认知与拆装""制动系统认知与拆装"共十个学习任务。通过相关理论知识学习和实践操作训练，了解汽车底盘各个系统作用、分类和基本结构，熟练掌握底盘各总成机构的拆装。同时，学生自己还要查阅大量资料，掌握发动机新技术的运用。

任务 3.1　离合器认知与拆装

学习目标

1. 了解汽车底盘的结构及作用；
2. 掌握离合器的结构及原理；
3. 学会离合器的拆装流程及要点。

相关知识

一、什么是汽车底盘？

底盘的作用是支承、安装汽车发动机及其各部件、总成，形成汽车的整体造型；接受发动机的动力，使汽车产生运动，并保证汽车能够按照驾驶员的操纵正常行驶。汽车底盘由传动系统、行驶系统、转向系统和制动系统等四大系统组成（图3-1-1）。

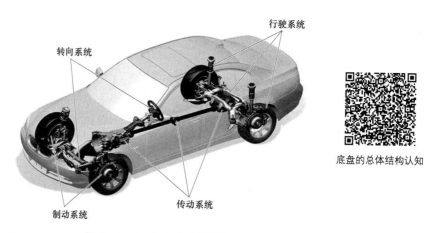

图 3-1-1　汽车底盘的结构

（1）传动系统

传动系统的功用是将发动机的动力传递给驱动轮。普通传动系统由差速器、变速器、传动轴、万向节等部分组成（图3-1-2）。现代汽车越来越普遍采用以液力变速器取代机械式传动系统中的离合器和变速器。

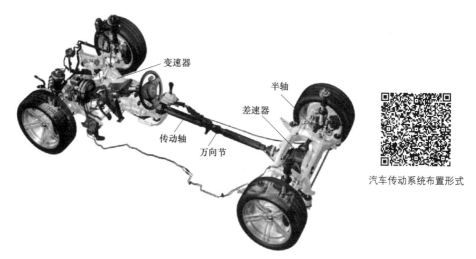

图 3-1-2 传动系统的组成

（2）行驶系统

行驶系统由驱动桥、悬架和车轮等组成（图 3-1-3）。

行驶系统的作用：

① 接受由发动机经传动系统传来的扭矩，并通过驱动轮与路面附着作用，转化为汽车行驶的驱动力。

② 将全车各部件连成一个整体，支承汽车的总质量。

③ 传递并承受路面作用于车轮上的各种力及其力矩。

④ 缓和不平路面对车身造成的冲击和振动，保证汽车平稳行驶。

图 3-1-3 行驶系统的组成

（3）转向系统

转向系统主要由转向操纵机构、转向器、转向传动机构组成，其中包括转向助力泵、前横拉杆等（图 3-1-4）。现在的汽车普遍还带有动力转向装置。汽车转向系统的功用是保证汽车能够按照驾驶员选定的方向行驶。

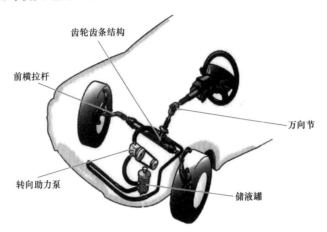

图 3-1-4 转向系统的组成

（4）制动系统

制动系统是汽车上用以使外界（主要是路面）在汽车某些部分（主要是车轮）施加一定的力，从而对其进行一定程度的强制制动的一系列专门装置。制动系统的作用是：使行驶中的汽车按照驾驶员的要求进行强制减速甚至停车，使已经停驶的汽车在各种道路条件下（包括坡道上）稳定驻车。制动系统由制动总泵、制动器、真空助力器、前动踏板等组成（图 3-1-5）。

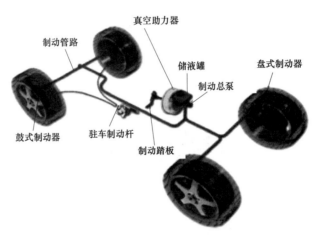

图 3-1-5 制动系统的组成

二、汽车为什么会跑？

欲使汽车行驶，必须对汽车施加一个驱动力以克服各种阻力。驱动力的产生原理如图 3-1-6 所示。发动机经由传动系统在驱动车轮上施加了一个使驱动车轮旋转的力矩 T_t。在 T_t 的作用下，驱动车轮将对地面施加一个与汽车行驶方向相反的圆周力 F_0。根据作用力与反作用力原理，地面也将对驱动车轮施加一个与 F_0 大小相等、方向相反的反作用力 F_t，F_t 就是使汽车行驶的驱动力，或称牵引力。驱动力作用在驱动轮上，再通过车桥、悬架、车架等行驶系统传到车身上，使汽车行驶。

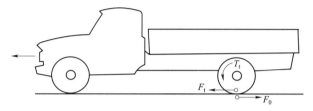

图 3-1-6 驱动力的产生原理示意

牵引力的产生：发动机动力→驱动力矩 T_t→圆周力 F_0→牵引力 F_t。

行驶阻力：滚动阻力、空气阻力、上坡阻力、加速阻力。

行驶时总阻力与驱动力的关系如表 3-1-1 所示。

表 3-1-1 行驶时总阻力与驱动力的关系

驱动力和总阻力的关系	行驶状态
$F_t > \Sigma F$	加速
$F_t = \Sigma F$	匀速
$F_t < \Sigma F$	减速或无法起步

驱动力 F_t 必须大于汽车的行驶阻力 ΣF。F_t 的增加可以通过踩下汽车加速踏板增加发动机的输出功率和扭矩来实现，但还要受到车轮与路面之间附着条件的限制。在汽车技术中，把车轮与路面的相互摩擦以及轮胎花纹与路面凸起部分的抗剪切作用综合在一起，称为附着作用。由附着作用所决定的路面能提供的最大反力称为附着力，一般用 F_ϕ 表示。

显然，驱动力 F_t 受附着力 F_ϕ 的限制，即 $F_t \leqslant F_\phi$。在冰雪及泥泞路面上，附着力很小，极容易出现车轮打滑、驱动力不足的情况而使汽车不能行驶。因此，确保汽车正常行驶的力学条件是 $\Sigma F \leqslant F_t \leqslant F_\phi$。

发动机输出的动力要经过一系列的动力传递装置才到达驱动轮（图 3-1-7）。发动机到驱动轮之间的动力传递机构，称为汽车的传动系统。

三、汽车的驱动形式有哪些？

汽车传动系统的布置形式与发动机的位置及驱动形式有关，一般可分为前置前驱、前置后驱、后置后驱、中置后驱等形式。

（1）前置前驱

前置前驱（FF）（图 3-1-8）是指发动机被放置在车的前部，并采用前轮作为驱动轮。现在大部分轿车都采取这种布置方式。由于发动机被布置在车的前部，所以整车的重心集中在车身前段，会给人以"头重尾轻"的感觉。但由于车体会被前轮拉着走，所以前置前驱汽车的直线行驶稳定性非常好。另外，由于发动机动力经过差速器后用半轴直接驱动前轮，不需要经过传动轴，动力损耗较小，适合小型车。不过由于前轮同时负责驱动和转向，所以转向半径相对较大，容易出现转向不足的现象。

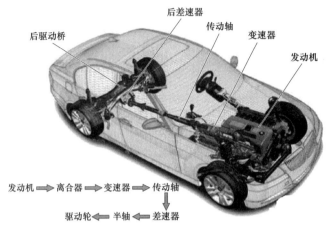

图3-1-7 动力传递路线

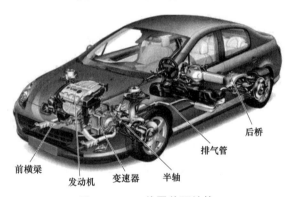

图3-1-8 前置前驱结构

（2）前置后驱

前置后驱（FR）（图3-1-9）是指发动机被放置在车前部，并采用后轮作为驱动轮。FR整车的前后重量比较均衡，拥有较好的操控性能和行驶稳定性；不过传动部件多、传动系统质量大，贯穿乘坐舱的传动轴占据了舱内的地台空间。FR汽车拥有较好的操控性、稳定性、制动性，现在的高性能汽车依然喜欢采用这种布置形式。

（3）后置后驱

后置后驱（RR）（图3-1-10）是指将发动机放置在后轴的后部，并采用后轮作为驱动轮。由于全车的重量大部分集中在后方，且又是后轮驱动，所以起步、加速性能都非常好，因此超级跑车一般都采用RR方式。RR车的转弯性能比FF和FR更加敏锐，不过当后轮的抓地力达到极限时，会有打滑甩尾现象，不容易操控。

图 3-1-9 前置后驱结构

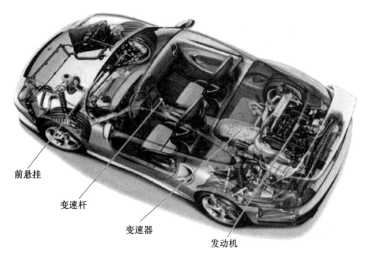

图 3-1-10 后置后驱结构

（4）中置后驱

中置后驱（MR）（图 3-1-11）是指将发动机放置在驾乘室与后轴之间，并采用后轮作为驱动轮。MR 这种设计已是高级跑车的主流驱动方式。由于将车中运动惯量最大的发动机置于车体中央，整车重量分布接近理想平衡，使得 MR 车获得最佳运动性能的保障。MR 车由于发动机中置，车厢比较窄，一般只有两个座位，而且发动机离驾驶员近，噪声也比较大。当然，追求汽车驾驶性能的人也不会在乎这些的。

（5）四轮驱动

四轮驱动方式（4WD）（图 3-1-12）汽车的四个车轮都能得到驱动力，充分利用了所有车轮与地面之间的附着力，以获得尽可能大的牵引力，通过性和两驱车相比具有很大的优势。

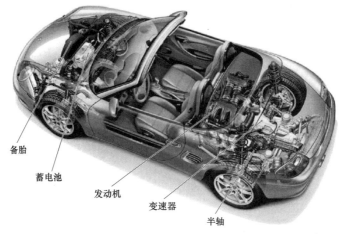

图 3-1-11 中置后驱结构

图 3-1-12 四轮驱动结构

四、汽车为什么需要离合器?

离合器是汽车传动系统的重要组成部分，安装在发动机与手动变速器之间（图3-1-13），其功用是使发动机与传动系统逐渐接合，保证汽车平稳起步；暂时切断发动机的动力传动，保证变速器换挡平顺；限制所传递的扭矩，防止传动系统过载。

离合器主要由主动部分、从动部分、压紧机构和操纵机构四部分组成。压紧装置将从动盘压紧在飞轮端面上，发动机扭矩靠飞轮与从动盘接触面之间的摩擦而传递到从动盘上，再经过从动轴等传给驱动轮。普通轿车普遍使用膜片弹簧摩擦离合器。汽车离合器有摩擦式离合器、液力耦合器、电磁离合器等几种。目前与手动变速器相配合的离合器绝大部分为干式摩擦式离合器。离合器结构如图3-1-14所示。

离合器主要是为了手动变速器而设置的，它保证变速器平顺换挡。手动变速器脱开换挡时，需要中断动力，手动变速器连接挡位后，再让动力接合。离合器主动部分连接发动机，从动部分连接变速器，两者结合依靠摩擦力传递动力，两者分离，动力传递被中断。踩住离合器时，主动、从动部分处于"半接合半分离"状态，它们能传递一部分动力，它们之间的滑动消耗了另一部分动力。

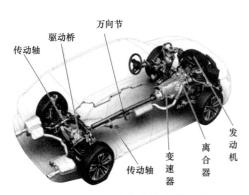

图3-1-13 离合器的安装位置

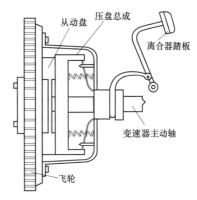

图3-1-14 离合器的结构

五、离合器由哪些部件组成？

目前普遍使用的是膜片弹簧离合器，这种离合器由主动部分、从动部分、压紧装置及操纵机构四个部分组成。离合器压盘与飞轮通过螺栓连接，用来切断和实现发动机对传动系统的动力传递。离合器由压盘、摩擦片等组成（图3-1-15）。

主动部分：曲轴、飞轮、离合器盖、压盘。

从动部分：离合器摩擦片。

压紧机构：膜片弹簧。

操纵机构：离合器踏板、离合器主油缸、油管、工作油缸总成、分离轴承。

膜片弹簧离合器

图3-1-15 离合器的主要部件

离合器盖和压盘制成一个总成（图3-1-16），离合器盖接收飞轮动力后，通过传动钢片，把动力传递给压盘。压盘有一个类似飞轮的平面，它通过摩擦力将动力传给从动盘。膜片弹簧离合器的压紧装置是膜片弹簧，它既用于压紧从动盘，又能起到杆杠的作用，膜片弹簧中间部分受分离轴承推动。

从动盘（图 3-1-17）是离合器的从动部分，离合器从动盘位于飞轮和压盘之间，从动盘两面都是摩擦片，可以从飞轮和压盘处获得动力。中间部分是扭转减振器，可以衰减振动。从动盘中间部分是花键毂，它连接手动变速器输入轴。

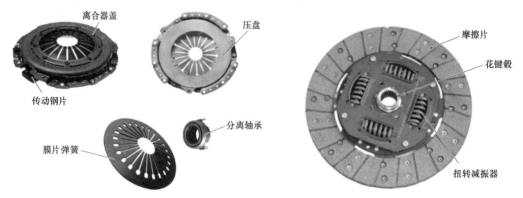

图 3-1-16 离合器盖-压盘总成结构　　图 3-1-17 离合器从动盘结构

离合器操纵机构是将驾驶员施加到离合器踏板上的力传递到离合器压盘上，使压盘后移，让飞轮、从动盘、压盘之间产生间隙，中断动力传递。离合器操纵机构包括液压式和机械式（杆式和绳索式），两种形式的操纵机构都有离合器踏板、回位弹簧、分离拨叉、分离轴承等。机械式操纵机构用传动杆或拉索传动。液压式操纵机构（图 3-1-18）中，动力逐步经过离合器踏板、主缸、工作缸、分离拨叉、分离轴承、压盘等。

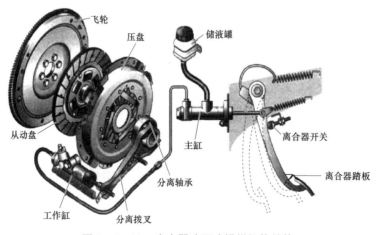

图 3-1-18 离合器液压式操纵机构结构

离合器分离轴承和膜片弹簧之间的间隙为自由间隙，该间隙反映到离合器踏板上即自由行程。离合器的自由行程可以在离合器主缸推杆上调整。离合器主缸（图 3-1-19）也称为离合器总泵,它在离合器踏板的推力下产生油压。

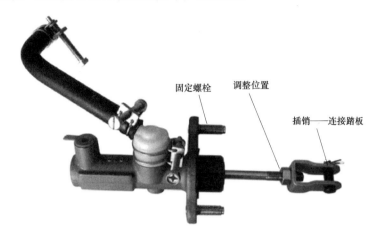

图 3-1-19　离合器主缸结构

离合器工作缸也叫分泵(图 3-1-20),在主缸产生的油压下,它能推动推杆移动。离合器工作缸上有排气螺塞,用来排放油液中的空气。

分离拨叉(图 3-1-21)相当于一个杠杆,中间位置支承相当于支点,大端连接分离轴承,小端连接工作缸推杆。

图 3-1-20　离合器分泵结构　　　　图 3-1-21　分离拨叉结构

换挡时,当脱开原来的挡位时,需要迅速踩下离合器踏板(图 3-1-22),以便切断发动机传递给变速器的动力,否则,会加速离合器的磨损;当挂入需要的挡位后,需要缓慢松开离合器踏板,使车辆起步或行驶平稳。

六、离合器是如何工作的?

离合器盖通过螺钉被固定在飞轮的后端面上,离合器内的摩擦片在弹簧的作用力下被压盘压紧在飞轮面上,而摩擦片是与变速箱的输入轴相连的。通过飞轮及压盘与从动盘接触面的摩擦作用,将发动机发出的扭矩传递给变速箱。

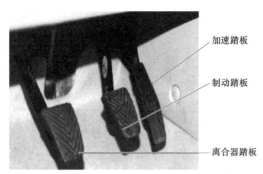

离合器原理

图 3-1-22 离合器踏板位置

在踩下离合器踏板前，摩擦片是紧压在飞轮端面上的，发动机的动力可以传递到变速器。当踩下离合器踏板后，通过操作机构，将力传递到分离拨叉和分离轴承，分离轴承前移将膜片弹簧往飞轮端压紧，膜片弹簧以支撑圈为支点向相反的方向移动，压盘离开摩擦片，这时发动机动力传输中断；当松开离合器踏板后，膜片弹簧重新回位，离合器重新结合，发动机动力继续传递。

离合器液压式操纵机构是利用离合器液传递动力的。液体不可压缩，如果在液体通道的一端施加作用力，另一端将受到相同的作用力。

如图 3-1-23（a）所示，当离合器踏板被踩下时，主油缸活塞推动离合器液经液压管道到达工作油缸工作室，液压推动工作油缸活塞，活塞推动分离轴承，最终使离合器分离。

如图 3-1-23（b）所示，当离合器踏板释放后，压盘回位推动工作油缸活塞，将离合器液送回到主油缸。主油缸内的液体流经补偿孔回到储液罐内。此时离合器接合，动力通过飞轮和压盘同时传递到离合器摩擦片，并通过花键传递到变速器输入轴。

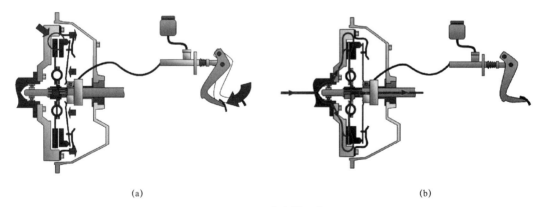

(a) (b)

图 3-1-23 离合器工作原理
（a）踩下离合器过程；（b）离合器踏板释放过程

七、离合器需要自由行程吗？

在离合器接合时，分离轴承前端与分离杠杆内端之间有一定的轴向间隙，这一间隙在离合器踏板上的表现称为离合器自由行程。当从动盘摩擦片因磨损而变薄时，离合器压盘前移，分离杠杆内端将后移。如果没有上述自由行程，分离杠杆内端将不能后移，相应地也就限制了离合器压盘前移，从而不能有效地压紧从动盘摩擦片，造成离合器打滑，传递扭矩下降（图3-1-24）。

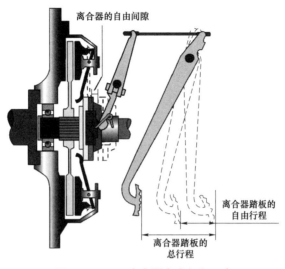

分离机构

图3-1-24 离合器自由行程示意

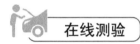

通过任务学习，扫描下方二维码进入微知库平台的"在线测验"页面，完成在线测验。

任务3.1 在线测验A

任务3.1 在线测验B

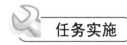

要掌握"离合器认知与拆装"的相关内容，结合实习车辆完成操作任务。

离合器拆装

离合器拆装流程如表 3-1-2 所示。

表 3-1-2 离合器的拆装流程

操作示意图	操作步骤描述
	一、拆卸 ① 拆卸变速器总成。 ② 使用离合器片定位器 T61133001 定心离合器摩擦片 1，防止离合器摩擦片 1 在拆卸时掉落在地上。 ③ 旋出离合器压盘固定螺栓（如箭头所示）。 ④ 分别取下离合器压盘 2 和离合器摩擦片 1
	二、安装 安装以倒序进行，同时注意下列事项： ① 安装离合器摩擦片时，请注意凸出来的一面（如箭头所示）朝向离合器压盘
	② 检查离合器压盘的膜片弹簧（如箭头所示）是否过度磨损、偏磨、烧蚀等，必要时更换离合器压盘
	③ 检查离合器压盘的铆钉（如箭头 A 和箭头 B 所示）是否松动、有裂痕等，必要时更换离合器压盘

续表

操作示意图	操作步骤描述
	④ 检查离合器摩擦片是否过度磨损，是否有裂痕，是否沾有油污等，必要时更换。磨损极限为1.5 mm，严禁使用蜡基清洗剂和溶剂清洁离合器摩擦片
	⑤ 安装离合器压盘前，使用离合器片定位器T61133001定心离合器摩擦片1
	⑥ 安装时，离合器压盘1的固定螺栓（如箭头所示）先对角数次预紧，待离合器压盘与飞轮贴合后再对角拧紧。 螺栓拧紧力矩：（20±2）N·m。 螺栓使用工具：E11 花形套筒

 拓展提升

离合器常见故障

（1）离合器打滑

车辆在起步时，离合器踏板接近完全放松，汽车方能起步；离合器接合后，发动机动

力不能完全传给驱动轮,出现汽车起步困难、油耗上升、行驶中或加速时发动机转速过高但车速提高缓慢等现象。

（2）离合器分离困难

当踩下离合器踏板后,离合器不能完全分离,使在汽车起步时变速器换挡困难,并从变速器端发出齿轮撞击声。这将会导致变速器在换挡时发生摩擦、撞击或换挡粗暴的故障现象。离合器分离困难是指离合器分离时出现拖滞现象。

（3）离合器振动

离合器振动是指离合器在接合时发生的振动或抖动。

（4）离合器发响

离合器发响是指在踩下或松开离合器踏板时离合器总成或相关部件出现的尖锐噪声。

任务 3.2　手动变速器认知与拆装

学习目标

1. 了解手动变速器的结构及作用；
2. 掌握齿轮变速原理；
3. 能正确拆装手动变速器。

相关知识

一、为什么需要变速器？

汽车作为一种交通工具，必然会有起步、上坡、高速行驶等驾驶需要。而这期间驱动汽车所需的扭力都是不同的，完全依靠发动机是无法应付的。因为发动机直接输出的扭矩变化范围是比较小的，而汽车起步、上坡却需要大的扭矩；高速行驶时，只需要较小的扭矩，如直接用发动机的动力来驱动汽车的话，就很难实现汽车的起步、上坡或高速行驶。另外，汽车需要倒车，也必须用变速器来实现。变速器的安装位置如图 3-2-1 所示。

图 3-2-1　变速器的安装位置

变速机构的作用如下所述：

① 实现变速、变矩。改变传动比，扩大驱动轮转速和扭矩的变化范围，以适应汽车在不同工况下所需的牵引力和合适的行驶速度，并使发动机尽量在功率较高而油耗较低的有利工况下工作。汽车中主要通过主减速器和变速器实现变速和变矩。

② 实现倒车。发动机的旋转方向从前往后看为顺时针方向，且不能改变，倒向行驶可通过变速器中的倒挡来实现。

③ 实现中断动力传动。在发动机起动和怠速运转、变速器换挡、汽车滑行和暂时停车等情况下，都需要中断发动机的动力传动，因此变速器中设有空挡。

二、变速器为什么能变速？

变速器为什么可以调整发动机输出的扭矩和转速呢？其实这里蕴含了齿轮和杠杆的原理。变速器内有多个不同的齿轮，通过不同大小的齿轮组合在一起，就能实现对发动机扭矩和转速的调整。用低扭矩可以换来高转速，用低转速可以换来高扭矩。

变速器的种类：变速器按照传动比的级数，可分为有级式、无级式和综合式；按照操纵方式，可分为手动变速器、自动变速器和手动自动一体变速器。

齿轮传动的原理（图 3-2-2）：一对齿数不同的齿轮啮合传动时，若小齿轮为主动齿轮，带动大齿轮转动，则转速降低；若大齿轮驱动小齿轮，则转速升高。

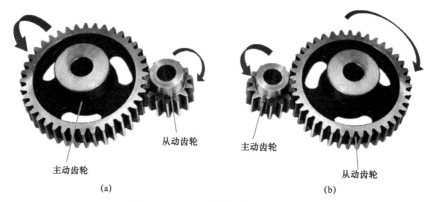

图 3-2-2 齿轮传动的原理示意

（a）增速运动；（b）减速运动

惰轮的作用只是改变转向，而不能改变传动比，所以被称为惰轮。惰轮在两个不互相接触的传动齿轮中间传递动力（图 3-2-3），用来改变被动齿轮的转动方向，使之与主动齿轮相同。汽车变速器中倒挡多采用惰轮来改变旋转方向。

传动比的概念：输入轴的转速与输出轴的转速之比，也等于输出轴的齿数与输入轴的齿数之比。多级齿轮传动的传动比 i=所有从动齿轮齿数的乘积/所有主动齿轮齿数的乘积=各级齿轮传动比的乘积。

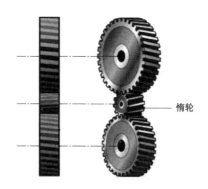

图 3-2-3 惰轮的安装位置

三、手动变速器是怎样工作的?

手动变速器（Manual Transmission，MT），就是必须用手拨动变速器杆才能改变传动比的变速器。手动变速器（图 3-2-4）主要有壳体、传动机构（输入、输出轴，齿轮，同步器等）、操纵机构（换挡拉杆、拨叉等）。

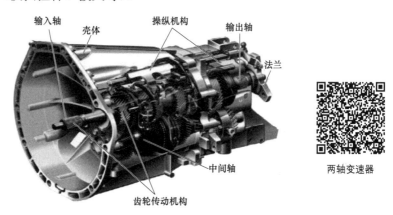

图 3-2-4 手动变速器的结构

变速器换挡时，驾驶员操纵换挡杆，换挡杆（图 3-2-5）带动拨叉轴上的换挡拨叉移动，拨叉带动同步器接合套移动，完成换挡动作。

锁止装置（图 3-2-6）是采用弹簧和定位钢球对拨叉轴进行定位和锁止的。当钢球

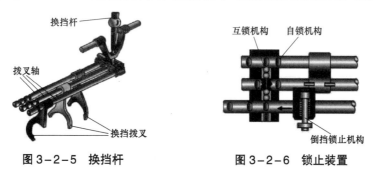

图 3-2-5 换挡杆　　　　　图 3-2-6 锁止装置

对准拨叉轴上相应的凹槽时，拨叉轴被锁止，这样可以防止脱挡、同时挂入两个挡或误挂倒挡。

手动变速器分为两轴和三轴变速器（图3-2-7），输出轴上各挡位齿轮通过轴承与输出轴连接，只有挂入相应挡位时，它们才能传递动力。例如，挂入3挡时，接合套向左移动，3挡齿轮与接合套连接在一起，便可传递动力。

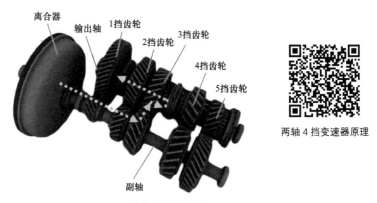

两轴4挡变速器原理

图3-2-7　三轴变速器的结构

手动变速器的工作原理，就是通过拨动变速杆，切换中间轴上的主动齿轮，通过大小不同的齿轮组合与动力输出轴接合，从而改变驱动轮的扭矩和转速（图3-2-8～图3-2-12）。

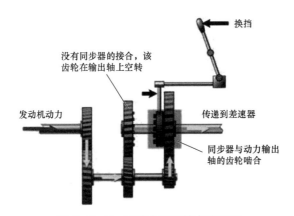

图3-2-8　手动变速器的变速原理

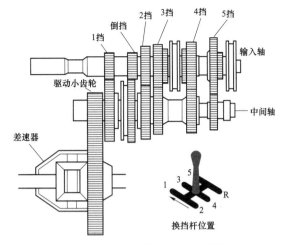

图 3-2-9　5 挡两轴式手动变速器结构

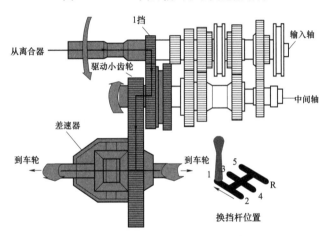

图 3-2-10　1、2 挡动力传递

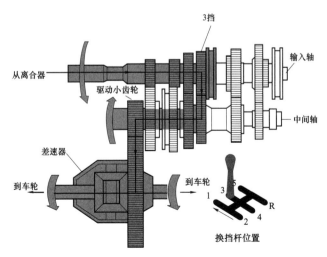

图 3-2-11　3 挡动力传递

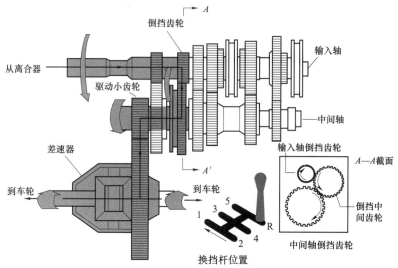

图 3-2-12 倒挡动力传递

四、变速器换挡容易受冲击吗?

变速器在进行换挡操作时,尤其是从高挡向低挡换挡时,很容易产生轮齿或花键齿间的冲击。同步器是一种换挡装置,它能使接合套和齿轮上的接合齿圈迅速达到相同转向,从而消除换挡冲击,缩短换挡时间,简化换挡过程,使换挡操作简捷而轻便。现在,采用的同步器几乎都是摩擦式惯性同步器,按照锁止装置不同,可分为锁环式惯性同步器(图 3-2-13)和锁销式惯性同步器。锁环式惯性同步器尺寸小、结构紧凑、摩擦力矩小。

锁环式惯性同步器原理

图 3-2-13 锁环式惯性同步器的结构

同步器工作原理（图 3-2-14）：

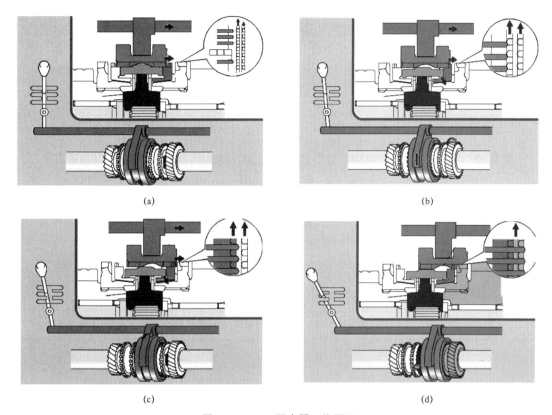

图 3-2-14　同步器工作原理
(a) 同步开始；(b) 同步过程；(c) 同步结束；(d) 挂入挡位

① 当换挡杆开始移动时，接合套向目标齿轮移动，并带动弹簧压紧的滑块一起运动，推动同步环朝着接合齿的锥面移动。

② 同步环和接合齿锥面接触，两者的转速差使同步环转动，转动量约为花键宽度的一半。同步环转动阻碍了接合套进一步运动，但接合套压力对接合齿锥面起到了制动作用，使挡位齿轮减速。

③ 啮合的齿轮减速，并达到与齿毂和接合套相同的转速。啮合的齿轮相对于接合套稍微向后一点转动，并停止换挡。

④ 接合套侧向移动与接合齿啮合，换挡完成。

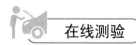　在线测验

通过任务学习，扫描下方二维码进入微知库平台的"在线测验"页面，完成在线测验。

任务 3.2 在线测验

任务实施

要掌握"手动变速器认知与拆装"的相关内容,结合实习车辆完成操作任务。

变速器的拆装视频

手动变速器拆装流程如表 3-2-1 所示。

表 3-2-1 手动变速器的拆装流程

操作示意图	操作步骤描述
	一、拆卸 ① 换挡换位轴组件:拆下锁紧螺栓总成 5 和换挡换位轴组件螺栓 6。 ② 将换挡换位轴组件 4 拆下。 ③ 拆卸变速器密封盖。 注意:务必在变速器处于空挡位置时取出换挡换位轴组件
	④ 拆卸变速器壳体固定螺栓 1 和 2。 ⑤ 用橡胶锤轻轻敲击,将左箱体从右箱体上松开并取下。 注意:不要损坏变速器壳体

续表

操作示意图	操作步骤描述
	⑥ 取下集油盘 2、输入轴垫片 3、中间轴左轴承调整垫片 4。 ⑦ 拆卸倒挡换挡拨叉螺栓 13，取下倒挡换挡拨叉总成 12 和倒挡拨叉垫块 11。 ⑧ 抽出倒挡空转齿轮轴 7，取下倒挡空转齿轮 8 总成。 ⑨ 将输入轴组件 5、中间轴组件 6 及换挡拨叉组件 1 从变速器右箱体 10 中松开并整体取出。 ⑩ 拆下差速器 9 总成。 提示：用软锤轻轻敲击输入轴
	二、安装 组装以倒序进行，同时注意下列事项： 输入轴垫片与中间轴调整垫片是对轴向尺寸进行调整的。如果变速器分解后未将轴系零件或箱体更换，则调整垫片不需要更换。如果将输入轴与中间轴轴系零件或者箱体更换，则需要重新测量垫片

拓展提升

更换手动变速器油液的流程如表 3-2-2 所示。

表 3-2-2　更换手动变速器油液的流程

操作示意图	操作步骤描述
	一、排放 ① 旋出放油塞及密封垫组件（如箭头所示），用一个带有刻度的容器来收集手动变速油。 ② 安装放油塞及密封垫组件（如箭头所示）。 放油塞拧紧力矩：39～47 N·m。 放油塞使用工具：24 mm 的六角套筒

续表

操作示意图	操作步骤描述
	二、添加 ① 旋出加油塞及密封垫组件（如箭头所示）
	② 使用合适的加注设备从加油孔处（如箭头所示）加注手动变速器油。当加注手动变速器油从加油孔中流出时，则说明油位正常
	③ 安装加油塞及密封垫组件（如箭头所示）。 加油塞拧紧力矩：39～47 N·m。 加油塞使用工具：24 mm 的六角套筒

任务 3.3　自动变速器认知与拆装

学习目标

1. 了解自动变速器的类型；
2. 掌握自动变速器的结构及原理；
3. 会正确拆装自动变速器。

相关知识

一、什么是自动变速器？

自动变速器是一种可以在车辆行驶过程中不用驾驶员手动换挡而能自动改变齿轮传动比的变速器。现代汽车自动变速器有三种常见的形式，分别是液力自动变速器（AT）、机械无级自动变速器（CVT）、双离合器自动变速器（DCT）。自动变速器换挡杆如图 3-3-1 所示。

图 3-3-1　自动变速器换挡杆

使用自动变速器的车辆没有离合器，换挡自动进行，不需要踩离合器，操作便捷，但自动变速器传动效率比手动变速器低，因此油耗会高于手动变速器。各个挡位说明如下：

P—驻车挡,停车使用,可用于起动;R—倒挡;N—空挡,临时停车,可用于起动;D—前进挡,正常行车挡;2(或S)—2挡,低速前进挡,用于湿滑路面起步,或者慢速前进时作为限制挡使用,频繁跳挡;L(或1)—1挡,低速挡,用于爬坡,长距离下坡。

自动变速器虽然操作简便,但也使驾驶员失去操纵乐趣。手自一体变速器的出现,让驾驶员可以自由选择自己认为合适的挡位和换挡时机,大大提高了驾驶乐趣。手自一体变速器是在传统的自动变速器基础上,增加了一套手动换挡模式以及电子保护程序,结构并没有很大的变化,如不能满足汽车计算机预先设定的换挡条件,计算机会阻止换挡或自动纠正挡位。

自动变速器型号说明如下(图3-3-2):

图3-3-2 自动变速器标牌

① 丰田 A-140E:第一个字母 A——自动变速器;第一位数字,1、2、5——前轮驱动,3、4——后轮驱动;第二位数字,3——三速前进挡,4——四速前进挡;第三位数字,0——产品序列;最后一个字母,E——电子控制变速器,H——四轮驱动。

② 通用 4L80-E:第一个数字,4——四速前进挡;第一个字母,L——纵向安装(后轮驱动、四轮驱动),T——横向安装(前轮驱动);字母后的数字,80——产品系列;最后一个字母,E——电子控制变速器。

③ 宝马 4HP24EH:第一组数字,4——四速前进挡;第一个字母,H——液压类型变速器;第二个字母,P——齿轮类型,6P——行星类齿轮;第二组数字,20或24——额定扭矩(变速器);末尾的字母,E——电控类变速器,EH——电控-液压类型变速器。

④ 三菱和现代共用的自动变速器。日本三菱汽车公司自动变速器的主导产品是F4A33、W4A32和W4A33,这三个型号的自动变速器在结构上是完全一样的,只是在驱动方式上不一样。F4A33是前轮驱动,而W4A32和W4A33是四轮驱动。韩国现代公司使用KM175、KM176和KM177型自动变速器,实际上就是将三菱汽车公司上述三种自动变速器变更了一下型号,其结构是完全一样的。三菱汽车公司的这些自动变速器同样还适用于美国克莱斯勒公司的某些车型。

二、液力自动变速器是怎样的?

液力自动变速器主要由液力变矩器、齿轮变速机构（行星齿轮结构）、换挡执行元件（离合器）、液压控制系统、电子控制系统等组成。其内部结构如图3-3-3所示。其中液力变矩器是动力接续装置，齿轮变速机构主要有行星齿轮变速机构和平行轴齿轮变速机构。

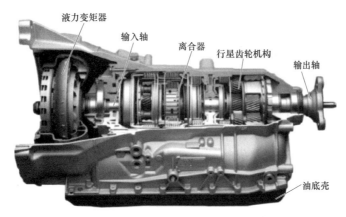

图3-3-3 液力自动变速器的结构

液力变矩器式自动变速器，也就是俗称的"AT"自动变速器。它主要由两大部分构成：一是和发动机飞轮连接的液力变矩器；二是紧跟在液力变矩器后方的变速机构。液力变矩器一般是由泵轮、导轮、涡轮以及锁止离合器组成的。锁止离合器的作用是当车速超过一定速度时，采用锁止离合器将发动机与变速机构直接连接，这样可以减少燃油消耗。

（1）液力变矩器

液力变矩器（图3-3-4）的作用是将发动机的动力输出传递到变速机构。它里面充满了传动油，当与动力输入轴相连接的泵轮转动时，它会通过传动油带动与输出轴相连的涡轮一起转动，从而将发动机动力传递出去。其原理就像一台插电的风扇能够带动一台不插电风扇的叶片转动一样。

图3-3-4 液力变矩器的结构

（2）行星齿轮变速机构

液力变矩器变矩作用小，不能达到行驶要求。行星齿轮变速机构能实现传动比的进一步变化，以提高增矩作用。变速器内有几组行星齿轮来构成不同的挡位，一组行星齿轮机构只能满足汽车所需的一个合适的传动比。为了增加有用传动比的数目，要使用两组或多组行星齿轮机构的组合，用以满足汽车行驶需要的多个传动比。常见的组合式行星齿轮机构有两种，即辛普森式（图3-3-5）和拉维娜式（图3-3-6）。

两组行星齿轮机构的两个太阳轮固接在一起的是辛普森式行星齿轮机构。

两组行星齿轮机构中的一组行星齿轮机构有两个行星轮、两组行星齿轮共用一个齿圈的是拉维娜式行星齿轮机构。

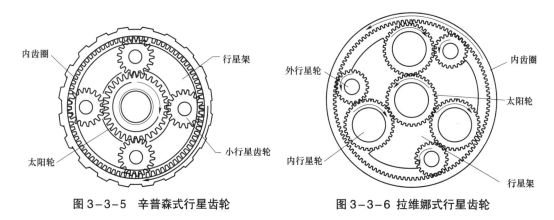

图3-3-5 辛普森式行星齿轮　　　图3-3-6 拉维娜式行星齿轮

单排行星齿轮（图3-3-7）的结构主要由一个太阳轮（或称为中心轮）、一个带有若干个行星齿轮的行星架和一个齿圈组成。太阳轮与行星轮外啮合，两者的旋转方向相反；行星轮与齿圈内啮合，两者的旋转方向相同。

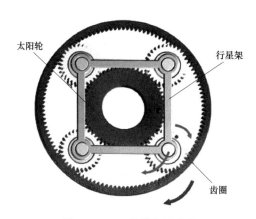

图3-3-7 单排行星齿轮

单排行星齿轮机构的动力传递方式如表3-3-1所示。

表 3-3-1 单排行星齿轮变速机构的动力传递方式

序号	主动件	从动件	固定件	传动比	备注
1	太阳轮	行星架	齿圈	$1+a$	降挡
2	行星架	太阳轮	齿圈	$1/(1+a)$	升挡
3	齿圈	行星架	太阳轮	$1+1/a$	降挡
4	行星架	齿圈	太阳轮	$a/(1+a)$	升挡
5	太阳轮	齿圈	行星架	$-a$	倒挡
6	齿圈	太阳轮	行星架	$-1/a$	倒挡
7	任意两个连成一体			1	直接挡
8	既无元件制动，又无任何两元件连成一体			自由转动	不能传动、空挡

注：a 为齿圈齿数与太阳轮齿数之比。

（3）换挡执行元件

自动变速器离合器（图 3-3-8）和制动器属于换挡执行机构，离合器用于接合或分离两个元件，制动器用于固定某个元件。变速器通过控制油压来对离合器和制动器进行控制，离合器和制动器可用来实现挡位变换。

自动变速器换挡控制

图 3-3-8 自动变速器离合器

（4）单向离合器

单向离合器使定轮以与发动机曲轴运转相同的方向转动。但是，如果定轮要以与发动机曲轴运转相反的方向转动，单向离合器就将定轮锁止住，使其无法朝相反方向转动。所以定轮是转动还是被锁止，取决于变速器油液冲击定轮叶片的方向。

单向离合器的工作原理如图 3-3-9 所示。当外座圈按图中箭头 A 所示方向转动时，就会推动楔块顶部。如果 l_1 小于 l，楔块就会倾翻，使外座圈转动。但当外座圈朝相反方向（如箭头 B 所示）转动时，楔块就无法倾翻，因为 l_2 大于 l。这样，楔块起到楔子的作用，锁住外座圈，使其无法转动。另外，离合器中还安装了定位弹簧，使楔块总是朝着锁止外座圈的方向略为倾斜，以加强楔块的锁止功能。楔块型单向离合器也用于控制行星齿轮系统。

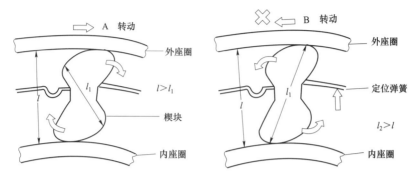

图3-3-9 单向离合器的工作原理

（5）油泵

自动变速器油泵（图3-3-10）为整个系统提供液压油。油泵安装在变速器壳体内，由变矩器壳驱动。只要发动机运转，油泵就工作。

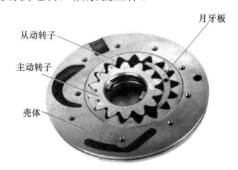

图3-3-10 自动变速器油泵

（6）液压控制系统

自动变速器的液压控制系统也有控制计算机，计算机收集发动机节气门、车速等信号，然后对液压控制系统电磁阀进行控制，进而控制液压控制系统的离合器和制动器，实现对挡位的控制。自动变速器使用的油液简称ATF。自动变速器控制阀如图3-3-11所示。

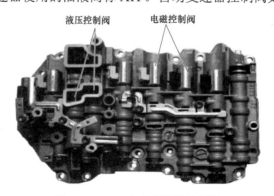

图3-3-11 自动变速器控制阀

（7）电子控制系统

自动变速器的电子控制系统包括传感器、ECU 和执行器，如图 3-3-12 所示。

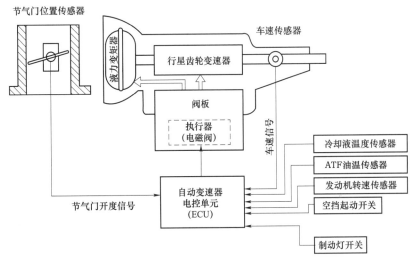

图 3-3-12　自动变速器的电子控制系统

① ECU。ECU 主要完成换挡控制、锁止离合器控制、油压控制、故障诊断和失效保护等功能。

② 传感器。传感器部分主要包括节气门位置传感器、车速传感器、发动机转速传感器、冷却液温传感器、ATF 油温传感器、空挡起动开关、制动灯开关等。

③ 执行器。执行器部分主要包括各种电磁阀和故障指示灯等。电磁阀根据功能不同，可以分为换挡电磁阀、锁止离合器电磁阀和油压电磁阀。

电控液力自动变速器是在液力控制自动变速器的基础上，利用计算机控制技术而实现自动换挡的新型液力自动变速器。它是通过各种传感器，将发动机转速、节气门开度、发动机水温、车速以及自动变速器液压油的温度等参数转变为电信号，并输入电控单元。电控单元根据这些电信号，按照设定的换挡规律，向换挡电磁阀、油压电磁阀等发出控制指令，换挡电磁阀和油压电磁阀再将电控单元的指令转变为液压控制信号，然后阀板中的各个控制阀再根据这些液压信号，控制换挡执行机构中元件（离合器和制动器）的动作，从而实现自动换挡过程。

三、什么是无级变速器？

无级变速器（CVT，图 3-3-13）由行星齿轮机构、无级变速机构、控制系统等组成，行星齿轮机构用于实现前进挡和倒挡之间的切换操作。

CVT 的主要部件是两个滑轮和一条金属带，金属带套在两个滑轮上。滑轮由两块轮盘组成，这两块轮盘中间的凹槽形成一个 V 形，其中一边的轮盘由液压控制机构控制，可以视不同的发动机转速进行分开与拉近的动作，V 形凹槽也随之变宽或变窄，将

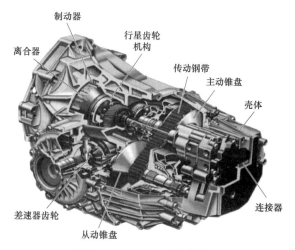

图 3-3-13　CVT 的结构

金属带升高或降低，从而改变金属带与滑轮接触的直径，相当于齿轮变速中切换不同直径的齿轮。两个滑轮呈反向调节，即其中一个带轮凹槽逐渐变宽时，另一个带轮凹槽就会逐渐变窄，从而迅速加大传动比的变化。从动轮的扭矩和速率由传动带的位置决定。设计两个转轮的尺寸，使其可以提供 2.416:1～0.443:1 的传动比。最大传动比是最小传动比的 5.45 倍。超速传动比时油耗最低。传动钢带是将 450 片钢片和 24 根钢带固定到一起，每边 12 根钢带。CVT 动力传递路线如图 3-3-14 所示。

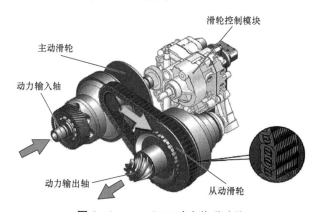

图 3-3-14　CVT 动力传递路线

当汽车慢速行驶时，可以令主动滑轮的凹槽宽度大于从动滑轮凹槽，主动滑轮的金属带圆周半径小于从动滑轮的金属带圆周半径，即小圆带大圆，因此能传递较大的扭矩。当汽车逐渐转为高速时，主动滑轮的一边轮盘向内靠拢，凹槽宽度变小，迫使金属带升起，直至最高顶端；而从动滑轮的一边轮盘刚好相反，向外移动，拉大凹槽宽度，迫使金属带降下，即主动滑轮金属带的圆周半径大于从动滑轮金属带的圆周半径，变成大圆带小圆，因此能保证汽车高速行驶时的速度要求。CVT 变速原理如图 3-3-15 所示。

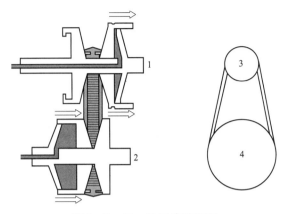

图 3-3-15 CVT 变速原理

1—从发动机输入；2—输出到车轮；3—主动滑轮直径（低速）；4—从动滑轮直径（低速）

四、什么是电控机械式自动变速器？

电控机械式自动变速器（AMT），是在手动式变速器、离合器的结构基本不变动的情况下，通过电子控制系统来实现自动换挡变速。AMT 一般为 5 速，没有 D 挡和 P 挡。它比手动变速器操作简单，操控类似于自动挡；相对于自动挡，它又有着较高的传动效率，跑起来比较省油。AMT 的缺点是行驶中顿挫感强烈、舒适性较低。AMT 变速器换挡杆如图 3-3-16 所示。

AMT（图 3-3-17）采用电动执行器或电控液压执行器。AMT 控制计算机通过执行器实现选挡、换挡和离合器的分离接合。离合器由离合器伺服机构驱动，离合器伺服机构包括驱动电动机、蜗杆、液压主缸等，驱动电动机带动蜗杆在主油缸建立油压，油管传递油压给副油缸，副油缸中活塞推动离合器拨叉完成离合器的分离和接合。

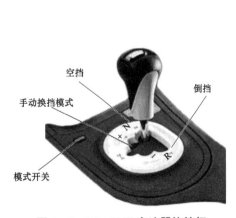

图 3-3-16 AMT 变速器换挡杆

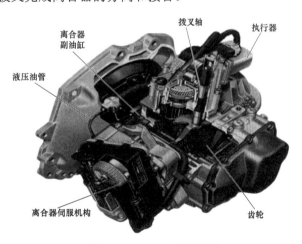

图 3-3-17 AMT 的结构

换挡执行机构执行电控单元的指令，完成变速器中挡位的变换，包括选挡和换挡两个电动机，分别执行选挡和换挡的动作。

五、什么是双离合器变速器？

双离合器变速器（DSG/DCT）可以媲美手动变速器的高效率和极快的换挡速度，燃油经济性高，能承受较大扭矩，但操作时可能会出现顿挫等现象。双离合器变速器现在已经广泛应用于汽车领域，它主要适合更加看重运动和驾驶乐趣的顾客。很多双离合器变速器换挡杆（图3-3-18），在装饰板D字旁有"+" "-"符号，操纵换挡杆向右可以切换到手动模式。

图3-3-18 DSG变速器换挡杆

跟手动变速器不同，双离合器变速器有两个离合器，离合器有干式和湿式两种（图3-3-19）。干式离合器摩擦片相互接合可以带来最直接的传递效率，但它也更容易发热，适合功率小的发动机。湿式双离合器有很好的调节能力，能够传递较大的扭矩。

双离合器变速器少了液力变矩器，简化了系统结构，提高了传动效率，油温更低。变速器内部省略了多个换挡用的制动器和离合器，减少了密封件和漏油点。

图3-3-19 DSG的结构

图3-3-20所示是一个大众6速双离合器变速器的工作原理。两个离合器与变速器装配在同一机构内，其中离合器1负责挂1、3、5挡和倒挡；离合器2负责挂2、4、6挡。当驾驶员挂上1挡起步时，换挡拨叉同时挂上1挡和2挡，但离合器1接合，离合器2分离，动力通过1挡的齿轮输出动力，2挡齿轮空转。当驾驶员换到2挡时，换挡拨叉同时挂上2挡和3挡，离合器1分离的同时离合器2接合，动力通过2挡齿轮输出，3挡齿轮

174

空转。其余各挡位的切换方式均与此类似。这样就解决了换挡过程中动力传输的中断问题。

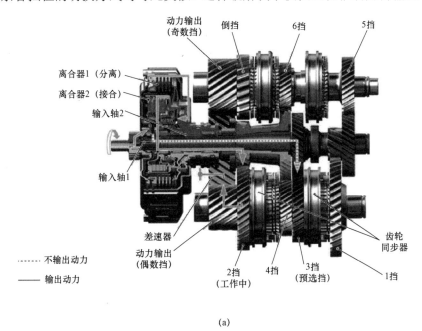

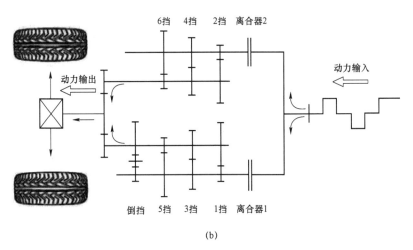

图 3-3-20　大众 6 速双离合器变速器的工作原理
(a) DSG 挡位的结构；(b) DSG 动力的传递

图 3-3-21 所示是一个大众 7 速双离合器变速器的工作原理，其工作原理与 6 速类似。离合器 1 负责控制 1、3、5、7 挡；离合器 2 负责控制 2、4、6 挡和倒挡。双离合变速器换挡和离合操作都是通过计算机控制实现的。计算机进行自动换挡逻辑控制，并发令使换挡电磁阀动作，完成挡位的自动转换。双离合器变速器液动部分包括油泵、油路板、液压换挡滑阀、双离合器和三个同步器的液压缸。

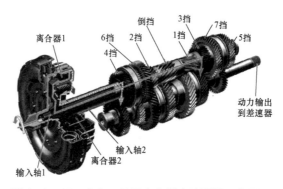

图 3-3-21　大众 7 速双离合器变速器的工作原理

 在线测验

通过任务学习，扫描下方二维码进入微知库平台的"在线测验"页面，完成在线测验。

任务 3.3　在线测验

 任务实施

要掌握"自动变速器认知与拆装"的相关内容，结合实习车辆完成操作任务。

传动机构总成拆卸　　　　传动机构总成安装　　　　离合器总成自动拆卸

自动变速器拆装流程如表 3-3-2 所示。

表 3-3-2　自动变速器的拆装流程

操作示意图	操作步骤描述
	一、拆卸 ① 拆卸液力变矩器。 提示：液力变矩器较重，需用力拿稳

项目三
汽车底盘构造与拆装

续表

操作示意图	操作步骤描述
	② 拆卸驻车挡/空挡位置（PNP）开关。 ③ 拆卸螺栓和输出轴速度（OSS）传感器。 提示：需对称拆卸螺栓
	④ 拆卸储油盘。 提示：需对称拆卸螺栓
	⑤ 拆卸滤油网。 提示：从滤油网上拆卸衬垫
	⑥ 拆卸阀体总成
	⑦ 拆卸单向阀。 提示：活塞和弹簧不能互换，可用压缩空气将活塞吹出。 注意：压缩空气的压力不应超过 98 kPa

续表

操作示意图	操作步骤描述
	⑧ 拆卸变速驱动桥外壳。 注意：在拆卸变速驱动桥壳体时，小心防止差速器齿轮总成掉落
	⑨ 拆卸油泵。 注意：对角拆卸螺栓
	⑩ 拆卸差速器齿轮总成。 注意：对角拆卸螺栓
	⑪ 拆卸离合器总成。 注意：轴承的方向和摩擦片、钢片的数量
	⑫ 拆卸后端盖。 注意：对角拆卸螺栓

续表

操作示意图	操作步骤描述
	⑬ 拆卸行星齿轮。 注意：拆卸卡环时要特别小心，务必佩戴适当的眼睛保护装置，避免人身伤害
	⑭ 拆卸行星齿轮。 注意：安装的位置
	⑮ 清洁变速器壳体。 注意：用压缩空气吹通所有油孔。 二、安装 按拆卸相反的顺序进行安装。 提示：参照维修手册的安装要求进行作业

一、自动变速器油位的高低对变速器的影响

正常油位：当液力变矩器及各控制油缸充满油液后，油底壳内的工作液液面高度应低于各旋转件的最低位，但要高于阀体的上部。

① 若油位过低，空气渗入油液后，正常的油位液压控制阀的油压会降低，使各阀和执行元件工作不正常，同时各离合器、制动器打滑，摩擦片加速磨损。工作液加速氧化、品质恶化，同时各运动件不能充分润滑会发热，并造成元件卡滞。

② 油位过高：各旋转元件都浸泡在油液中，使油液被搅动，产生气泡，导致油压下降与油位低的问题；各阀体都泡在油中及各离合器、制动器的泄油口堵塞造成泄油不畅。液面过高会使变速器内部压力过高，高速时加油管处向外窜油，严重时会引起火灾。

二、影响油液液面高度的因素

① 工作液温度：油温高时，工作液膨胀，液面升高；油温低时，工作液收缩，液面降低，则变速器液面高度的检查要在正常油温下进行。

② 变速器的工作状况：变速器工作时，各执行元件、油道、油腔中充满油液，油位下降；发动机熄火，变速器停止工作，部分油液回流，油底壳内液面升高，则液面高度的检查应在工作的时候进行。

三、液面高度的检查方法

① 预热自动变速器至正常工作温度（70～80 ℃）。

② 将换挡杆在所有位置上都停留片刻，汽车运行一会儿，让变矩器各执行元件及油道中都充满工作液。

③ 将汽车停在水平路面上，保持怠速运转。

④ 换挡杆位于 P 位，从加油管内拔出油尺检查液面高度。油尺为双刻度线的，液面应在两刻线之间；油尺为三刻度线或四刻度线的，热车时液面应在"HOT"范围内；冷车时液面应在"COOL"范围内（图 3-3-22）。

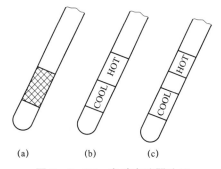

图 3-3-22 自动变速器油尺
(a) 双刻度线；(b) 三刻度线；(c) 四刻度线

四、自动变速器油液的更换

① 预热自动变速器使工作液达到正常温度（70～80 ℃）。

② 发动机熄火，拧下变速器油底壳的放油螺栓，将变速器油放干净。若没有放油螺栓，先卸下绝大部分油底壳固定螺栓，留下相邻两个角上的螺栓，只将它们旋出两圈。以上述螺栓为交点，略微使油底壳倾斜，让油液从中流出。逐渐放松这两个螺栓，加大油底壳倾斜角度，排除更多油液。当油底壳倾斜角度超过 40°时，先卸下这两个固定螺栓，再卸下油底壳。

③ 拆下油底壳和进油滤网进行清洗，同时对油底壳上面的杂质进行分析。油底壳与变速器的接合部位已经翘曲，将其修理平整。

④ 更换新的油底壳密封圈，将清洗后的滤网和油底壳安装到变速器上。有的变速器在油底壳内放有磁铁，安装时一定不能丢失，清洗后应放回原处。装好放油螺栓并拧紧。注意螺栓不能拧得太紧。

⑤ 从加油口加入定量的标准型号的工作液，一般为 4 L。

⑥ 使汽车运行,变速器在各挡位都行驶一段时间预热变速器工作液。在发动机怠速运转时,检查并调整液面高度,使其达到标准。

⑦ 若油液过脏,则应先进行清洗后再加油并调整。

控制部件总成安装

控制部件总成拆卸

任务 3.4　分动器认知与拆装

学习目标

1. 了解分动器的结构及作用；
2. 掌握汽车驱动的类型及特点；
3. 会正确拆装分动器。

相关知识

一、四轮驱动汽车有什么特点？

四轮驱动，顾名思义就是采用四个车轮作为驱动轮，简称四驱（4 Wheel Drive，4WD）。四轮驱动汽车有两大优势：一是提高通过性；二是提高主动安全性。

四轮驱动车辆安装了分动器，分动器可以将变速器输出的动力分配到前、后驱动桥，因此，如图 3-4-1 所示，四驱车前桥安装了左前半轴和右前半轴，后桥安装了左后半轴和右后半轴。四轮驱动车辆四个车轮都有独立驱动力，操控及抓地力均衡良好，更易在泥潭和崎岖不平的路面脱困。

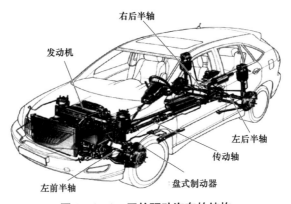

图 3-4-1　四轮驱动汽车的结构

四轮驱动车辆可以提高轿车的操控性，增强越野车的通过性。但是，由于每个车轮都会承担动力输出,所以费油是必然的,同时,四轮驱动系统结构复杂,保养和维修费用较高。

二、分时四驱是什么?

分时四驱可以简单理解为根据不同路况驾驶员可以手动切换两驱或四驱模式。如在湿滑草地、泥泞、沙漠等复杂路况下行驶时,可切换至四驱模式,提高车辆通过性。如在公路上行驶时,可切换至两驱模式,避免车辆转向时发生干涉现象,降低油耗等。分时四驱汽车结构如图3-4-2所示。

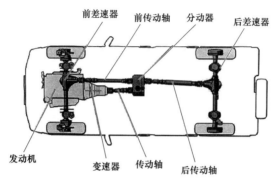

图3-4-2 分时四驱汽车的结构

三、适时四驱又是怎样的?

适时四驱就是根据车辆的行驶路况,系统会自动切换为两驱或四驱模式,是不需要人为控制的。适时四驱汽车安装了电子控制耦合差速器(图3-4-3),驾驶操控简便,而且油耗相对较低,广泛应用于一些城市SUV或轿车上。

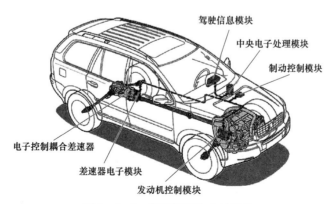

图3-4-3 适时四驱汽车的结构

在适时四驱汽车的传动系统中,只需从前驱动桥引一根传动轴,并通过一个多片耦合器连接到后桥。当主驱动轮失去抓地力(打滑)后,另外的驱动轮才会被动介入,所以它的响应速度较慢。相对来说，适时四驱汽车的主动安全性不如全时四驱汽车高。

四、什么是全时四驱？

全时四驱就是指汽车的四个车轮时时刻刻都能提供驱动力。因为是全时四驱，没有了两驱和四驱之间切换的响应时间，主动安全性更好，不过相对于适时四驱来说，油耗较高。在全时四驱汽车（图3-4-4）的传动系统中，设置了一个中央差速器。发动机动力先传递到中央差速器，将动力分配到前后驱动桥。

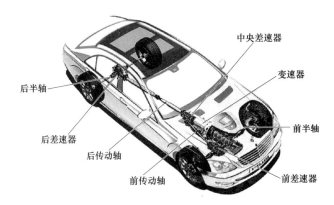

图3-4-4　全时四驱汽车的结构

五、分动器是如何分配动力的？

分动器将变速器输出的动力分配到各驱动桥，并且进一步增大转矩。分动器可以采用链条传动，也可以采用齿轮传动。如对于传递扭矩在 400 N·m 以下的车型，中央分动器采用齿轮传动，在 400 N·m 以上的则采用链条传动。分动器结构传动链条的位置如图3-4-5所示。

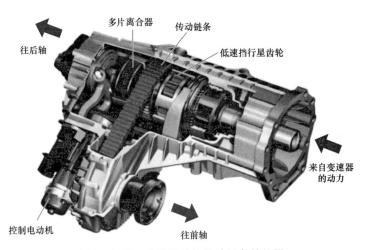

图3-4-5　分动器结构传动链条的位置

分动器输入轴与变速器的输出轴相连,分动器通常有两个输出轴,分别与前、后驱动桥连接。

很多车辆四轮驱动系统是采用多片离合器来控制动力分配的(图 3-4-6)。前后轴动力分配的多少由计算机控制。这种多片离合器反应速度极快,使得其操控性能得到很大提升。在正常情况下,系统按照 40:60 的比例分配动力。当遇到复杂路况时,计算机控制液压压合多片离合器,进而改变前后轴的动力输出分配。分动器的动力传递如图 3-4-7 所示。

图 3-4-6 分动器多片离合器的位置

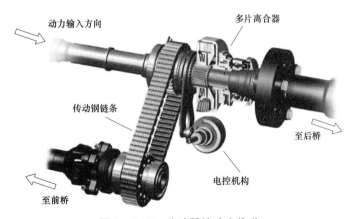

图 3-4-7 分动器的动力传递

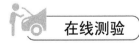

通过任务学习,扫描下方二维码进入微知库平台的"在线测验"页面,完成在线测验。

任务 3.4 在线测验

任务实施

要掌握"分动器认知与拆装"的相关内容,结合实习车辆完成操作任务。

分动器拆装

分动器拆装流程如表 3-4-1 所示。

表 3-4-1 分动器的拆装流程

操作示意图	操作步骤描述
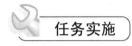	一、拆卸 ① 旋出磁性六角头螺塞(如箭头所示),排出分动器油
	② 旋出后输出轴锁紧螺母 4,拆卸锁母垫片 3 和 O 形圈 2,取下后输出接盘 1

项目三
汽车底盘构造与拆装

续表

操作示意图	操作步骤描述
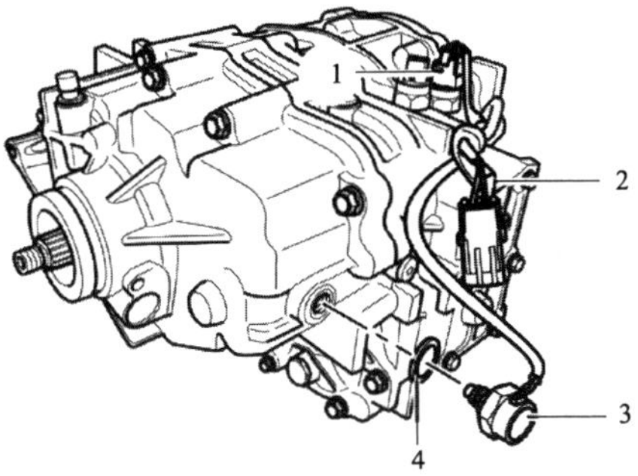	③ 脱开开关总成插头 1，拆卸线卡子 2。 ④ 旋出开关总成 3，取下密封垫圈 4
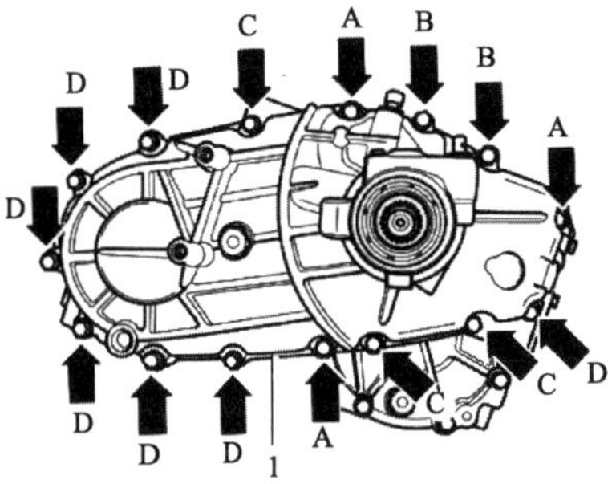	⑤ 旋出后壳体组件固定螺栓（如箭头 A、B、C、D 所示），用软锤轻轻敲击后壳体组件使其松动，拆下后壳体组件 1
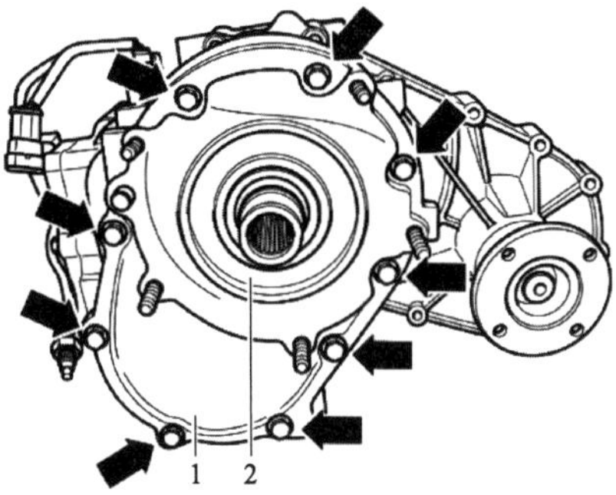	⑥ 旋出前盖组件固定螺栓（如箭头所示），用软锤轻轻敲击前盖将前盖组件 1 拆下
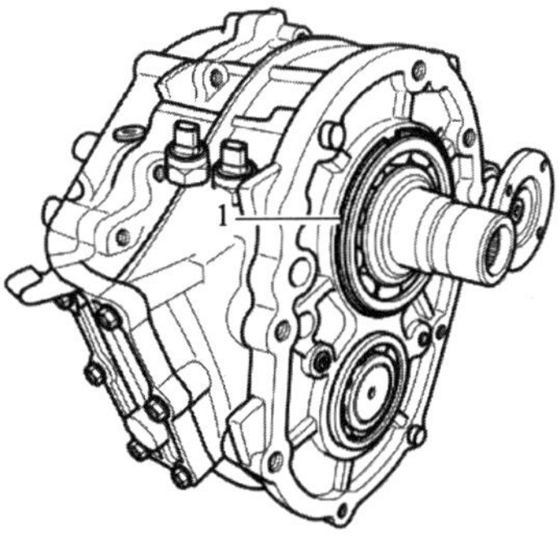	⑦ 使用卡簧钳将输入轴轴承止动环 1 取下

操作示意图	操作步骤描述
	⑧ 旋出前输出轴锁紧螺母7，取出锁母垫片6和O形圈5，拆下前输出法兰4和防尘罩3，取出轴承内隔套2
	⑨ 旋出换挡盖固定螺栓（如箭头所示），取下线卡子2，用软锤轻轻敲击换挡盖将换挡盖1拆下
	⑩ 将平垫圈1和换挡轴组件2从前壳体中取出
	⑪ 拆卸4L开关总成（如箭头A所示）和4H开关总成（如箭头B所示）

续表

操作示意图	操作步骤描述
	⑫ 旋出前壳体固定螺栓3，用软锤轻轻敲击前壳体1，并将其从中间壳体部分2上拆下
	⑬ 用软锤轻轻敲击前输出轴总成1，同时移动主轴组件3，将前输出轴总成1、传动链2和主轴组件3一起取下。 二、安装 安装以倒序进行

拓展提升

宝马 xDrive 四驱系统

与大部分城市 SUV 一样，宝马 xDrive 四驱系统（图 3-4-8）的中央差速器采用电控多片离合器，前后均为开放式差速器，带电子辅助功能（可以理解为 ESP 的一个扩展功能，能对单个车轮进行制动）。

作为四驱系统的核心部件——电控多片式中央差速器，可以根据传感器接收到的信息（如车轮转速、转向盘角度等）了解车身状态，进而主动分配前后桥的动力传递。在正常行驶条件下，xDrive 智能全时四驱系统大致按照 40:60 的比例将发动机的动力分配至前后桥。

而遇到复杂路况时，四驱系统检测到车身状态的变化，进而通过计算机控制多片离合器的接合来进行前后轴的动力分配。理论上，xDrive 全时四驱系统可以将 100% 的动力传递

图 3-4-8　宝马 xDrive 四驱系统

到前轴或后轴上。不过由于前后桥均为开放式差速器，遇到单侧车轮打滑时，只能依靠电子辅助制动进行左右两侧车轮的动力分配。

但是宝马 X6 上装备 DPC 动态驱动力分配的 xDrive 系统，与宝马 X1、X5 就不一样，结构上的差异主要体现在后桥上。由于后轴上装备了限滑式差速器（图 3-4-9），所以可以进行左、右两侧车轮的动力分配，从而使它的行驶循迹性更好。

图 3-4-9　限滑式差速器

X6 后轴上装备的限滑式差速器，具有两组摩擦片，可以实现左、右两侧后轮的扭矩分配。这样在转弯时，可以主动给外侧车轮分配更大的扭矩，从而使车辆获得最佳牵引力，再配合 xDrive 四驱系统，可以使在弯道上的操控更加灵活敏捷。这套 DPC 系统的作用与大家比较熟悉的讴歌 SH-AWD 以及三菱 AYC 系统类似。

如当车辆向右转向时，DPC 动态驱动力分配系统则将后桥上的大部分扭矩传递至外侧车轮，内侧车轮分配到的扭矩则减少，反之同理，这样可以使车辆获得最佳牵引力，提升弯道的操控性能。

任务 3.5　万向传动装置认知与拆装

学习目标

1. 了解万向传动装置的类型及作用；
2. 掌握万向传动装置的结构及原理；
3. 会正确拆装半轴。

相关知识

一、什么是万向传动装置？

万向传动装置的功用是能在汽车上任何一对轴间夹角和相对位置经常发生变化的转轴之间传递动力。万向传动装置主要由万向节和传动轴组成（图 3-5-1），在变速器与驱动桥距离较远的情况下，应将传动轴分成两段，即主传动轴和中间传动轴，用三个十字轴式刚性万向节连接，且在中间传动轴后端设置了中间支承。这样，可避免因传动轴过长而产生的自振频率降低，高转速下产生共振；同时提高了传动轴的临界转速和工作可靠性。

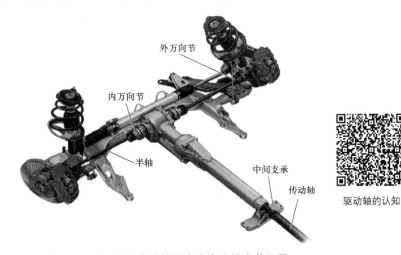

驱动轴的认知

图 3-5-1　万向传动装置在汽车上的安装位置

（1）传动轴

传动轴是万向传动装置中的主要传力部件，通常用来连接变速器（或分动器）和驱动桥，在转向驱动桥和断开式驱动桥中，则用来连接差速器和驱动轮。

轻中型货车用传动轴一般用厚度为 1.5～3.0 mm 的薄钢板卷焊而成；超重型货车的传动轴则采用无缝钢管制成，两端焊接有花键轴和十字轴式刚性万向节叉。

由于十字轴式刚性万向节没有伸缩功能，当驱动部件之间的距离发生变化时，则要将传动轴做成两段，用滑动花键相连接（图 3-5-2）。为减小传动轴花键连接部分的轴向滑动阻力和磨损，需加注润滑脂进行润滑；也可以对花键进行磷化处理或喷涂尼龙层，或是在花键槽内设置滚动元件。在传动距离较长时，自振频率降低，易产生共振，往往将传动轴分段，即在传动轴前增加带中间支承的前传动轴。

传动轴在高速旋转时，任何质量的偏移都会导致剧烈振动。生产厂家在把传动轴与万向节组装后，都进行动平衡测试。经过动平衡测试的传动轴两端一般都点焊有平衡片，拆卸后重装时要注意保持二者的相对角位置不变。

（2）传动轴中间支承装置

传动轴中间支承装置主要用于支承较长的传动轴。中间支承装置（图 3-5-3）外面是起缓冲作用的橡胶，中间用于支承传动轴的是轴承，传动轴安装在车身上。

图 3-5-2 传动轴

图 3-5-3 中间支承装置

（3）半轴

半轴是差速器与驱动轮之间传递扭矩的实心轴，轿车半轴总成包括内万向节、半轴和外万向节，其内端一般通过花键与半轴齿轮连接，外端与车轮轮毂连接。转向驱动桥、断开式驱动桥及微型汽车的传动轴通常制成实心轴，两端制有花键与球笼式等速万向节的星形套（内滚道）相连，并通过卡簧限制传动轴的移动（图 3-5-4）。

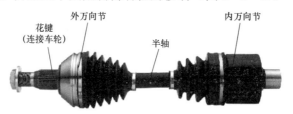

图 3-5-4 半轴

二、为什么需要万向节?

万向节位于传动轴的末端,起到连接传动轴和驱动桥、半轴等机件的作用。万向节的结构和作用有点像人体四肢上的关节,它允许被连接零件之间的夹角在一定范围内变化。

如前置后驱的汽车,必须将变速器的动力通过传动轴与驱动桥进行连接,那为什么要用万向节呢?主要是为了满足动力传递、适应转向和汽车运行时所产生的上下跳动所造成的角度变化。例如,图3-5-5所示主动轴的动力可以传到与其成一定角度的从动轴上。

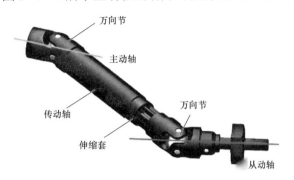

图3-5-5 万向节安装位置

万向节是万向传动装置中实现变角度传动的主要部件,按其速度特性分为不等速万向节(普通十字轴式万向节)、准等速万向节(双联式、三销轴式等)和等速万向节(球笼式、组合式等)。万向节按其刚度大小,可分为刚性万向节和柔性万向节。目前在汽车上应用较多的是十字轴式刚性万向节和等速万向节。十字轴式刚性万向节主要用于发动机前置后轮驱动的变速器与驱动桥之间,等速万向节主要用于发动机前置前轮驱动的内、外半轴之间。

(1)十字轴式刚性万向节

十字轴式刚性万向节(图3-5-6)的特点是结构简单、传动可靠、效率高;允许相邻两轴的最大交角为15°~20°。固装在两轴上的万向节叉上的孔,分别套在十字轴的四个

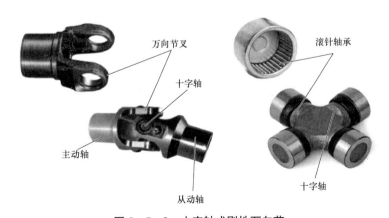

图3-5-6 十字轴式刚性万向节

轴颈上。在十字轴轴颈与万向节叉孔之间装有滚针和套筒，并用带有锁片的螺钉和轴承盖使之轴向定位。为了润滑轴承，十字轴内钻有油道，且与滑脂嘴、安全阀相通。万向节轴承的常见定位方式，除了用盖板定位外，还有用内、外弹性卡环进行定位。

单个普通万向节的不等速性会使从动轴及与其相连的传动部件产生扭转振动，产生附加的交变载荷，影响零部件的使用寿命。因此，当两轴间有较大夹角时，单个十字轴万向节是不宜采用的，因为它会使驱动车轮转速不均匀。

（2）等速万向节

等速万向节的基本原理是传力点永远位于两轴交点的平分面上。图3-5-7所示为等速万向节的工作原理。一对大小相同的锥齿轮的接触点 P 位于两齿轮轴线交角的平分面上，由 P 点到两轴的垂直距离都等于 r。P 点处两齿轮的圆周速度相等，两齿轮的角速度也相等。可见，若万向节的传力点在其交角变化时始终位于两轴夹角的平分面上，就能保证等速传动。

① 球笼式等速万向节。如图3-5-8所示，球笼式等速万向节由六个钢球、星形套、球形壳和保持架等组成。万向节星形套与主动轴用花键固接在一起，星形套外表面有六条弧形凹槽滚道，球形壳的内表面有相应的六条凹槽，六个钢球分别装在各条凹槽中，由球笼使其保持在同一平面内。动力由传动轴、钢球、球形壳输出。球笼式等速万向节工作时六个钢球都参与传力，故承载能力强、磨损小、寿命长。它被广泛应用于各种型号的转向驱动桥和独立悬架的驱动桥。

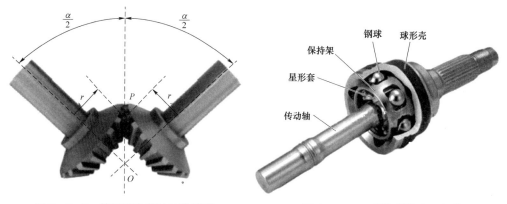

图3-5-7 等速万向节的工作原理　　图3-5-8 球笼式等速万向节

② 伸缩型球笼式等速万向节。伸缩型球笼式等速万向节的内、外滚道是圆筒形的，在传递扭矩过程中，星形套与球形壳体可以沿轴向相对移动，故可省去其他万向传动装置中必须有的滑动花键。这不仅使其结构简化，而且由于星形套与球形壳体之间的轴向相对移动是通过钢球沿内、外滚道滚动来实现的，与滑动花键相比，其滑动阻力小，最适用于断开式驱动桥（图3-5-9）。

③ 三叉轴等速万向节。三叉轴等速万向节有三个位于同一平面内互成120°的叉轴（图3-5-10），它们的轴线交于输入轴上一点，并且垂直于驱动轴。三个外表面为球面的滚子轴承，分别套在各叉轴上。球形壳内部加工出三个槽形轨道。三个槽形轨道在筒形圆

周上是均匀分布的，轨道配合面为部分圆柱面，三个滚子轴承分别装入各槽形轨道，可沿轨道滑动。从以上装配关系可以看出：每个外表面为球面的滚子轴承，能使其所在叉轴的轴线与相应槽形轨道的轴线相交。当输出轴与输入轴交角为0°时，三叉轴受自动定心作用，能自动使两轴轴线重合；当输出轴与输入轴交角不为0°时，因为筒形滚柱可沿叉轴轴线移动，所以它还可以沿各槽形轨道滑动。这就保证了输入轴与输出轴之间始终可以传递动力，并且是等速传动。

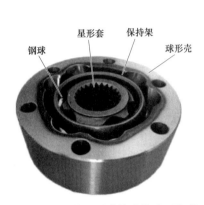

图 3-5-9　伸缩型球笼式等速万向节

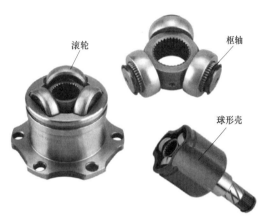

图 3-5-10　三叉轴等速万向节

三叉轴等速万向节的优点是结构简单、磨损小、高扭矩和零速度下轴向伸缩容易、加工工艺容易。

（3）万向节防尘罩

万向节需要使用润滑脂润滑，防尘罩（图3-5-11）可以防止灰尘、泥沙溅入万向节而破坏其润滑。需要定期对万向节进行维护，更换润滑脂，检查防尘罩是否破裂，卡箍是否松动。

图 3-5-11　万向节防尘罩

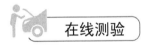

通过任务学习，了解万向传动装置的相关知识。扫描下方二维码进入微知库平台的"在线测验"页面，完成在线测验。

任务 3.5　在线测验

任务实施

要掌握"万向传动装置认知与拆装"的相关内容，结合实习车辆完成操作任务。

半轴拆装

半轴更换流程如表 3-5-1 所示。

表 3-5-1 半轴的更换流程

操作示意图	操作步骤描述
	一、拆卸 ① 适当撑起车辆。 ② 拆卸车轮。 ③ 拆卸半轴轮毂螺母
KM-507-C	④ 拆卸下球节夹紧螺栓和螺母。 ⑤ 用 KM-507-C 将转向节从下球节上拆离。 ⑥ 拆卸转向横拉杆螺母。 ⑦ 用 KM-507-C 拆离转向横拉杆端。 注意：仅用推荐的工具将转向横拉杆从转向节/支柱总成上拆离，否则会损坏转向节/支柱总成。 支承车桥的未紧固端。禁止车桥从轮毂上拆卸后长时间从变速驱动桥上自由下垂

项目三
汽车底盘构造与拆装

续表

操作示意图	操作步骤描述
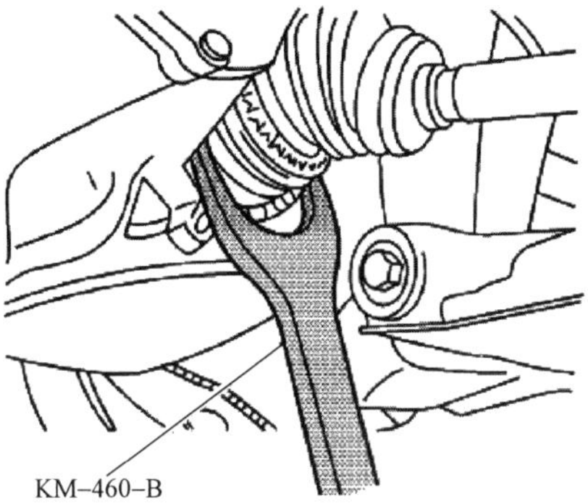	⑧ 从轮毂上推动车桥。 重要注意事项： 将接油盘放在变速驱动桥下，接收溢出的油液。 拆卸车桥后，盖住变速驱动桥上的车桥开孔，防止油液流出和污染物进入。 ⑨ 用 KM-460-B 从变速驱动桥上拆卸车桥
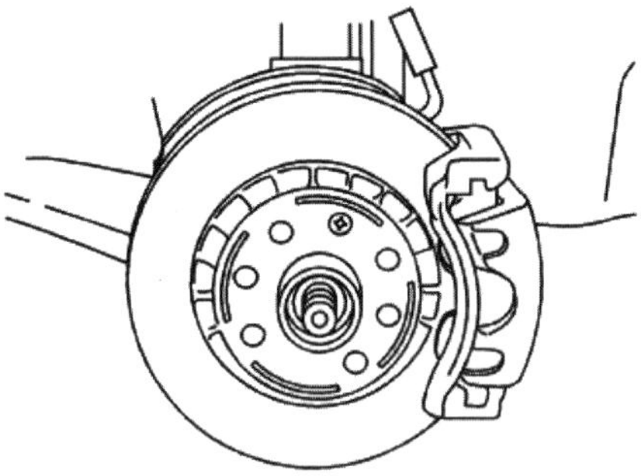	二、安装 ① 清洗轮毂密封部位和变速驱动桥密封部位。 ② 将车桥装入变速驱动桥。 ③ 将轮毂安装到半轴上
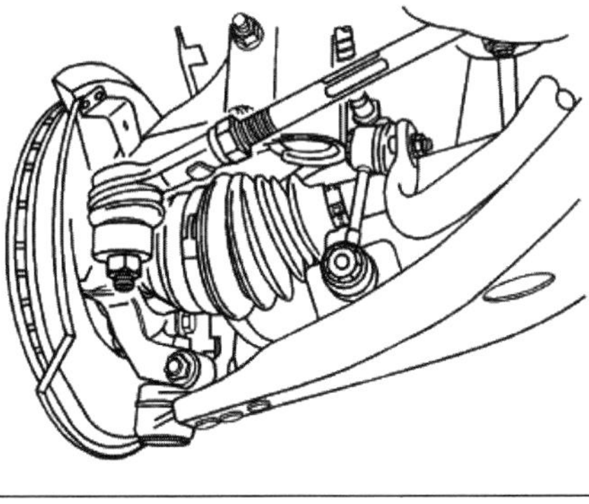	④ 将转向横拉杆安装到转向节/支柱上，再安装转向横拉杆螺母。 紧固转向横拉杆螺母至 52 N·m
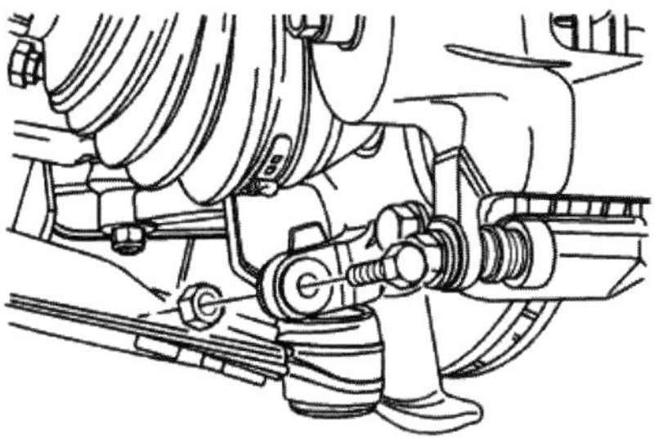	⑤ 安装下球节夹紧螺栓和螺母。 紧固下球节夹紧螺栓螺母至 60 N·m

续表

操作示意图	操作步骤描述
	⑥ 装上新半轴轮毂螺母
	⑦ 安装车轮。 ⑧ 将车辆降至地面。 ⑨ 紧固车轮螺母。 ⑩ 紧固半轴轮毂螺母。 ⑪ 用冲子和手锤敲击轮毂螺母，直到螺母在半轴轮毂上锁定到位。 ⑫ 重新加注变速驱动桥油液至正确液面

拓展提升

汽车转弯时有"咔嗒"声的原因主要有哪些？

转弯时发出"咔嗒"声，可能是由车轮驱动轴外侧万向节磨损或损坏造成的。转弯和加速时可能更容易出现这种情况。该"咔嗒"声是由于等速万向节轴承和/或座圈磨损和/或损坏造成的。等速万向节损坏或磨损通常是由润滑脂流失和等速万向节内存在异物和污物引起的。

仔细检查车轮驱动轴密封件是否存在切口、撕裂或其他可能导致润滑脂泄漏的迹象。润滑脂流失将导致车轮驱动轴等速万向节在很短的时间内损坏。

如果检查后没有发现明显的磨损或损坏的迹象，可能需要将车轮驱动轴从车辆上拆下，并手动操作外侧万向节。万向节的任何卡滞或移动受阻，都表明可能存在导致故障的损坏。

任务 3.6 驱动桥认知与拆装

学习目标

1. 了解驱动桥的组成及作用；
2. 掌握主减速器的结构及原理；
3. 会正确拆装主减速器。

相关知识

一、什么是驱动桥？

驱动桥的功用是将由万向传动装置传来的发动机扭矩传给驱动车轮，并经降速增矩、改变动力传动方向，使汽车行驶，而且允许左右驱动车轮以不同的转速旋转。具体来说，主减速器的功用为降速增矩，改变动力传动方向；差速器的功用是允许左右驱动车轮以不同的转速旋转；半轴的功用是将动力由差速器传给驱动车轮。驱动桥一般是由主减速器、差速器、半轴、桥壳等组成的（图3-6-1）。

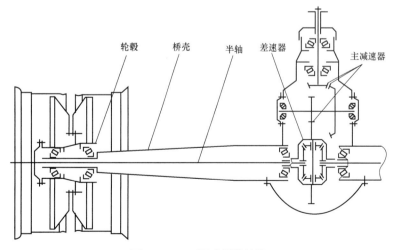

图 3-6-1 驱动桥的结构

按照悬架结构的不同，驱动桥可以分为整体式驱动桥和断开式驱动桥。整体式驱动桥又称为非断开式驱动桥。

（1）整体式驱动桥

整体式驱动桥如图 3-6-2 所示，与非独立悬架配用。其驱动桥壳为一刚性的整体，驱动桥两端通过悬架与车架或车身连接，左右半轴始终在一条直线上，即左右驱动轮不能相互独立地跳动。当某一侧车轮通过地面的凸出物或凹坑升高或下降时，整个驱动桥及车身都要随之发生倾斜，车身波动大。

（2）断开式驱动桥

断开式驱动桥如图 3-6-3 所示，与独立悬架配用。其主减速器固定在车架或车身上，驱动桥壳制成分段并用铰链连接，半轴也分段并用万向节连接。驱动桥两端分别用悬架与车架或车身连接。这样，两侧驱动车轮及桥壳可以彼此独立地相对于车架或车身上下跳动。

图 3-6-2 整体式驱动桥的结构

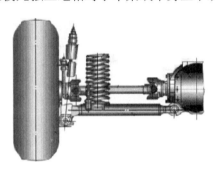

图 3-6-3 断开式驱动桥的结构

二、主减速器在哪里？

主减速器总成改变来自传动轴的扭矩传递方向，降低其速度，并将增大的转动力发送给驱动轮。当汽车在高低不平的路面上转向或运行时，一个车轮必须比另一车轮行驶更多的里程。如果在转向时两个车轮以相同的速度转动，转过较小距离的车轮将打滑，造成车辆控制问题。主减速器总成解决了这些问题，因为它允许车轮在转向时以不同速度转动。

"主减速器"是一个装置，用于降低来自发动机的转动速度，以产生驱动力。它也改变了发动机至车轮的扭矩流动方向。安装到主减速器上的总成被称为差速器。顾名思义，该部件用于补偿车辆转向时左右车桥中的速度差。

采用发动机前置前桥驱动形式的汽车，一般将变速器和驱动桥合为一体，布置在一个壳体内，我们称之为变速驱动桥（图 3-6-4）。发动机动力经过变速器变速以后，传给主减速器。主减速器增大传动力矩后将动力传递给差速器，差速器根据两侧车轮阻力，将动力分配并传给两侧连接车轮的半轴。

后驱车辆的驱动桥（图 3-6-5）主要由主减速器、差速器、半轴、桥壳等组成。桥壳固定在悬架上，主减速器和差速器位于桥壳内，桥壳内有润滑油脂可以对运行部件进行润滑。

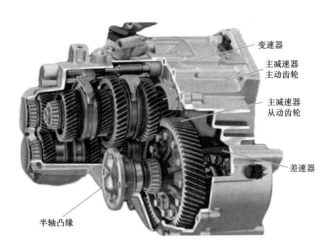

图 3-6-4 前驱车辆变速驱动桥的结构

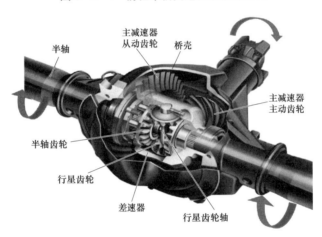

图 3-6-5 后驱车辆驱动桥的结构

三、主减速器有哪些类型？

按参加传动的齿轮副数目，主减速器可分为单级式主减速器和双级式主减速器。有些重型汽车又将双级式主减速器的第二级圆柱齿轮传动设置在两侧驱动车轮附近，我们称之为轮边减速器。

按传动比个数，主减速器可分为单速式和双速式主减速器。单速式的传动比是固定的，而双速式则有两个传动比供驾驶员选择。

按齿轮副结构形式，主减速器可分为圆柱齿轮式（又可分为定轴轮系和行星轮系）主减速器和圆锥齿轮式（又可分为螺旋锥齿轮式和准双曲面锥齿轮式）主减速器。目前，在轿车中主要是应用单级式主减速器。

按使用类型，主减速器可分为：H 型，用于刚性和整体式后桥；C 型，用于刚性桥，具有整体式主减速器壳和桥壳；R 型，用于独立悬架。

主减速器主要包括一个主动锥齿轮和一个从动锥齿轮，主动锥齿轮齿数较少，从动锥齿轮齿数较多，因而可以增大力矩。采用两个锥形齿轮，可以改变动力传递方向，以满足车轮转动的需要。

四、FR 和 FF 车辆主减速器的齿轮有何不同？

（1）准双曲面齿轮

由于偏置设计，传动轴可以降低，在后排座椅区域提供更多的空间。这也有助于降低车辆重心和提高车辆稳定性。该机构也增大了齿轮的啮合面积，使得结构更加强劲，操作更加安静（图 3-6-6）。准双曲面齿轮用于所有 FR 车辆和某些 4WD 车辆。

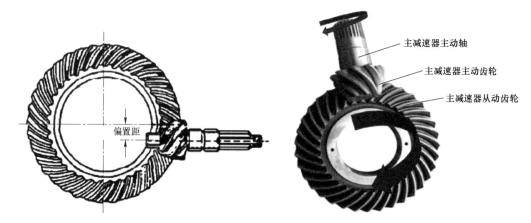

图 3-6-6　准双曲面齿轮的偏置设计

（2）斜齿轮

斜齿轮不要求调整齿轮啮合或齿侧间隙。斜齿轮用于所有 FF 车辆和某些四驱车辆。

主减速器齿轮减速比的选择基于车辆行驶阻力、发动机速度范围、发动机功率输出、有效轮胎半径、最大速度、加速性能、爬坡能力、油耗等。

主减速器齿轮减速比表达如下：主减速器齿轮减速比=从动齿轮齿数/主动齿轮齿数。

用主减速器减速比乘以变速器减速比得到的数值被称为"总减速比"。用下式表达：总减速比=减速比 1（变速器）×减速比 2（主减速器）。

通过改变该总减速比，可以使用相同的发动机扭矩来增加发动机的动力或车轮转速。通常，轿车和小型卡车上使用的主减速器的减速比在 3.6～4.8，而在重型卡车和客车上在 5.5～7.3。前驱变速器的主减速器安装位置如图 3-6-7 所示。

图 3-6-7　前驱变速器主减速器的安装位置

五、为什么需要差速器?

汽车在转弯时,车轮做的是圆弧运动,那么外侧车轮的转速必然要高于内侧车轮的转速,其间存在一定的速度差,在驱动轮上会造成相互干涉的现象。如果驱动车轮间没有安装差速器,则会导致内侧车轮发生"制动"的现象(图3-6-8)。驱动轮如果直接通过一根轴刚性连接的话,那么两侧车轮的转速必然会相同,在转弯时,内、外两侧车轮就会发生干涉现象,从而导致汽车转弯困难,因此现代汽车的驱动桥上都会安装差速器。

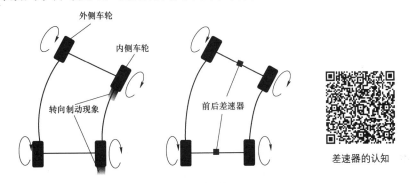

图3-6-8 转向时差速示意

转弯时,左、右车轮受到的阻力不一样,这时差速器行星齿轮绕着半轴公转的同时自转,从而吸收阻力差,使外侧车轮的转速可以高于内侧车轮的转速。布置在前驱动桥(前驱汽车)和后驱动桥(后驱汽车)的差速器,可分别称为前差速器和后差速器;安装在四驱汽车中间传动轴上,用以调节前后轮转速的差速器,则称为中央差速器。

六、差速器是如何工作的?

差速器安装在差速器壳体内,主要是由两个侧齿轮(通过半轴与车轮相连)、两个行星齿轮(行星架与环形齿轮连接)、一个环形齿轮(与动力输入轴相连)组成的(图3-6-9)。差速器在左、右车轮阻力相同时,行星齿轮只绕半轴齿轮公转,在左、右车轮阻力不同时,行星齿轮既公转又自转。

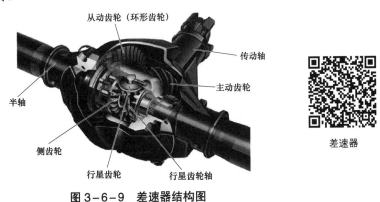

图3-6-9 差速器结构图

传动轴传过来的动力通过主动齿轮传递到环形齿轮上,环形齿轮带动行星齿轮轴一起旋转,同时带动侧齿轮转动,从而推动驱动轮前进。

(1) 在直线行驶时

当来自发动机的扭矩通过传动轴传递到主动齿轮时,从动齿轮转动,使差速器壳转动。当汽车在平直道路上行驶时,两个驱动轮的阻力相等。因此,行星齿轮不在行星齿轮轴上转动,而是与差速器壳作为一个单元一起转动。半轴齿轮也与差速器壳转动速度相同,使两个驱动轮以相同的速度转动。利用这种方式,从动齿轮的转动通过行星齿轮均匀地分配到左、右半轴齿轮。这使得用花键与半轴齿轮相连的半轴转动,汽车直线向前行驶(图3-6-10)。其速度特性:左、右侧车轮转速之和永远等于差速器壳转速的2倍,即 $n_左 + n_右 = 2n_0$。

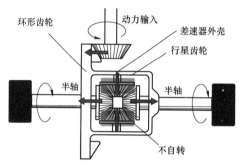

图3-6-10 差速器不差速时的工作原理

(2) 当驱动轮由于转向和路面不平以不同速度转动时

当汽车转向时,内轮遇到的道路阻力比外轮更大,所以内轮比外轮转动更慢。由于外轮转动的圆比内轮大,外轮必须转动得比内轮快。否则,汽车不能平稳转向。

差速器壳和行星齿轮作为一个单元转动,同时行星齿轮沿半轴齿轮转动。这允许外侧车轮半轴上的半轴齿轮比内侧车轮半轴上的半轴齿轮转动得更快。它也允许在较大半径上行驶的外侧车轮,比在较小半径上行驶的内侧车轮转动得更快(图3-6-11)。在道路不平引起车轮以不同速度转动时,其操作原理与此相同。

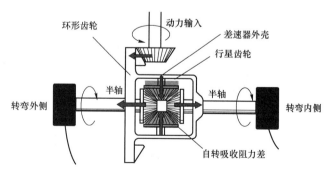

图3-6-11 差速器差速时的工作原理

当汽车转弯行驶时由于行星齿轮自转，产生摩擦力矩 M_T，M_T 分别作用到左、右半轴齿轮上，此时左半轴齿轮的扭矩为：$M_1=1/2M_0-1/2M_T$；右半轴齿轮的扭矩为：$M_2=1/2M_0+1/2M_T$。通常，由于 M_T 较小，可以忽略不计，所以有左、右半轴输出扭矩相等，等于输入扭矩的一半，即 $M_1=M_2=M_0/2$ 的扭矩特性。

七、什么是限滑差速器？

了解差速器的原理后就不难理解，如果某一侧车轮的阻力为 0（如车轮打滑），那么另一侧车轮的阻力相对于车轮打滑的一侧来说太大了，行星齿轮只能跟着壳体一起绕着半轴齿轮公转，同时自身还会自转。这样的话就会把动力全部传递到打滑的那一侧车轮，车轮就只能原地不动了。

所以为了应付差速器这一弱点，就会对差速器采用限滑或锁死的方法，在差速器内安装摩擦片（图 3-6-12）。当汽车驱动轮失去附着力时减弱或让差速器失去差速作用，使左、右两侧驱动轮都可以得到相同的扭矩。

为了防止发生车轮打滑而无法脱困的现象，差速器锁应运而生。但是差速器的锁死装置在分离和接合时会影响汽车行驶的稳定性。而限滑差速器（LSD）起动柔和，有较好的驾驶稳定性和舒适性，不少城市 SUV 和四驱轿车都采用限滑差速器。

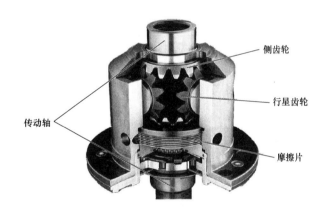

图 3-6-12　限滑差速器内部结构

限滑差速器主要通过摩擦片来实现动力的分配。其壳体内有多片离合器，一旦某组车轮打滑，由于轴向力的转速差存在，主、从动摩擦片之间将产生摩擦力矩，会自动把部分动力传递到没有打滑的车轮，从而摆脱困境。不过长时间重负荷、高强度的越野会影响它的可靠性。

通过任务学习，扫描下方二维码进入微知库平台的"在线测验"页面，完成在线测验。

任务 3.6 在线测验

任务实施

要掌握"驱动桥认知与拆装"的相关内容,结合实习车辆完成操作任务。

差速器拆装

差速器的拆装流程如表 3-6-1 所示。

表 3-6-1 差速器的拆装流程

操作示意图	操作步骤描述
	一、拆卸 ① 拆卸差速器盖螺栓、差速器盖和差速器盖衬垫
	② 拆卸轴承调节环固定板螺栓和轴承调节环固定板

续表

操作示意图	操作步骤描述
	③ 用 KM-520 拆卸轴承调节环
	④ 拆卸右侧轴承固定螺栓和右侧轴承固定器
	⑤ 从变速驱动桥壳体上拆卸差速器总成
	⑥ 拆卸齿圈螺栓

续表

操作示意图	操作步骤描述
	⑦ 从变速驱动桥外壳上拆下齿圈
	⑧ 从差速器外壳和小齿轮轴上敲出行星齿轮轴锁销
	⑨ 拆卸行星齿轮轴
	⑩ 拆卸行星齿轮和垫圈。 ⑪ 拆卸半轴齿轮和侧止推垫圈

续表

操作示意图	操作步骤描述
	⑫ 使用 J22888-20A 拆卸两个差速器轴承
	⑬ 从差速器外壳上拆卸车速表主动齿轮
	二、安装 ① 用 KM-525 将车速表主动齿轮安装到差速器齿轮外壳上
	② 用 KM-522 安装两个差速器轴承。 ③ 将半轴齿轮和侧止推垫圈装入差速器外壳。 ④ 将差速器行星齿轮和差速器小齿轮垫圈装入差速器外壳

续表

操作示意图	操作步骤描述
	⑤ 将行星齿轮轴装入差速器外壳
	⑥ 将行星齿轮拨叉锁销装入差速器壳体和小齿轮轴
	⑦ 安装齿圈和齿圈螺栓。 紧固：将齿圈螺栓紧固至 70 N·m（52 lbf·ft）
	⑧ 将差速器总成安装到变速驱动桥壳体上

续表

操作示意图	操作步骤描述
	⑨ 安装右侧轴承固定器和右侧轴承固定器螺栓。 紧固：将右侧轴承固定器螺栓紧固至 25 N·m
	⑩ 安装轴承调节环。 ⑪ 用 KM-520 安装轴承调节环。 紧固：紧固轴承调节环，直至与差速器之间的端隙消失。 ⑫ 调节差速器轴承预紧力。 紧固或松开轴承环调节器，以获得所需的轴承预紧力。 ⑬ 安装轴承调节环固定板和轴承调节环固定板螺栓。 紧固：将轴承调节环固定板螺栓紧固至 5 N·m
	⑭ 安装差速器盖衬垫、差速器盖和差速器盖螺栓。 紧固：将差速器盖板螺栓紧固至 40 N·m

拓展提升

托森差速器是如何工作的?

托森差速器内部安装了蜗轮（图3-6-13），利用蜗轮和蜗杆不可逆向传动的原理，实现前、后轴的限滑与自锁。

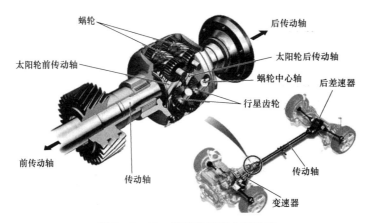

图3-6-13 托森差速器内部结构

跟前面说的环形齿轮结构的差速器不同的是，托森差速器内部为蜗轮蜗杆行星齿轮结构。托森差速器一般在四驱汽车上作为中央差速器用（图3-6-14）。

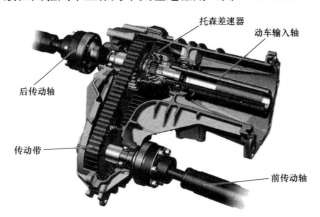

图3-6-14 用作中央差速器的托森差速器

它的工作是纯机械的而无须任何电子系统介入，其基本原理是利用蜗轮蜗杆的单向传动（运动只能从蜗杆传递到蜗轮，反之发生自锁）特性，因此比电子液压控制的中央差速系统能更及时可靠地调节前后扭矩分配。

图 3-6-15 所示为奥迪 A4 Quattro 四驱系统中托森（Torsen）中央差速器在不同路况时对前后轮的动力分配情况。

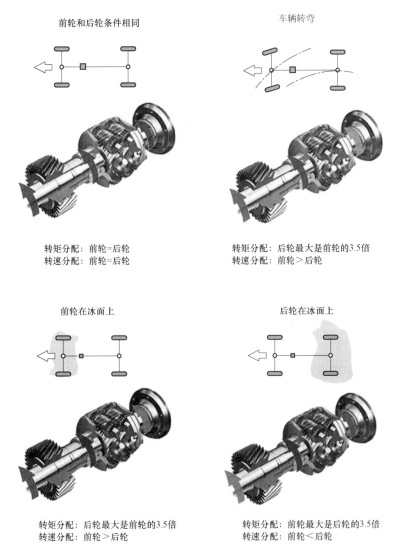

图 3-6-15　用作中央差速器的托森差速器的动力分配情况

任务 3.7 悬架系统认知与拆装

学习目标

1. 了解行驶系统的作用及组成；
2. 掌握悬架的类型及结构；
3. 会正确拆装减振器。

相关知识

一、行驶系统由什么组成？

行驶系统将汽车构成一个整体，并支承汽车的总质量，缓冲减振，保证汽车平顺行驶。行驶系统一般由车架（或承载式车身）、车桥、车轮和悬架组成（图3-7-1）。

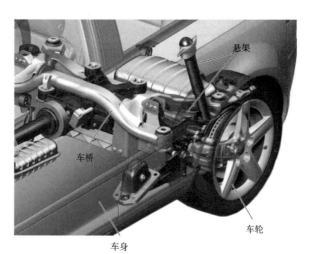

汽车行驶系统认知

图3-7-1 行驶系统的结构

① 车架是全车的装配基础，它将发动机、变速器等相关总成连成一个整体。车架要有足够的强度和适当的刚度，以便承受各种力矩。

a. 边梁式车架（图3-7-2）用于货车、皮卡和越野车上，这种车架质量大，使车身高度较高，不适用于普通轿车。

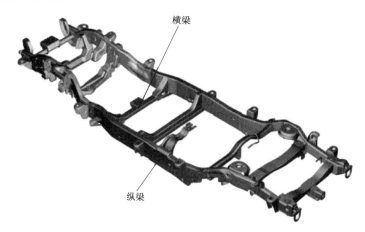

图3-7-2 边梁式车架的结构

b. 承载式车身也称为无梁式车架（图3-7-3），这种车身代替车架，发动机、变速器等总成都安装在车身上。车身需要代替车架承受各种力矩，所以在车身上有很多加强梁。

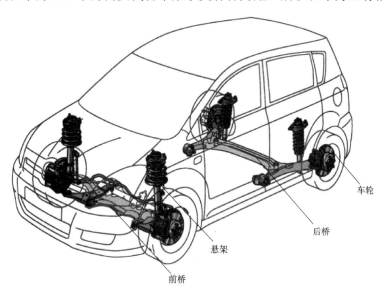

图3-7-3 无梁式车架的结构

② 普通汽车有前桥和后桥，车桥通过悬架与车架相连，两端安装车轮。车桥的功用是：传递车架和车轮之间的作用力以及这些力所形成的力矩。

按作用的不同，车桥可分为转向桥、驱动桥、转向驱动桥和支持桥。普通前驱轿车前桥为转向驱动桥，后桥为支持桥；后驱轿车，前桥为转向桥，后桥为驱动桥。

a. 转向桥（图 3-7-4）。汽车转向桥由转向节、轮毂、半轴、主减速器和差速器等组成。转向节（图3-7-5）可转动一定的角度，非驱动桥的转向节车轮中心轴是固定的，不能转动。驱动桥的转向节中心有承孔，以便传输动力。

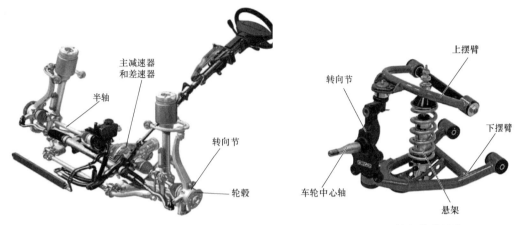

图3-7-4　转向桥的结构　　　　　　图3-7-5　转向节的结构

就像门是绕着门轴转动的，汽车转向车轮也是绕自己的轴线转动的，这个轴线就是主销。一般货车上有实际存在的主销，而在轿车上，绝大多数只有"虚拟主销"，即主销轴线（图3-7-6）。主销的位置对行驶性能有很大的影响。

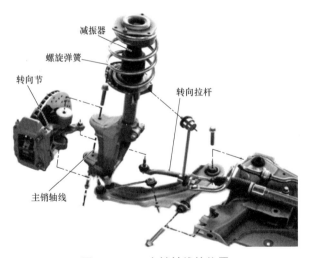

图3-7-6　主销轴线的位置

轮毂（图3-7-7）通常通过双列圆锥滚子轴承支承在转向节上。双列圆锥滚子轴承能够承受较重的复合（径向与轴向）载荷，刚性强。轮毂上安装了车轮紧固螺栓，用于安装制动盘和车轮。

b. 支持桥。支持桥也叫从动桥，它不能传递动力，既无转向功能又无驱动功能。轿车支持桥的主要功能是承受汽车的垂直载荷、横向力，并将后轮的制动力传给车身。前置前驱动轿车的后桥为典型的支持桥。

车桥按结构不同，又可以分为整体式和断开式。图 3-7-8 所示支持桥为整体式，副车架将两车轮直接连在一起。转向桥多为断开式，断开式车桥（图3-7-9）有类似人的关节一样的结构，可以相互活动。

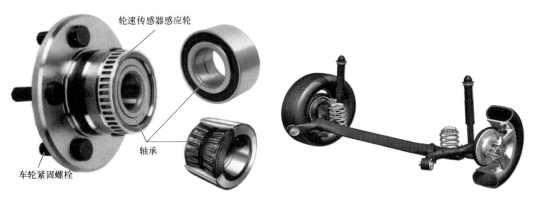

图 3-7-7　轮毂的结构　　　　　图 3-7-8　整体式车桥的结构

图 3-7-9　断开式车桥的结构

二、悬架系统有哪些作用？

汽车悬架是连接车轮与车身的机构，对车身起支撑和减振的作用，主要是传递作用在车轮和车架之间的力，并且缓冲由不平路面传给车架或车身的冲击力，衰减由此引起的振动，提高乘坐舒适性。前后悬架的位置如图 3-7-10 所示。

典型的悬架系统主要包括弹性元件、导向机构以及减振器等部分。弹性元件又有钢板弹簧、空气弹簧、螺旋弹簧以及扭杆弹簧等形式，而现代轿车悬架系统多采用螺旋弹簧和扭杆弹簧，个别高级轿车则使用空气弹簧。悬架主要包括螺旋弹簧、减振器、横向稳定杆和上、下摆臂等（图 3-7-11）。

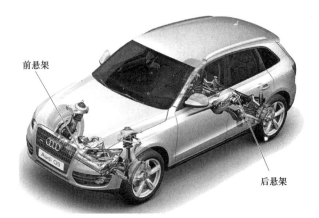

悬架系统

图 3-7-10 前后悬架的位置

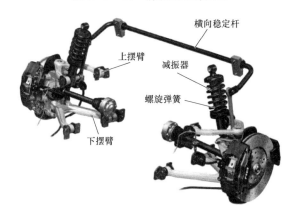

图 3-7-11 悬架系统的结构

三、独立悬架和非独立悬架的区别是什么？

汽车悬架可以按多种形式来划分，总体上主要分为两大类：独立悬架（图 3-7-12）和非独立悬架（图 3-7-13）。那么怎样来区分独立悬架和非独立悬架呢？

非独立悬架

图 3-7-12 独立悬架的结构

独立悬架两侧车轮各自独立地通过弹性元件悬挂在车身下面。一侧车轮位置发生变化，对另一侧车轮几乎不会产生影响。

独立悬架可以简单地理解为：左、右两个车轮之间没有硬轴进行刚性连接，一侧车轮的悬挂部件全部只与车身相连。而非独立悬架两个车轮之间不是相互独立的，其间有硬轴进行刚性连接。

从结构上看，独立悬架由于两个车轮之间没有干涉，所以有更好的舒适性和操控性。而非独立悬架的两个车轮之间有硬性连接物，会发生相互干涉，但其结构简单，有更好的刚性和通过性。

非独立悬架的两侧车轮被安装在一根整体的车桥上，当一侧车轮因路面不平发生位置变化时，另一侧车轮的位置也随之发生变化。

图 3-7-13 非独立悬架的结构

悬架由弹性元件、减振装置和导向机构三部分组成。减振螺旋弹簧（图 3-7-14）可以承受垂直载荷，它无须润滑、不怕泥污、质量小、所占空间小，目前广泛用于轿车。

图 3-7-14 减振螺旋弹簧

减振器（图 3-7-15）吸收弹性元件（弹簧、缓冲胶等）起落时的振动能量，使车辆迅速恢复平稳状态，改善汽车行驶的平顺性。减振器是利用内部液体流动来消耗振动能量的。

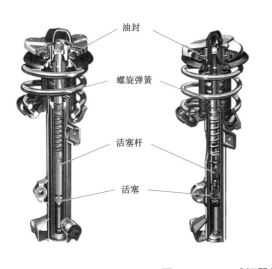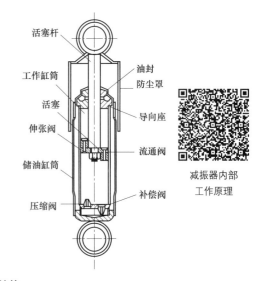

图 3-7-15 减振器的结构

减振器缓冲胶（图 3-7-16）套在减振器活塞杆上，用来缓冲振动。

减振器上端用缓冲胶垫（图 3-7-17）与平面轴承和车身连接，缓冲胶垫能减少路面传递到减振器的运动阻力，平面轴承用来保证转向时减振器能随转向轮转动。

图 3-7-16 减振器缓冲胶　　　　图 3-7-17 减振器缓冲胶垫

横向稳定杆又称防倾杆、平衡杆，是汽车悬架中的一种辅助弹性元件。当由于转向或路面原因，一侧车轮与车身距离发生变化时，通过横向稳定杆的作用，可相应地改变另一侧车轮与车身的距离，减少车身的倾斜。横向稳定杆位置如图 3-7-18 所示。

四、什么是麦弗逊式悬架？

麦弗逊式悬架是最为常见的一种悬架，主要由 A 型叉臂和减振机构组成。叉臂与车轮相连，

图 3-7-18 横向稳定杆的位置

主要承受车轮下端的横向力和纵向力。减振机构的上部与车身相连,下部与叉臂相连,承担减振和支持车身的任务,同时还要承受车轮上端的横向力。

麦弗逊式悬架(图 3-7-19)由螺旋弹簧、减振器、三角形的下摆臂、横向稳定杆等组成,其减振器安装在螺旋弹簧的内部,绝大部分车型还会安装横向稳定杆。麦弗逊式悬架由于构造简单、性能优越而被行家誉为经典的设计。

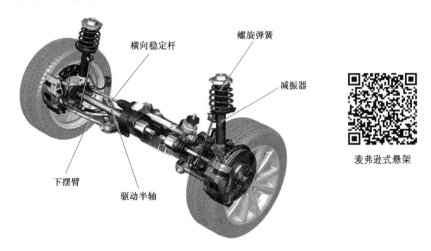

图 3-7-19 麦弗逊式悬架的结构

麦弗逊式悬架的设计特点是结构简单、质量轻和占用空间小,响应速度和回弹速度快,减振能力也相对较强,但是抗侧倾和制动点头能力弱,稳定性较差。目前麦弗逊式悬架多用作家用轿车的前悬架。

五、什么是双叉臂式悬架?

双叉臂式悬架(双 A 臂、双横臂式悬架,如图 3-7-20 所示)的结构可以理解为在麦弗逊式悬架的基础上多加一支叉臂。车轮上部叉臂与车身相连,车轮的横向力和纵向力都是由叉臂承受,而这时的减振机构只负责支撑车体和减振的任务。

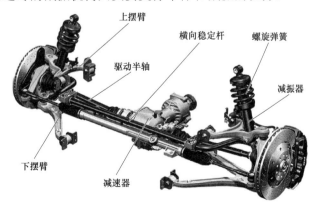

图 3-7-20 双叉臂式悬架

由于车轮的横向力和纵向力都由两组叉臂来承受，双叉臂式悬架的强度和耐冲击力比麦弗逊式悬架要强很多，而且在车辆转弯时能很好地抑制侧倾和制动点头等问题。

双叉臂式悬架（图3-7-21）通常采用上、下不等长叉臂（上短下长），让车轮在上、下运动时能自动改变外倾角并且减小轮距变化、轮胎磨损，并且能自适应路面，轮胎接地面积大，贴地性好。由于双叉臂式悬架比麦弗逊式悬架多了一个上摇臂，需要占用较大的空间，而且定位参数较难确定，因此小型轿车的前桥出于空间和成本考虑较少采用此种悬架。

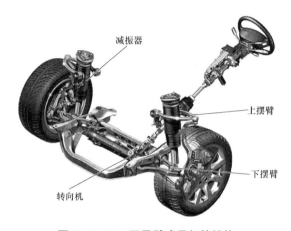

图3-7-21 双叉臂式悬架的结构

六、什么是扭转梁式悬架？

扭转梁式悬架的结构中，两个车轮之间没有硬轴直接相连，而是通过一根扭转梁进行连接，扭转梁可以在一定范围内扭转。但如果一个车轮遇到非平整路面，那么之间的扭转梁仍然会对另一侧车轮产生一定的干涉。严格来说，扭转梁式悬架属于半独立式悬架。扭转梁式悬架的位置如图3-7-22所示。

图3-7-22 扭转梁式悬架的位置

扭转梁式悬架（图 3-7-23）相对于独立式悬架来说舒适性要差一些，不过结构简单可靠，也不占空间，而且维修费用也比独立式悬架低，所以扭转梁式悬架多用在小型车和紧凑型车的后桥上。

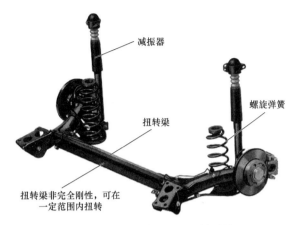

图 3-7-23　扭转梁式悬架的结构

七、稳定杆有何作用？

稳定杆也叫平衡杆，主要是防止车身侧倾，保持车身平衡。稳定杆的两端分别固定在左、右悬架上，当汽车转弯时，外侧悬架会压向稳定杆，稳定杆发生弯曲，由于变形产生的弹力可防止车轮抬起，从而使车身尽量保持平衡。稳定杆的位置如图 3-7-24 所示。

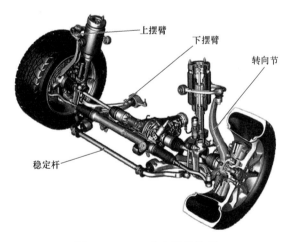

图 3-7-24　稳定杆的位置

八、多连杆悬架有何不同？

多连杆悬架，就是通过各种连杆配置把车轮与车身相连的一套悬架机构，其连杆数比普通的悬架要多一些，一般把连杆数为 3 根或以上的悬架称为多连杆悬架。目前主流的连杆数为 4 根或 5 根。前悬架一般为 3 连杆或 4 连杆式的独立悬架，由上控制臂、前控制臂和定位臂等组成（图 3-7-25）；后悬架则一般为 4 连杆或 5 连杆式的后悬架，由上控制臂、下控制臂和定位臂等组成（图 3-7-26）。

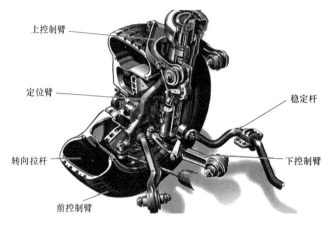

图 3-7-25　多连杆前悬架

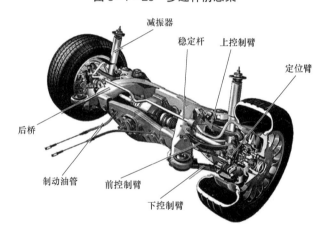

图 3-7-26　多连杆后悬架的结构

多连杆悬架通过对连接运动点的约束角度设计使悬架在压缩时能主动调整车轮定位，车轮与地面尽可能保持垂直、贴地性，因此具有非常出色的操控性。多连杆悬架能最大限度地发挥轮胎抓地力，从而提高整车的操控极限，因此是所有悬架设计中最好的，不过结构复杂，制造成本也高。一般中小型轿车出于成本和空间考虑很少使用这种悬架。

九、什么是空气悬架？

空气悬架（图 3-7-27）是指采用空气减振器的悬架，主要是通过空气泵来调整空气减振器的空气量和压力，改变空气减振器的硬度和弹性系数；通过调节泵入的空气量，可以调节空气减振器的行程和长度,实现底盘的升高或降低。

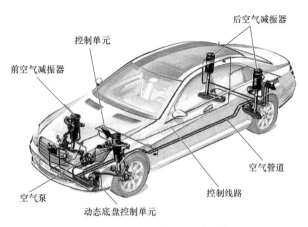

图3-7-27 空气悬架的结构

空气悬架相对于传统的钢制悬架系统来说,具有很多优势。如车辆高速行驶时,悬架可以变硬,以提高车身的稳定性;而低速或在颠簸路面上行驶时,悬架可以变软来提高舒适性。

 在线测验

通过任务学习,扫描下方二维码进入微知库平台的"在线测验"页面,完成在线测验。

任务3.7 在线测验

 任务实施

要掌握"悬架系统认知与拆装"的相关内容,结合实习车辆完成操作任务。

减振器拆装

减振器的拆装流程如表 3-7-1 所示。

表 3-7-1 减振器的拆装流程

操作示意图	操作步骤描述
	一、拆卸 ① 拆卸滑柱上盖和螺母
	② 适当撑起车辆。 ③ 拆卸车轮。 ④ 在装备防抱死制动系统（ABS）的车辆上，从滑柱总成上断开 ABS 传感器线路。 ⑤ 从滑柱总成的固定架上拆卸制动油管
	⑥ 拆卸稳定杆至滑柱总成螺母，断开稳定杆
	⑦ 拆卸转向节至滑柱总成螺母和螺栓，以便断开转向节

项目三 汽车底盘构造与拆装

续表

操作示意图	操作步骤描述
	⑧ 拆卸滑柱总成
	二、安装 ① 安装滑柱总成
	② 安装转向节至滑柱总成螺母和螺栓，将滑柱总成连接到转向节上。 紧固：紧固转向节至滑柱总成螺母，120 N·m
	③ 连接稳定杆至滑柱总成螺母，将稳定杆连接到滑柱总成上。 紧固：紧固稳定杆至滑柱总成螺母，47 N·m。 ④ 将制动器油管安装到滑柱总成固定架上。 ⑤ 在装备防抱死制动系统（ABS）的车辆上，将 ABS 传感器线路连接到滑柱总成上

续表

操作示意图	操作步骤描述
	⑥ 安装车轮。 ⑦ 将车辆放下。 ⑧ 安装滑柱总成至车身的固定螺母。 紧固：紧固滑柱总成至车身螺母，65 N·m

车轮为什么需要定位？

车轮定位的目的：保证车辆稳定直行；提供适当的道路反馈；提供转向回位能力，控制转向力；保证方向盘对中；延长轮胎寿命。

（1）车轮外倾角

车轮外倾角（图 3-7-28）是方向控制角，也是轮胎磨损角；为车辆建立适当的负荷点，一般车轮外倾角为正，加载后接近零（理想状态）；正确的车轮外倾角可保持车辆直线行驶；正确的车轮外倾角可以减少轮胎的刮擦；左侧略大于右侧可补偿偏载和路拱。

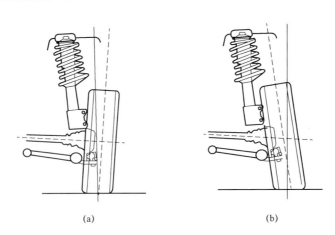

图 3-7-28 车轮外倾角
（a）车轮正外倾角；（b）车轮负外倾角

（2）主销后倾角

主销后倾角（图 3-7-29）是方向控制角，保持车辆的方向稳定性，提供转向回位能力控制转向力。主销后倾角对车轮磨损无影响。

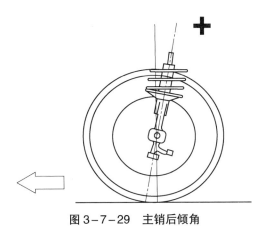

图 3-7-29　主销后倾角

过大的正主销后倾角，转向力过大即方向重；过大的负主销后倾角，造成车辆运行摇摆，减小转向回位能力（图 3-7-30）。两边主销后倾角之差过大，会造成车辆向后倾角较小的一侧跑偏。

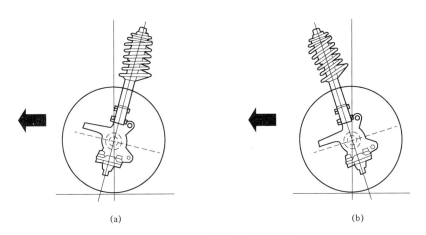

图 3-7-30　主销正、负后倾角
(a) 正主销后倾角；(b) 负主销后倾角

（3）前束

前束（图 3-7-31）是轮胎磨损的关键角，汽车直行时保持车轮直线滚动。

过大的正前束造成不足转向、轮胎锯齿形磨损和外侧胎肩磨损；过大的负前束造成过度转向、轮胎锯齿形磨损和内侧胎肩磨损。后轮前束调整不当会造成推力方向偏差，在湿滑路面上摆尾及轮胎斜向磨损（随机）。

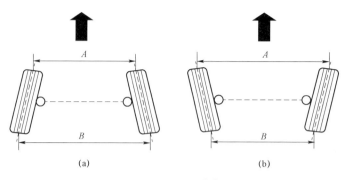

图 3-7-31 前束

（a）正前束：$A<B$；（b）负前束：$A>B$

（4）转向角

转向角（图 3-7-32）指的是汽车转弯时，一轮偏转比另一轮多出的量。转向角的形成依赖于转向节总成中的两个转向臂。转向角不能调节，如果发现转向角超出了规范，就必须检查转向部件如转向臂或拉杆等是否有损坏。转向角不正常会形成严重的噪声和轮胎磨损。

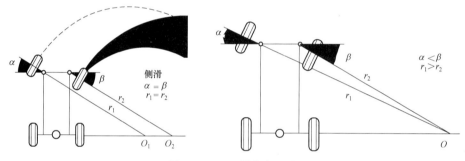

图 3-7-32 转向角示意

（5）推进角

后车轮的前束平分线决定车辆的前进方向，称为车辆的推力线。车辆的推力线与车身几何中心线的夹角称为推力角（向右为正，向左为负，如图 3-7-33 所示）。车辆直线行驶时，若推力线与前桥行进方向不一致，会造成跑偏，转向盘不对中，同时使前、后车轮的轨迹不重合（犬迹行驶）。在理想情况下，直行时，推力线与车身几何中心线方向一致。

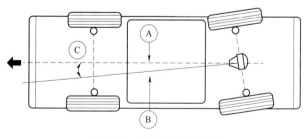

图 3-7-33 推力角示意

不正常的推力线和推力角会导致车辆跑偏、转向盘不对中、斜行轮迹、转向出现过度或不足问题。推力角不正确造成的轮胎磨损与车轮前束造成的轮胎磨损类似。

任务 3.8　车轮认知与拆装

学习目标

1. 了解车轮的作用及结构；
2. 能掌握轮胎的类型及规格；
3. 会正确拆装车轮。

相关知识

一、轮胎的作用是什么？

轮胎由橡胶制成，安装在车辆上（图3-8-1）。轮胎与轮辋组成车轮与地面接触。现代汽车几乎都采用充气轮胎。充气轮胎根据气压的大小可分为：高压胎、低压胎和超低压胎。充气轮胎按胎面花纹的不同，又可分为普通花纹轮胎、越野花纹轮胎和混合花纹轮胎。

轮胎具有以下基本功用：

① 支撑整车质量，包括在汽车质量上下运动时产生的惯性动载荷。

② 缓和由路面传递来的冲击载荷，提高乘坐舒适性。

③ 通过轮胎和路面之间的附着作用，产生驱动和阻止汽车运动的外力，即为汽车提供驱动力和制动力。

④ 产生平衡汽车转向离心力的侧向力，以便顺利转向，并通过轮胎产生的自动回正力矩，使车轮具有保持直线行驶的能力。

图 3-8-1　车轮总成

二、轮毂和轮辋有何不同？

车轮一般由轮毂、轮辐和轮辋组成（图3-8-2）。轮辋用于安装轮胎、承受汽车质量和半轴或转向节传来的力矩。轮毂属于车桥，同时也属于车轮。轮辐通过中心孔和螺塞孔安装在轮毂上，轿车轮辐和轮辋往往做成一体。轮辋也称钢圈，用于安装轮胎。

231

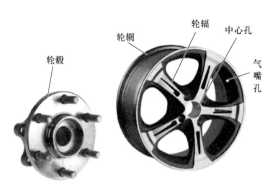

图 3-8-2 车轮的结构

轮毂通过圆锥滚子轴承被安装在车桥或转向节轴径上,用于连接车轮与车桥。轮辋用于安装和固定轮胎。轮辐用于将轮毂和轮辋连接起来,并通过螺栓与轮毂连接。

按照结构不同,轮辋的常见结构形式有深槽轮辋、平底轮辋和对开式轮辋,如图 3-8-3 所示。此外,还有半深槽轮辋、深槽宽轮辋、平底宽轮辋、全斜底轮辋等。

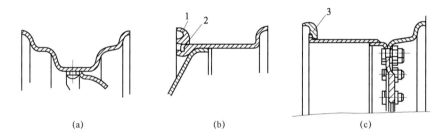

图 3-8-3 轮辋的类型
(a) 深槽轮辋;(b) 平底轮辋;(c) 对开式轮辋
1,3—挡圈;2—锁圈

轮辋中部是深凹形环槽,便于外胎拆装。深槽式轮辋结构简单、刚度大、质量相对轻,对于小尺寸弹性较大的轮胎最为适宜,多用于小轿车及其他小型车上。

三、轮胎是怎样的?

轮胎由冠带层、带束层、三角胶条、胎面、胎体、胎圈等组成(图 3-8-4)。轮胎被安装在轮辋上,支撑汽车的总质量。目前普通轿车通常使用无内胎的低压胎,胎压值为 1.5~4.5 bar[①],低压胎弹性好、胎面宽、散热好,能满足动力性能和制动性能要求。

---

① 1 bar=100 kPa。

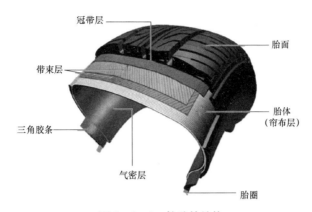

图 3-8-4 轮胎的结构

（1）胎面

轮胎胎面是轮胎的外表面，可分为胎冠、胎肩和胎侧三部分，如图 3-8-5 所示。

（2）胎圈

胎圈是帘布层的根基，由钢丝圈、帘布层包边和胎圈包布组成，具有很大的刚度和强度，可以使外胎被牢固地安装在轮辋上。

（3）胎体

胎体由帘布层和缓冲层组成（图 3-8-6）。

图 3-8-5 轮胎胎面的结构

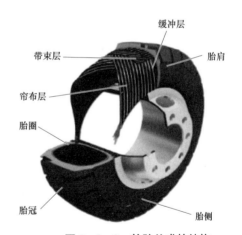

图 3-8-6 轮胎总成的结构

缓冲层夹在胎面和帘布层之间，质软而弹性大，一般由两层或数层较稀疏的帘布和橡胶制成，其相邻两层的帘线也是交叉排列的。其作用是加强胎面与帘布层之间的接合，防止汽车紧急制动时胎面与帘布层脱离，并缓和汽车行驶时所受到的路面冲击。

（4）无内胎轮胎

无内胎轮胎一旦被刺破，穿孔不会扩大，故漏气缓慢，胎压不会急剧下降，仍能继续行驶一定距离，可消除爆胎的危险。因无内胎，故摩擦生热少、散热快，适用于高速行驶；此外，结构简单、质量较小、维修方便。

这种轮胎外观上与普通轮胎相似，但胎圈外侧上有若干道同心环形槽纹（图3-8-7），在轮胎内空气压力作用下，槽纹能使胎圈紧贴在轮辋边缘上，使之与轮辋保证良好的气密性。

图3-8-7　无内胎轮胎的胎面结构

四、什么是子午线轮胎？

普通斜交轮胎的特点是帘布层和缓冲层各相邻层帘线交叉排列，各层帘线与胎冠中心线成35°～40°的交角，因而叫斜交轮胎。在帘布层与胎面之间为缓冲层。

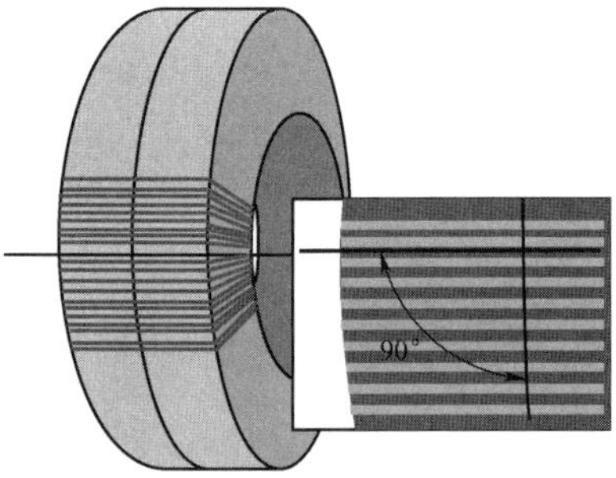

子午线轮胎的帘线（图3-8-8）与胎面中心线呈90°或接近90°角排列，帘线分布如地球的子午线，因而称为子午线轮胎。在帘布层与胎面之间为带束层。带束层内各层帘线与胎面中心线夹角为10°～20°。

子午线轮胎使帘线的强度能得到充分利用，其帘布层数一般比普通斜交轮胎减少40%～50%，胎体较柔软。

图3-8-8　子午线轮胎的帘线

帘线在圆周方向上只靠橡胶来联系，子午线轮胎具有若干层帘线；这些帘线形成与子午断面呈大角度、高强度、不易拉伸的周向环形的类似缓冲层的带束层。

五、怎样识别轮胎规格？

国际标准的轮胎规格，一般由六部分组成：轮胎宽度（mm）+轮胎断面的扁平比（%）+轮胎类型代号+轮辋直径（in）+负荷指数+许用车速代号。轮胎宽度、轮辋直径及扁平比如图3-8-9所示，其中扁平比为胎厚与胎宽的百分比。

轮胎宽度是影响整车油耗表现的一个因素。轮胎越宽，与地的接触面积越大，相应地就增加了轮胎与地面的摩擦力，车辆的动能转化为摩擦热能而损失的能量会增加，如行驶相同距离，宽胎就更容易耗油。不过事物都有两面性，虽然油耗增加，但宽胎的抓地力更强，进而也将获得更好的车身稳定性。

扁平比是影响车辆对路面反应灵敏度的主要因素。扁平比越低的车辆，胎壁越薄，且轮胎承受的压力越大，其对路面的反应非常灵敏，从而能够迅速把路面的信号传递给驾驶员，更便于操控，多见于一些以性能操控见长的车型。扁平比越高，胎壁越厚，虽然拥有充裕的缓冲厚度，但对路面的感觉较差，特别是转弯时会相对更为拖沓，多见于一些以舒适性见长的车型。还有就是越野车的扁平比一般较高，主要是为了适应环境恶劣的路况。

图 3-8-9 轮胎的扁平比

轮胎类型代号，常见的表示有"X"高压胎；"R""Z"子午线轮胎；B-D 低压胎，B 为轮胎面宽度，D 为轮胎直径，单位均为"in"，"-"表示低压胎。市场上的轿车一般采用子午线轮胎，且目前已经实现了子午线轮胎无内胎，俗称"原子胎"。这种轮胎在高速行驶中不易聚热，当轮胎受到钉子或尖锐物穿破后，漏气缓慢，可继续行驶一段距离。另外，原子胎还有简化生产工艺、减轻质量、节约原料等好处。

子午线轮胎的规格如图 3-8-10 所示。

图 3-8-10 子午线轮胎的规格

图 3-8-10 中的轮胎规格为 225/60R16 98H，其中"225"表示轮胎的宽度为 225 mm；"60"表示轮胎的断面高度与宽度的百分比为 60%，即轮胎的扁平比；"R"代表单词 Radial，表示是子午线轮胎；"16"表示轮辋的直径为 16 in（1 in=25.4 mm）；"98"表示负荷指数；"H"则表示轮胎的许用车速等级。

负荷指数是把一条轮胎所能承受的最大负荷以代号的形式表示，即表征轮胎承受负荷的能力，数值越大，轮胎所能承受的负荷也越大。负荷指数及对应承载质量如表 3-8-1 所示。

表 3-8-1 负荷指数及对应承载质量

负荷指数	71	72	73	74	75	76	77	78	79	80
承载质量/kg	345	355	365	375	387	400	412	425	437	450
负荷指数	81	82	83	84	85	86	87	88	89	90
承载质量/kg	462	475	487	500	515	530	545	560	580	600
负荷指数	91	92	94	95	95	96	97	98	99	100
承载质量/kg	615	630	650	670	690	710	730	750	775	800

注：本表中的负荷指数仅为一部分。

许用车速表示对车辆速度的极限限制，超过限制可能引起爆胎，速度级别越高，轮胎设计及对材料的要求也就越高。许用车速等级如表 3-8-2 所示。

表 3-8-2 许用车速等级

许用车速标识	N	P	Q	R	S	T	U	H	V	W	Y
对应许用车速/（km·h^{-1}）	140	150	160	170	180	190	200	210	240	270	300

注：1. S、T、H 为许用车速常见等级，表 3-8-2 所示为部分许用车速标识。
　　2. 许用车速标识 Z，表示许用车速为 240 km/h 或高于 240 km/h，如许用车速 ZR，对应的许用车速要大于 240 km/h。
　　3. 轮胎无速度标识，除非另有说明，一般认为最大安全速度为 120 km/h。

轮胎的制造日期，在轮胎侧有一组四位数字（图 3-8-11），前两位表示一年中的第几周，第 9 周即 3 月份；后两位数字表示年份，即 2009 年。

日常保养轮胎需要：检查胎压。检查磨损情况，当磨损标记与花纹平齐时，则轮胎需要更换。清除小石子，检查轮胎是否有鼓包、裂纹等损坏情况。轮胎胎面磨损标记如图 3-8-12 所示。

图 3-8-11 轮胎的制造日期标示

图 3-8-12 轮胎胎面磨损标记

六、什么是防爆轮胎？

防爆轮胎学名叫"泄气保用轮胎"，英文缩写为 RSC（图 3-8-13）。充气后的轮胎胎壁（图 3-8-14）是支撑车辆质量的主要部位，特别是一些扁平比（扁平比是轮胎高度与宽度的比）较大的轮胎，胎壁非常"肥厚"。

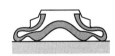

图 3-8-13 防爆轮胎的标示

图 3-8-14 轮胎胎壁结构

"爆胎"严重时通常会导致胎壁的瞬间崩裂，从而使轮胎瞬间失去支撑力，导致车辆重心立刻发生变化，特别是前轮驱动车的前轮爆胎，爆胎后瞬间的重心转移很可能会令车辆失控。

在防爆轮胎泄气的情况下，车辆仍然可以 80 km/h 的车速行驶 80 km；如果驾驶员没有爆胎后驾驶经验（大多数人都没有），可能会做出错误的驾驶动作（例如急刹车），这将导致车辆无法挽救的失控。

爆胎是非常严重的安全事故，特别是在高速公路上爆胎。据统计，国内高速公路 70% 的意外交通事故是由爆胎引起的，而时速在 160 km 以上发生爆胎的死亡率接近 100%。

七、轮胎为什么要换位？

（1）车轮换位的作用

按时换位可使轮胎磨损均匀，并可延长 20% 的使用寿命。应结合车辆二级维护定期换位。在路面拱度较大的地区或夏季，轮胎磨损差别较大，可适当增加换位次数。

（2）车轮换位的方法

车轮换位方法常用的有交叉换位法和循环换位法。

装用普通斜交轮胎的六轮二桥汽车，常用图 3-8-15 中所示的交叉换位法，并在换位的同时进行翻面。六轮二桥交叉换位的做法是：左右两交叉，主胎（后内）换前胎，前胎换帮胎（后外），帮胎换主胎。

如图 3-8-15 所示，对于四轮二桥汽车，斜交轮胎可采用交叉换位法，子午线轮胎的

轮胎检查与换位

237

旋转方向应始终不变。若反向旋转，会因钢丝帘线反向变形而产生振动，汽车平顺性变差。因此子午线轮胎宜用单边换位法。轮胎换位后，应按所换的胎位要求，重新调整气压。轮胎换位后须做好记录，下次换位仍要按上次选定的换位方法换位。

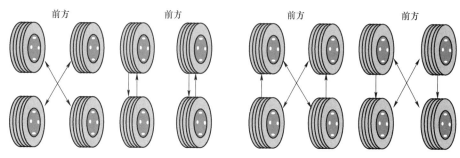

图 3-8-15 轮胎换位

通过任务学习，扫描下方二维码进入微知库平台的"在线测验"页面，完成在线测验。

任务 3.8 在线测验

任务实施

要掌握"车轮认知与拆装"的相关内容，结合实习车辆完成操作任务。

前轮行驶系统拆卸

前轮行驶系统安装

轮胎更换的操作流程如表 3-8-3 所示。

表 3-8-3 轮胎更换的操作流程

操作示意图	操作步骤描述
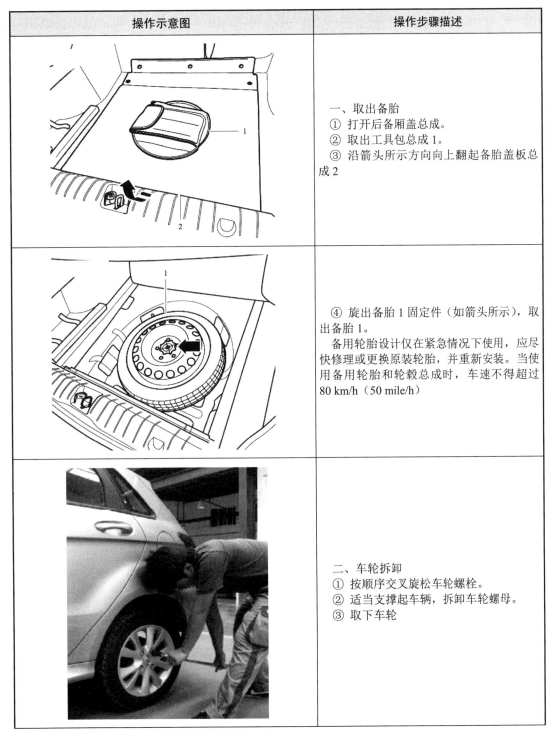	一、取出备胎 ① 打开后备厢盖总成。 ② 取出工具包总成1。 ③ 沿箭头所示方向向上翻起备胎盖板总成 2 ④ 旋出备胎1固定件（如箭头所示），取出备胎1。 备用轮胎设计仅在紧急情况下使用，应尽快修理或更换原装轮胎，并重新安装。当使用备用轮胎和轮毂总成时，车速不得超过 80 km/h（50 mile/h） 二、车轮拆卸 ① 按顺序交叉旋松车轮螺栓。 ② 适当支撑起车辆，拆卸车轮螺母。 ③ 取下车轮

续表

操作示意图	操作步骤描述
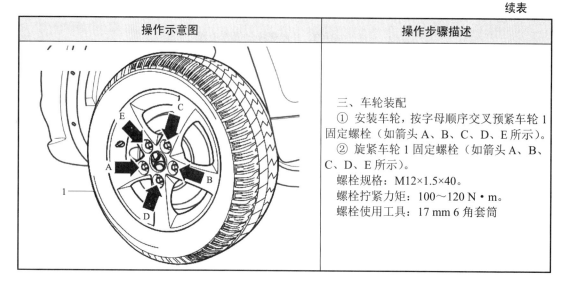	三、车轮装配 ① 安装车轮，按字母顺序交叉预紧车轮 1 固定螺栓（如箭头 A、B、C、D、E 所示）。 ② 旋紧车轮 1 固定螺栓（如箭头 A、B、C、D、E 所示）。 螺栓规格：M12×1.5×40。 螺栓拧紧力矩：100～120 N·m。 螺栓使用工具：17 mm 6 角套筒

 拓展提升

胎压监测系统 TPMS

TPMS 为 Tire Pressure Monitoring System 的缩写，TPMS 分为直接式和间接式两种。

（1）直接式胎压监测系统

直接式胎压监测系统是利用安装在每个轮胎里的压力传感器来直接测量轮胎的气压，利用无线发射器将压力信息从轮胎内部发送到中央接收器模块上的系统，然后对各轮胎气压数据进行显示（图 3-8-16）。当轮胎气压太低或漏气时，系统会自动报警。

图 3-8-16 胎压监测仪表显示

直接式胎压监测系统（图 3-8-17）的好处是：在每个车轮上都安装有压力传感器和

传输器，如果任何一个轮胎胎压低于驾驶员手册上推荐的冷胎胎压 25%，便会警示驾驶员。其警示信号比较精确，而且当轮胎被刺破，胎压快速降低时，直接式胎压监测系统也能提供立即的警示。

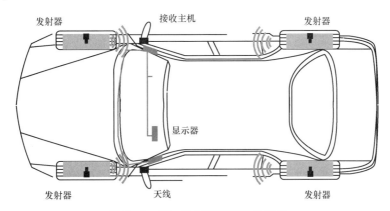

图 3-8-17　胎压监测系统的结构

（2）间接式胎压监测系统

间接式胎压监测系统的工作原理是：当某个轮胎的气压降低时，车辆的质量会使该轮胎的滚动半径变小，导致其转速比其他车轮快，这样就可以通过比较轮胎之间的转速差，达到监视胎压的目的。间接式胎压监测系统实际上是依靠计算轮胎滚动半径来对气压进行监测的。

（3）胎压监测系统的主要作用

① 预防事故发生。胎压监测系统属于主动安全设备的一种，它可以在轮胎出现危险征兆时及时报警，提醒驾驶员采取相应措施，从而避免严重事故的发生。

② 延长轮胎使用寿命。有了胎压监测系统，我们就可以随时让轮胎保持在规定的压力、温度范围内工作，从而减少轮胎的损毁，延长轮胎的使用寿命。有资料显示，在轮胎气压不足时行驶，当轮胎气压比正常值下降 10% 时，轮胎寿命就减少 15%。

③ 使行车更为经济。轮胎内的气压过低，会增大轮胎与地面的接触面积，从而增大摩擦阻力。当轮胎气压低于标准气压值 30% 时，油耗将上升 10%。

④ 可减少悬架系统的磨损。轮胎内气压过足，会导致轮胎本身减振效果降低，从而增加车辆减振系统的负担，长期使用对发动机底盘及悬架系统将造成很大的伤害；如果轮胎气压不均匀，还容易造成制动跑偏，从而增加悬架系统的磨损。

后轮行驶系统安装

后轮行驶系统拆卸

任务 3.9 转向系统认知与拆装

学习目标

1. 了解转向系统的作用及结构；
2. 掌握转向系统的类型及原理；
3. 会正确拆装转向器。

相关知识

一、转向系统的作用是什么？

汽车在行驶过程中，需要改变或维持行驶方向或轨迹，这种改变是通过转向轮（前轮）相对于汽车纵轴线偏转一定角度实现的。转向系统可分为机械转向系统和动力转向系统两大类，前者由转向操纵机构、转向器和转向传动机构三部分组成，后者增加了液压或电动转向助力装置。

为使汽车在转弯时减小附加阻力和轮胎磨损，在汽车转向时各个车轮都应做纯滚动，此时各轮的轴线必须相交于一点 O（图 3-9-1）。该中心随驾驶员操纵前轮转角的变化而变化。

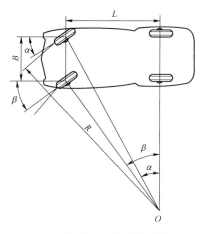

汽车转向系统认知

图 3-9-1 汽车转向示意

① 转向中心：汽车转向时，要求所有车轮轴线都应相交于一点，此交点 O 称为转向中心。

② 转弯半径：由转向中心 O 到外转向轮与地面接触点的距离 R 称为汽车的转弯半径。

③ 转向梯形与前展：汽车转向时两转向轮内转角 β 与外转角 α 之差 $\beta-\alpha$ 称为前展。为了产生前展，将转向机构设计成梯形。

转向系统（图3-9-2）用于保证按驾驶员的要求改变行驶方向，在受到路面干扰时，与行驶系统配合，保持汽车直线行驶。转向操纵机构：驾驶员用来使车辆转向的零件包括转向盘转向轴和转向管柱。转向器：转向器降低转向轴转动速度的同时，将转向轴的转动传递给转向传动机构。转向传动机构：转向传动机构除了将齿轮运动传递给前轮外，还要保持左、右轮之间的正确关系。例如转向传动机构包括转向摇臂、直拉杆、转向节臂和横拉杆等。

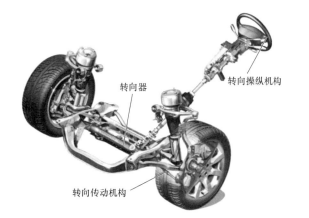

图3-9-2 汽车转向系统的结构

二、转向盘的功用是什么？

转向盘的功用是将驾驶员的转向力矩传给转向轴（图3-9-3），使转向轴转动，从而使汽车转向。转向盘是根据驾驶员意向改变前轮方向的零件，维修时应包含对转向盘自由程的检查。当汽车发生碰撞时，从安全性考虑，要求转向盘应具有柔软的外表皮，以便起到缓冲的作用。要求在撞车时，转向盘骨架能产生变形，以吸收冲击能量，减轻驾驶员的受伤程度；转向盘能够退缩，以保证驾驶员身体与转向盘之间有足够空间。

图3-9-3 汽车转向盘的结构

三、什么是转向柱？

为了保证驾驶员的安全，同时也为了更加舒适、可靠地操纵转向系统，现代汽车（特别是轿车）通常在转向机构上增设相应的安全调节装置，这些装置主要反映在转向轴和转向柱管的结构上。中、高级轿车还具有转向盘倾斜度可调整［图3-9-4（a）］、转向柱可伸缩［图3-9-4（b）］、受碰撞后转向盘可退缩［图3-9-4（c）］等功能。

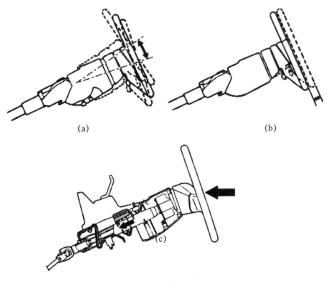

图3-9-4 转向柱功能
（a）转向盘倾斜度可调整；（b）转向柱可伸缩；（c）转向盘可退缩

① 转向轴锁定，功用是防止车辆被盗。当打开点火开关后，锁销退出，转向轴处于自由状态［图3-9-5（a）］。当拔出点火钥匙后，锁销伸出，转向轴被锁在转向柱管上，转向轴处于锁住状态［图3-9-5（b）］，使转向盘不能转动。

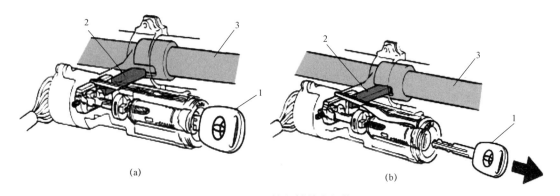

图3-9-5 转向轴锁定机构
（a）转向轴自由转动；（b）转向轴锁住
1—点火钥匙；2—锁销；3—转向轴

② 转向盘倾斜度可调整（图3-9-6），可以调整转向柱的倾斜度，与可伸缩转向柱配合可以方便地调整转向盘合适的空间位置，以适应不同驾驶习惯和不同身高驾驶员对转向盘位置的要求。

③ 转向柱可伸缩（图3-9-7），可调整转向柱的有效长度，调整转向盘的轴向位置。

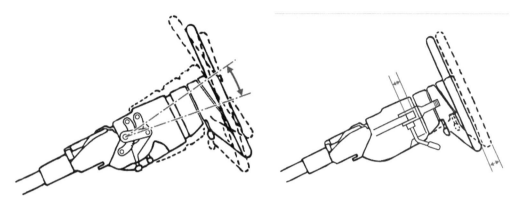

图3-9-6 转向盘倾斜度可调整　　　　图3-9-7 转向柱可伸缩

④ 转向盘退缩（图3-9-8）。在车辆受碰撞后，转向盘受到较强冲击，转向轴和转向柱可通过退缩变形来缓冲冲击能量。

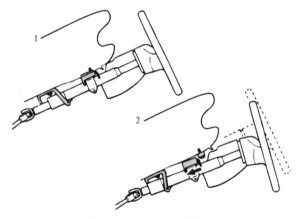

图3-9-8 转向盘退缩
1—正常情况；2—受碰撞后

四、什么是转向器?

在转向系统中，车辆前轮通过转动转向盘来实现转向，转向器有齿轮齿条式、循环球式、蜗杆曲杆指销式。转向器的功用是增大转向盘传到转向节的力，并改变力的传递方向。

转向传动效率：转向器的输出功率与输入功率之比。

正向传动：作用力从转向盘传到转向摇臂的过程。

逆向传动：转向摇臂将地面的冲击力传到转向盘的过程。

转向盘自由行程：转动转向盘消除传动副之间的间隙后，车轮才偏转，此时转向盘转过的角度为转向盘自由行程。作用是缓和路面冲击，大小为 10°～15°。

转向器的认知

（1）齿轮齿条式转向器

转向盘通过转向轴带动齿轮旋转，驱动齿条向左或右运动（图3-9-9）。齿轮齿条式转向器具有结构简单、刚性大、转向灵敏等优点。另外，齿条本身又具有传动杆的功能，不需要转向摇臂和纵拉杆，可简化结构，便于布置，在轿车、轻型货车上得到广泛应用。

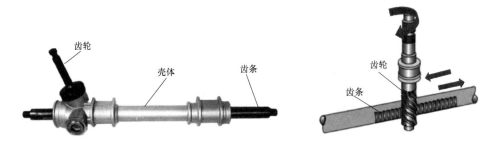

图3-9-9 齿轮齿条式转向器

（2）循环球式转向器

一般有两级传动副：第一级是螺杆螺母传动副；第二级是齿条齿扇传动副。在扇形齿轮轴处的螺杆和螺母之间有许多钢球（图3-9-10）。循环球式转向器的正传动效率很高，故操纵轻便、使用寿命长，在货车上得到广泛应用。

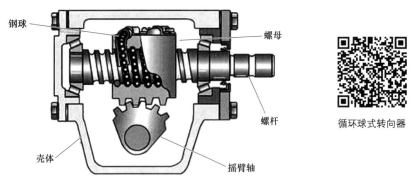

循环球式转向器

图3-9-10 循环球式转向器

转向螺杆转动时，通过钢球将力传给转向螺母，螺母即沿轴向移动。同时，在螺杆及螺母与钢球间的摩擦力作用下，所有钢球在螺旋管状通道内滚动，形成"球流"。在转向器工作时，两列钢球只是在各自的封闭流道内循环，不会脱出。

五、转向力矩如何传递？

转向传动机构将转向器输出的转向力传递给车轮，它主要包括转向横拉杆、转向减振器、前桥转向臂。转向横拉杆（图 3-9-11）分成左右两根，采用球头销连接可以有效防止横拉杆与车轮的运动干涉。

轿车转向节臂与转向节做成一体，转向节臂连接横拉杆，带动转向轮偏转，实现转向功能（图 3-9-12）。

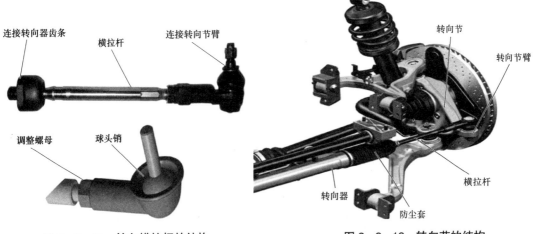

图 3-9-11　转向横拉杆的结构　　　　　图 3-9-12　转向节的结构

六、什么是助力转向系统？

现在的汽车大部分都安装了助力转向系统，以减轻驾驶员的劳动强度，提高转向灵活性和操纵安全性。随着汽车技术的进步，助力转向系统的工作特性已从简单助力到可变助力。如今又出现了具有动态控制功能的主动式转向系统。该系统既提高了转向灵活性，又能使驾驶操作时有显著的路感，可保证汽车高速行驶时的稳定性和安全性。助力转向按动力的来源可分为液压助力转向和电动助力转向两种。

（1）液压助力转向系统

液压助力转向系统（图 3-9-13）主要包括齿轮齿条转向结构和液压系统（液压助力泵、液压缸、活塞等）两部分。工作原理是通过液压泵（由发动机皮带带动）提供油压推动活塞，进而产生辅助力推动转向拉杆，辅助车轮转向。

工作时储液罐将油输送给液压泵，液压泵也可以称为转向助力泵，靠着发动机传来的转速带动运转，将产生的液压力通过压力软管送到助力转向机构的转向阀体这里；这个阀通过转动的引导，将液压油送入液压腔，从而推动活塞运动；这个活塞又是和横向的齿条相互联动的，所以结果就是起到了方向助力的效果，而后液压油再经过回油管回到储液罐。我们可以称这个系统为常流式液压系统。其工作原理如图 3-9-14 所示。

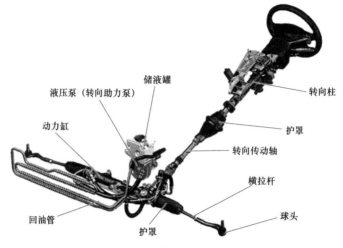

图 3-9-13 液压助力转向系统

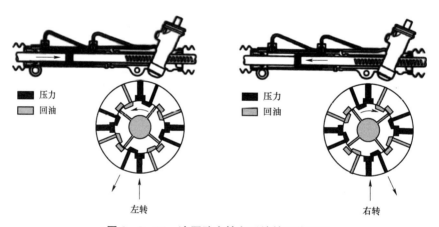

图 3-9-14 液压助力转向系统的工作原理

当转向盘转动时，滑阀轴和扭力杆上端也随之转动，主动齿轮、扭力杆下端和阀体开始时阻碍转动，但最终也随之运动。当上端转动、下端滞后，滑阀轴上狭槽和阀体瞬时对准时，"裂缝"开启了通向转向器气缸的微细液体通路。随着阀的位置不同，液体进入下列三条通路中的某一条：输送到转向器的两侧（中位，不转动）；输送到转向器气缸左侧（左位，左转）；输送到转向器气缸右侧（右位，右转）。

当阀对中时，液体通过阀体上的四个供油孔流进阀。此阀是一个"中部敞开"阀，因为它引导液体自由地进入转向器气缸的两侧，气缸两侧压力相等，所以可防止齿条活塞移动。

（2）电动助力转向系统

电动助力转向系统主要由传感器、控制单元和助力电动机构成，没有了液压助力系统的液压泵、液压管路、转向柱阀体等结构，结构非常简单。其类型如图 3-9-15 所示。

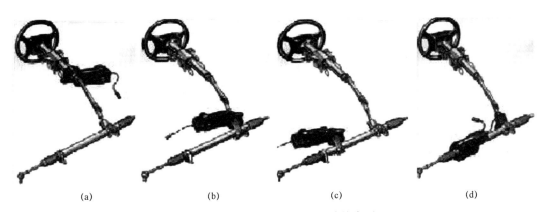

图 3-9-15　电动助力转向系统的类型

（a）C-EPS 轴助力型；（b）P-EPS 小齿轮助力型；（c）R-EPS 齿条助力型；（d）X-EPS 循环球型

主要工作原理是：在转向盘转动时，位于转向柱位置的扭矩传感器将转动信号传到控制器，控制器通过运算修正给电动机提供适当的电压，驱动电动机转动。而电动机输出的扭矩经减速机构放大后推动转向柱或转向拉杆，从而提供转向助力。电动助力转向系统（图 3-9-16）可以根据速度改变助力的大小，让转向盘在低速时更轻盈，在高速时更稳定。

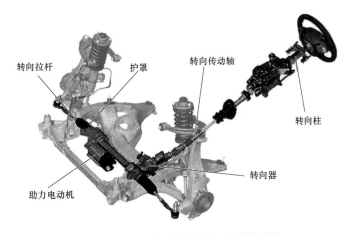

图 3-9-16　电动助力转向系统的结构

 在线测验

通过任务学习，扫描下方二维码进入微知库平台的"在线测验"页面，完成在线测验。

任务3.9　在线测验

 任务实施

要掌握"齿轮齿条式转向器拆装"的相关内容，结合实习车辆完成操作任务。

齿轮齿条式转向器拆装

转向器的拆卸流程如表3-9-1所示。

表3-9-1　转向器的拆卸流程

操作示意图	操作步骤描述
	一、拆卸 ① 从储液罐内抽出转向助力油。 ② 将转向盘转至正前打直位置，拔出点火钥匙并锁定转向盘。 ③ 拧下螺栓2，将十字万向节1从转向器上拔下。 ④ 拆下车轮
	⑤ 拆下副车架上的三元催化转换器吊挂（如箭头所示）

项目三
汽车底盘构造与拆装

续表

操作示意图	操作步骤描述
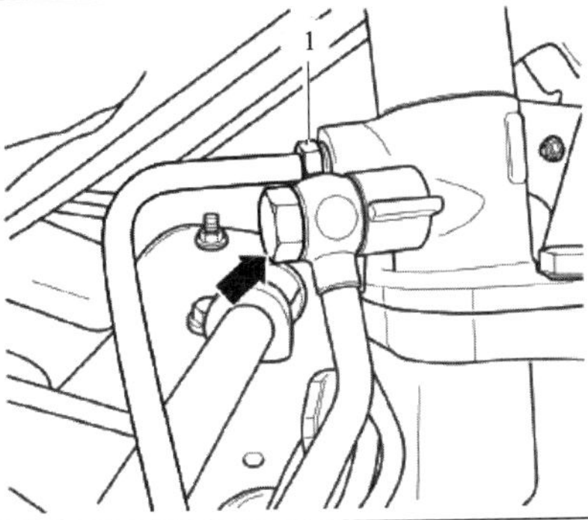	⑥ 旋出整体式动力转向器总成上油管 1 和空心螺栓（如箭头所示）。 注意：会有转向助力油液溢出。 更换转向助力油
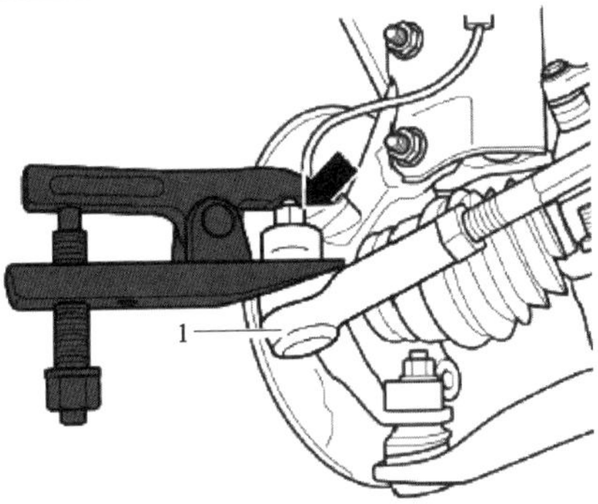	⑦ 拔下锁止销，松开螺母（箭头），不要拆下。 ⑧ 用球形万向节拉出器将外拉杆球头总成 1 从转向节上压出，拧出螺母，将外拉杆球头总成 1 拆下
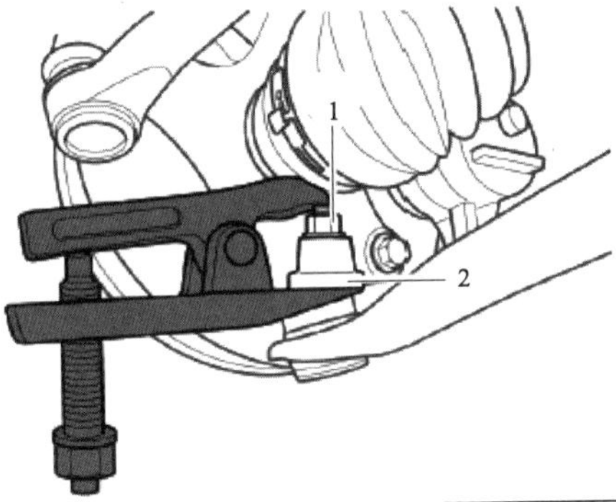	⑨ 松开螺母 1，不要拆下。 ⑩ 用球形万向节拔出器将前悬下摇臂主销 2 从转向节上压出。 ⑪ 拧出螺母 1，将前悬下摇臂主销拆下
	⑫ 拧出螺栓 3，从变速器上松开摆动支撑。 ⑬ 将举升装置放到副车架下。 ⑭ 拧出螺栓 1 和 2，并将副车架略微降低。同时注意油管

续表

操作示意图	操作步骤描述
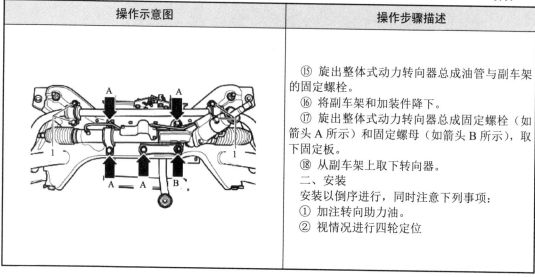	⑮ 旋出整体式动力转向器总成油管与副车架的固定螺栓。 ⑯ 将副车架和加装件降下。 ⑰ 旋出整体式动力转向器总成固定螺栓（如箭头 A 所示）和固定螺母（如箭头 B 所示），取下固定板。 ⑱ 从副车架上取下转向器。 二、安装 安装以倒序进行，同时注意下列事项： ① 加注转向助力油。 ② 视情况进行四轮定位

 拓展提升

何为可变转向比转向系统（主动转向系统）？

转向比又叫转向传动比，是指转向盘转向角度与车轮转向角度之比。例如，转向盘向左转动了 60°，而车轮则向左转动了 30°，转向比就是 2∶1。可变转向比，即根据汽车速度和转向角度来调整转向器传动比。当汽车开始处于停车状态，汽车速度较低或者转向角度较大时，提供小的转向器传动比；而当汽车高速行驶或者转向角度较小时，提供大的转向器传动比，从而提高汽车转向的稳定性。

转向比越大，意味着要使车轮转向达到指定的距离，转向盘需要旋转的幅度就越大。转向比越大，旋转转向盘所需要的力度就越小，即越省力。

相反地，转向比越小，转向盘所需旋转的幅度越小，转向反应就越快，也就是常说的指向精准、操控好。一般来说，大型车和货车的转向比较大，而家用车和运动型汽车的转向比较小。

在图 3-9-17 所示的可变转向比转向系统中，在转向盘和转向轮之间安装一个电子控制的机械机构，那么车轮整体转向的角度不再仅仅是驾驶员输入转向盘的角度，而是在此基础上叠加上蜗轮蜗杆调节机构附加的角度。那么通过利用电动机对蜗轮蜗杆调节机构的控制，可以改变传动系统的传动比。其工作原理如图 3-9-18 所示。

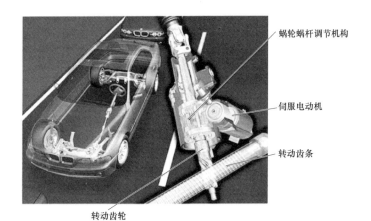

图 3-9-17 可变转向比转向系统的结构

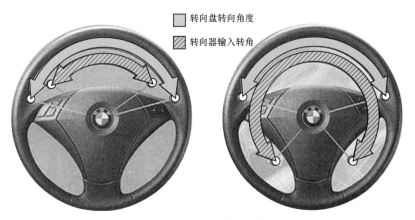

图 3-9-18 可变转向比转向系统的工作原理

任务 3.10 制动系统认知与拆装

学习目标

1. 了解制动系统的作用及结构；
2. 掌握制动器的类型及原理；
3. 会正确拆装制动器。

相关知识

一、什么是制动系统？

制动系统的功用是使行驶中的汽车按照驾驶员的要求进行强制减速甚至停车；使已停驶的汽车在各种道路条件下（包括在坡道上）稳定驻车；使下坡行驶的汽车速度保持稳定。

汽车制动系统主要由以下3部分组成：

① 行车制动装置：行车制动装置使行驶中的汽车减速甚至停下。

② 驻车制动装置：驻车制动装置使停驶的汽车保持不动，当行车制动出现故障时，驻车制动装置可以作为备用制动装置。

③ 辅助制动装置：辅助制动装置使下坡行驶的汽车速度保持稳定。常用辅助制动装置有排气制动装置、液力制动装置、电涡流制动装置。一般轿车上很少采用辅助制动装置。

典型液压行车制动系统的组成如图 3-10-1 所示。制动时，驾驶员踩下制动踏板，制动主缸将制动踏板机械能转化成液压能输出。制动管路连接制动主缸和制动轮缸，传递液压能。制动轮缸的缸径大于制动主缸，故能获得一个放大的力提供给制动器作为原动力，该动力使车轮制动器内固定元件和与车轮一起旋转的旋转元件发生接触而形成摩擦力矩。此力矩被传给车轮后，车轮由于其与路面的附着力作用而给路面一个向前的切向力，同时路面也会给车轮一个大小相等、方向相反的向后的作用力，该作用力就是阻碍汽车前进的制动力。该制动力由车轮通过悬架系统传给车身，迫使汽车减速以至停车。

项目三 汽车底盘构造与拆装

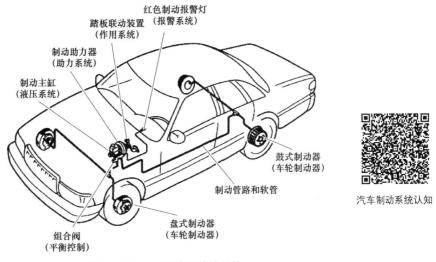

图 3-10-1 制动系统的结构

二、汽车制动器有哪些类型？

（1）鼓式制动器

鼓式制动器（图 3-10-2）主要包括制动轮缸、制动蹄片、制动底板、回位弹簧等部分。其主要是通过液压装置使摩擦片与车轮转动的制动鼓内侧面发生摩擦，从而起到制动的效果。

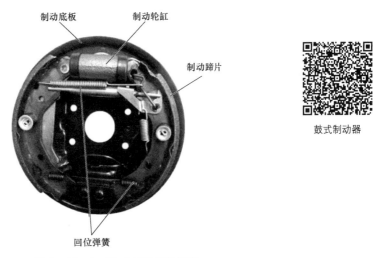

图 3-10-2 鼓式制动器的结构

鼓式制动器和盘式制动器的轮缸（也称为分泵）结构不同，但原理类似，轮缸把制动液体压力转化成活塞的移动。在更换制动系统零部件时，制动液压管路可能会进入空气，制动分泵（图 3-10-3）上有排气螺塞，用于排放空气。

鼓式制动器的工作

图 3-10-3 制动分泵的结构

在踩下制动踏板时，推动制动总泵的活塞运动，进而在油路中产生压力，制动液将压力传递到车轮的制动分泵推动活塞，活塞推动制动蹄片向外运动，进而使得摩擦片与制动鼓发生摩擦，从而产生制动力。

从图 3-10-4 所示结构中可以看出，鼓式制动器是工作在一个相对封闭环境中的，制动过程中产生的热量不易散出，频繁制动影响制动效果。不过鼓式制动器可提供很高的制动力，被广泛应用于重型车上。鼓式制动器分类如图 3-10-5 所示。

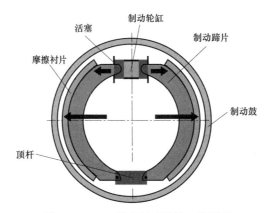

图 3-10-4 鼓式制动器的工作原理

制动器间隙是制动器不工作时，其摩擦片与制动鼓之间的间隙，一般为 0.25～0.50 mm。制动器间隙如果过小，就不易保证彻底解除制动，造成摩擦副的拖磨；过大又将使制动踏板行程太长，以致驾驶员操作不便，同时也会推迟制动器开始起作用的时刻。制动器工作过程中摩擦片的不断磨损必将导致制动器间隙逐渐增大。间隙过大时，将制动踏板踩下到极限位置，也产生不了足够的制动力矩。因此，要求任何形式的制动器在结构上必须保证有检查调整其间隙的可能。

（2）盘式制动器

盘式制动器（图 3-10-6）也叫碟式制动器，主要由制动盘、制动钳、摩擦片等部分构成。盘式制动器通过液压系统把压力施加到制动钳上，使制动摩擦片与随车轮转动的制动盘发生摩擦，从而达到制动的目的。其工作原理如图 3-10-7 所示。

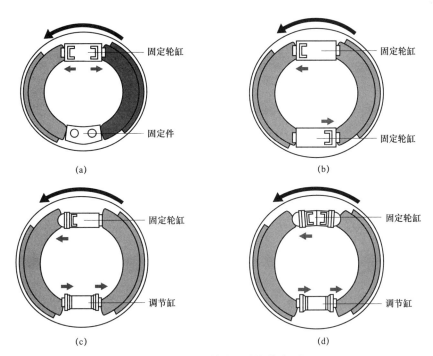

图 3-10-5 鼓式制动器的类型

(a) 领从蹄式；(b) 双领蹄式；(c) 单向伺服式；(d) 双向伺服式

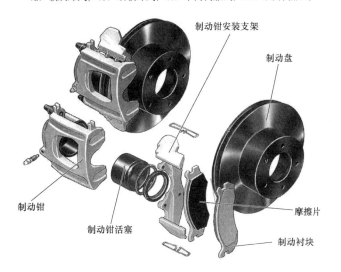

图 3-10-6 盘式制动器的结构

盘式制动器

前轮采用盘式制动器，其工作过程是：

① 踩下制动踏板时，制动液流入制动钳的缸筒。

② 流入的制动液在活塞后面形成压力，将活塞向外推，把装在活塞上的内侧制动摩擦片压靠到制动盘上。

③ 由于制动钳设计成可以滑动（浮动）的，这一作用迫使钳体移离制

浮钳盘式制动器

动盘内表面。

④ 随着钳体的滑动，装在钳体上的外侧制动摩擦片被压靠到制动盘的外表面。

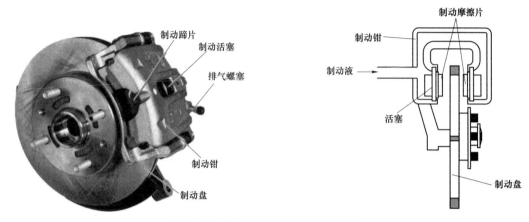

图 3-10-7　盘式制动器的工作原理

与封闭式的鼓式制动器不同的是，盘式制动器是敞开式的，在制动过程中产生的热量可以很快散去，拥有很好的制动效能，现在已被广泛应用于轿车上。大多数前轮制动器采用通风式制动盘，这是由于通风式制动盘（图 3-10-8）比实心式制动盘（图 3-10-9）散热性能好。

图 3-10-8　通风式制动盘　　　　　　图 3-10-9　实心式制动盘

制动过程实际上是摩擦力将动能转化为热能的过程，如制动器的热量不能及时散出，将会影响其制动效果。为了进一步提升制动效能，通风式制动盘应运而生。通风式制动盘的内部是中空的或在制动盘上打很多小孔，冷空气可以从中间穿过进行降温。从外表看，它在圆周上有许多通向圆心的空洞，它利用汽车在行驶当中产生的离心力能使空气对流，达到散热的目的，因此比普通实心式制动盘的散热效果要好许多。

陶瓷制动盘（图 3-10-10）相对于一般的制动盘具有质量轻、耐高温、耐磨等特性。普通的制动盘在全力制动下容易产生高温而导致热衰退，制动性能会大打折扣；而陶瓷制动盘有很好的抗热衰退性能，其耐热性能要比普通制动盘高出许多倍。

陶瓷制动盘在制动最初阶段就能产生最大的制动力，整体制动速度要比传统制动系统快、制动距离短。当然，它的价格也是非常昂贵的，多用于高性能跑车上。

图 3-10-10　陶瓷制动盘

盘式制动器与鼓式制动器相比，有以下优点：

① 一般无摩擦助势作用，因而制动器效能受摩擦系数的影响较小，即效能较稳定。

② 浸水后效能降低较少，而且只需经一两次制动即可恢复正常。

③ 在输出制动力矩相同的情况下，尺寸和质量一般较小。

④ 制动盘沿厚度方向的热膨胀量极小，不会像制动鼓的热膨胀那样使制动器间隙明显增加而导致制动踏板行程过大。

⑤ 较容易实现间隙自动调整，其他维修作业也较简便。

三、怎样知道制动摩擦片磨损到极限了？

在汽车的制动系统中，制动摩擦片是最关键的安全零件。制动摩擦片（Brake Lining）一般由钢板、粘接隔热层和摩擦块构成，钢板要经过涂装来防锈，涂装过程用 SMT-4 炉温跟踪仪检测涂装过程的温度分布来保证质量。其中隔热层是由不传热的材料组成的，目的是隔热。摩擦块由摩擦材料、黏合剂组成，制动时被挤压在制动盘或制动鼓上产生摩擦，从而达到车辆减速制动的目的。由于摩擦作用，摩擦块会逐渐被磨损，一般来讲成本越低的制动摩擦片磨损得越快。盘式制动摩擦片和鼓式制动摩擦片如图 3-10-11 和图 3-10-12 所示。

图 3-10-11　盘式制动摩擦片　　　　图 3-10-12　鼓式制动摩擦片

出于安全考虑，大多数车辆制造商会在制动系统上安装衬块磨损指示器（图3-10-13）。衬块材料磨损到一定程度，指示器就会自动发出信号告知驾驶员应该更换衬块材料了。电子磨损指示器（图3-10-14）是利用嵌在衬块材料内的电极来产生报警信号的。

图3-10-13　衬块磨损指示器

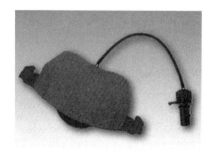

图3-10-14　电子磨损指示器

四、液压制动是怎样工作的？

制动主缸的作用是将驾驶员的作用力转变成液压力。目前为了保证制动系统工作的稳定性，采用串联式制动主缸。

制动主缸分单腔式和双腔式两种，分别用于单回路和双回路系统，但是由于安全原因，目前主要使用双腔式，我们主要讲述双腔式制动主缸的工作情况。

制动主缸的外部结构和内部结构如图3-10-15和图3-10-16所示。

制动主缸由储油室、缸体、一级活塞、二级活塞、弹簧、弹簧座等组成。

第一腔与右前、左后制动器相通；第二腔与左前、右后制动器相通。每套管路和工作腔又分别通过补偿孔和回油孔与储液罐相通。二级活塞通过右端弹簧保持在正确的初始位置，使补偿孔和进油孔与缸内相通。一级活塞在左端弹簧作用下压靠在套上，使其处于补偿孔和回油孔之间的位置。

图3-10-15　制动主缸的外部结构

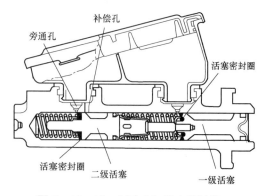

图3-10-16　制动主缸的内部结构

制动时，一级活塞左移，油压升高，克服弹力将制动液送入右前左后制动回路；同时又推动二级活塞，使第二腔液压升高，进而使两轮制动。

解除制动时，活塞在弹簧作用下迅速回位，制动液自轮缸和管路流回制动主缸。这时在压力腔内容易形成真空。为了消除真空，必须让供油腔内的制动液快速地经补偿孔补充到压力腔。储液罐里的油液可经进油孔和活塞上面的补偿孔推开密封圈流入工作腔。当活塞完全回位时，补偿孔打开，工作腔内多余的油由补偿孔流回储液罐（图 3-10-17）。若液压系统由于漏油以及由于温度变化引起主缸工作腔、管路、轮缸中油液膨胀或收缩，则可以通过补偿孔进行调节。

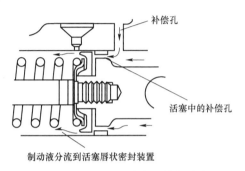

图 3-10-17　制动主缸的补偿孔

五、制动时为什么很省力？

为了缓解用力踩制动踏板给驾驶员带来的疲劳，制动系统采用了真空助力器来助力。真空助力器利用发动机活塞下行带来的真空或真空泵产生的真空，来增加驾驶员施加于踏板上的力。使用柴油发动机的汽车和电动车无法产生稳定的真空，必须使用真空泵

制动真空助力器（图 3-10-18）分增压式和助力式两种。最常见的是真空助力式。它在制动踏板和制动主缸之间装有一个膜片式的助力器。膜片的一侧与大气连通，在制动时，使另一侧与发动机进气管连通，从而产生一个比踏板力大几倍的附加力。此时，主缸的活塞除了受踏板力外，还受到真空助力器产生的力，因此可以提高液压，从而减轻踏板力（图 3-10-19）。

真空助力器组成

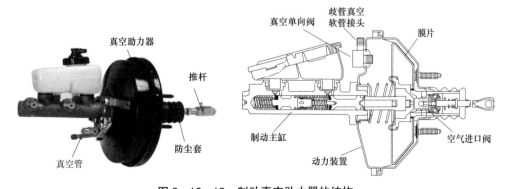

图 3-10-18　制动真空助力器的结构

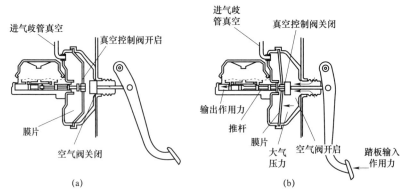

图 3-10-19 制动真空助力器的工作原理
(a) 静止时；(b) 进行制动时

单膜片真空助力器三个状态时的相互关系如表 3-10-1 所示。

表 3-10-1 单膜片真空助力器三个状态时的相互关系

状态	大气阀	真空阀	真空腔	大气腔	反馈盘	两腔关系
非工作状态	关闭	开启	有真空度	有真空度	未变形	连通
工作状态	开启	关闭	有真空度	大气进入	变形量不等	未连通
平衡状态	关闭	关闭	有真空度	无真空度	变形量相等	未连通

六、何为优秀的制动液？

制动液是汽车液压制动系统中传递制动压力的液态介质，使用在采用液压制动系统的车辆中。

一般来说制动液按其原料、工艺和使用要求的不同可分为醇型制动液、矿油型制动液和合成制动液，其中合成制动液具有凝点低、沸点高、不易产生气阻、抗腐蚀等优点，被广泛应用于高速、大负荷的汽车上。制动液是一切制动系统赖以生存的"血液"。制动液是一种经过特殊配制的液压油液，必须能够满足美国交通部（DOT）制定的最低标准。

常见的制动液为 DOT3 或 DOT4，另外也有 DOT5 制动液。其中 DOT3 和 DOT4 制动液通常为无色或淡琥珀色，并且具有吸收水分的特性。制动液规格参数如表 3-10-2 所示。

表 3-10-2 制动液规格参数

制动液名称	制动液沸点（联邦安全性最低标准）			
	℉		℃	
	干	湿	湿	干
DOT3	401	284	205	140
DOT4	446	311		
DOT5	500	356		

优质制动液具有以下特点：

① 沸点越高越好，较低蒸发性。沸点不低于 205 ℃，当汽车长时间行驶、在高速或下坡行驶时，温度会高达数百摄氏度。制动液温度随着制动蹄片温度升高而升高，若制动液沸点不够高，制动液汽化，产生气泡，踩制动踏板时，不能立即达到制动目的，就不能保证行车安全性。

② 对制动系统各种金属的腐蚀性小。一般制动液腐蚀性较强，但优质制动液对各类金属的腐蚀性大大减小，可延长制动总泵寿命。若加了劣质制动液，就会很快腐蚀金属，对行车造成危害。

③ 低温流动性很好，这在严寒地区特别明显。使用优质制动液在严寒时制动一样灵敏、可靠。而劣质制动液低温性能差，凝固点高，气温低于 –20 ℃时就会有凝固现象发生，大大影响行车安全。

④ 对各种橡胶不腐蚀。优质制动液使用后极少发生皮碗严重膨胀变形现象。若使用劣质制动液，皮碗容易膨胀变形，导致车辆漏油、制动时翻转，造成事故。标准制动液膨胀率一般在 0.1%～5%。

⑤ 长期使用无沉淀物。制动液长期在高温状态下使用，质量不稳定就会产生热分解，产生沉淀物，同样影响制动性能。

七、制动系统管路是怎样分布的？

制动系统管路布置类型（图 3–10–20）分为：前后型布置方式和交叉型布置方式。

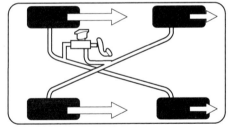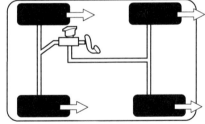

图 3–10–20　制动系统管路布置类型

制动系统管路与软管将主缸的油压传至轮缸与制动钳。制动系统管路的硬管部分为钢管，端头有双重喇叭口；而软管部分为橡胶管，用于需要挠曲的场合，例如在车架与前轮制动钳之间使用制动软管。这样，当前轮随悬架上、下运动以及左、右转弯时不会损坏制动系统管路。

对于采用交叉型布置方式的车辆，当制动系统管路中有一个条管路出现问题时，车辆还有 50% 的制动力；而对于采用前后管路布置的车辆，当前轮制动系统管路出现问题时，制动力还有 30%～40%。

八、驻车制动系统是怎样工作的？

行车制动是在车辆行驶过程中短时间制动使车辆停稳或者减速的，而驻车制动是在车辆停稳后用于稳定车辆,避免车辆在斜坡路面停车时由于溜车造成事故。

驻车制动(手刹)系统属于辅助制动系统,主要借助人力,一般是为了在停车的时候防止车辆自行溜车而设计的。驻车制动器主要由制动杆、拉线、制动机构以及回位弹簧组成,是用来锁死传动轴从而使驱动轮锁死的,有些是锁死两只后轮。驻车制动手柄(图3-10-21)其实就利用了杠杆原理,拉到固定位置通过锁止牙进行锁止。

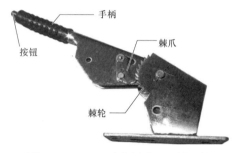

驻车制动的工作原理

图3-10-21 驻车制动手柄的结构

传统的鼓式驻车制动器较为常见。鼓式驻车制动器分为两种:一种是集成在鼓式行车制动器中的驻车制动;另一种是在变速器的后方、传动轴的前方,这种又叫作中央驻车制动器(图3-10-22)。它们的制动原理大体相似,只是安装部位不同。

有一些车的行车制动器和驻车制动器是分开的,因此它有两个制动卡钳,两个卡钳共用一个制动盘,各自具有独立的作用。

现在大多数乘用车都是采用四轮盘式制动器,其制动机构就集成在后轮的盘式制动器上。盘式驻车制动系统的结构如图3-10-23所示。

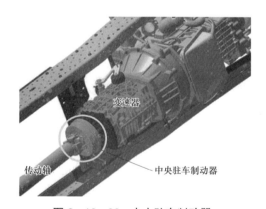

图3-10-22 中央驻车制动器　　　图3-10-23 盘式驻车制动系统的结构

驻车制动指示灯位于汽车的仪表内,该指示灯点亮说明驻车拉杆已经被拉起。汽车行驶时,一定要放松驻车手柄,使驻车制动指示灯保持熄灭状态。

电动驻车是传统驻车的升级,它是利用计算机控制电动机夹紧或松开驻车拉索,用按钮P代替了驻车手柄。电子驻车制动器开关如图3-10-24所示。

图 3-10-24　电子驻车制动器开关

　　如果坡道塞车，每次起步都要按一下，那就显得太不科学了。其实，电子驻车制动器还是比较科学的，每次起步车轮扭矩达到一定扭矩时会自动释放，达到简化的目的。在行车过程中遇到紧急情况需要制动时，可以按下电子驻车制动器按钮。此时车辆的制动并非机械的驻车制动。例如大众迈腾的电子制动在 7 km/h 以上的速度时就是先通过 ESP 控制单元以略小于全力制动的力道对全部四个车轮进行液压制动；当速度在 7 km/h 以下时，就直接施以驻车制动。只要制动管路和电路没被破坏，哪怕是车辆意外熄火，电路仍然接通，该功能依然有效。

九、轮胎为何要防抱死？

　　制动时，如果轮胎抱死，轮胎与地面由滚动转变成滑动（图 3-10-25），轮胎与地面摩擦会留下制动拖印，这样轮胎容易磨损。轮胎迅速磨损，产生大量热量，轮胎发生爆胎的概率增大。轮胎抱死后，制动距离也变长，轮胎失去转向能力。车辆制动时，轮胎边滚动边滑动是最佳状态。

ABS 工作过程

　　为了防止轮胎在制动时抱死，目前汽车都应用 ABS（图 3-10-26），ABS 就是制动防抱死系统的简称。

图 3-10-25　车轮抱死滑动

图 3-10-26　ABS 指示灯

ABS 在汽车制动时，自动控制制动器制动力的大小，使轮胎不被抱死，处于边滚边滑（滑移率在 20%左右）的状态，以保证轮胎与地面的附着力为最大值。

如图 3-10-27 所示，ABS 系统由常规液压制动系统与防抱死部件组成，ABS 部件包括：四个轮速传感器（每个车轮一个）、液压控制单元（HCU）、电子控制模块（ECU）、连接线缆、ABS 故障指示灯。

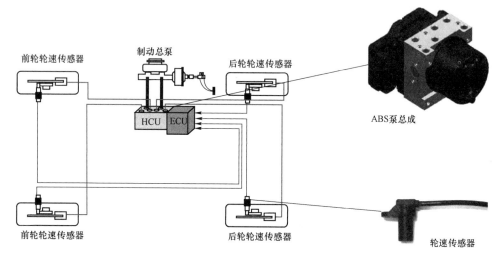

图 3-10-27　ABS 系统的结构

ECU 是防抱死制动系统的控制中心。它的主要任务是连续监测，接收轮速传感器传来的速度信号，并进行测量比较、分析放大和辨别处理，分析出 4 个车轮的制动情况。一旦判断出轮胎将要抱死，就立刻进入防抱死制动控制状态，通过内部的电子控制单元向液压单元发出指令，防止轮胎抱死。

一旦 ABS 系统出现故障，ABS 控制模块会使 ABS 及 EBD 灯点亮报警，同时把故障信息保存在计算机里，以便进行诊断维修。

（1）轮速传感器

轮速传感器根据工作原理分为被动电磁式轮速传感器和主动霍尔式轮速传感器两类。轮速传感器安装位置如图 3-10-28 所示。

电磁式轮速传感器逐渐被淘汰，目前汽车已不再采用它。电磁式轮速传感器结构简单、成本低，但存在下述缺点：一是其输出信号的幅值随转速的变化而变化，若车速过慢，其输出信号低于 1 V，电控单元就无法检测；二是响应频率不高，当转速过高时，传感器的频率响应跟不上；三是抗电磁波干扰能力差。目前，国内外

图 3-10-28　轮速传感器的安装位置

ABS 系统的控制速度范围一般为 15～160 km/h，今后要求控制速度范围扩大到 8～260 km/h 以至更大，显然电磁式轮速传感器很难适应。

（2）ABS 控制模块

ABS 控制模块（图 3-10-29）即 ABS 控制单元，在总成上包括了电子控制模块（ECU）和液压控制单元（HCU），并担负了全部 ABS 的控制功能。

当紧急制动时，驾驶员在制动踏板上施加足够的制动力，制动器将轮胎抱死，此时轮速传感器将车轮转速传输给控制单元，控制单元通过制动压力调节器不断调整制动压力，使轮胎处于边滚边滑的状态。

图 3-10-29 ABS 控制模块

ABS 调整制动压力的过程，就类似一个人以极快的速度（8～10 次/秒）不断踩下、松开制动踏板。行车过程中当 ABS 报警灯亮起时，说明 ABS 有故障。此时，驾驶员不能"模拟"ABS 工作，采用所谓的"点刹"不断踩下、松开制动踏板。驾驶员踩制动踏板的速度达不到要求，会影响制动效果。

 在线测验

通过任务学习，扫描下方二维码进入微知库平台的"在线测验"页面，完成在线测验

任务 3.10 在线测验 A

任务 3.10 在线测验 B

任务 3.10 在线测验 C

 任务实施

要掌握"制动系统认知与拆装"的相关内容，结合实习车辆完成操作任务。

制动摩擦片的拆装

盘式制动器的拆装流程如表 3-10-3 所示。

表 3-10-3 盘式制动器的拆装流程

操作示意图	操作步骤描述
	一、拆卸 ① 拆卸左侧前车轮。 ② 将定位卡簧3从左侧前制动钳1与左侧前制动钳支架2上撬出
	③ 使用工具撬动前制动片1，将左侧制动钳活塞2压入至极限位置
	④ 将防尘盖（如箭头所示）从左侧前制动钳1上撬出
	⑤ 旋出左侧前制动钳1与左侧前制动钳支架的固定螺栓（如箭头所示）。 ⑥ 将左侧前制动钳1从左侧前制动钳支架上取下

续表

操作示意图	操作步骤描述
	⑦ 将左侧内前制动片1从前制动钳2上取下。 注意：勿用压缩空气吹洗制动系统，因其产生的粉尘对身体有害！ 只能用酒精清洁左侧前制动钳。 用固定带将左侧前制动钳固定在车身上，避免左侧前制动软管承受左侧前制动钳的重量的损坏
	⑧ 将左侧外前制动片2从左侧前制动钳支架1上取下
	二、安装 安装以倒序进行，同时注意下列事项： ① 安装时，将润滑脂涂抹至固定螺栓1上，切勿润滑固定螺栓的螺纹处（如箭头所示）
	② 使用活塞复位装置复位左侧前制动钳 1 的活塞。 注意：在用活塞复位装置将活塞压入左侧前制动钳前，检查储液罐内制动液液位，防止制动液溢出。 提示：安装完成后，将制动踏板多次用力踩到底，使前制动摩擦片达到其运行状态相应的位置；检查制动液液位。 新前制动摩擦片在最初的 800 km 内还没有完全的制动效果，必须先让其"磨合"。但是，可以通过更用力踩制动踏板来提高已降低的制动力。磨合期间应避免对前制动钳加以高负荷

拓展提升

（1）EBD

EBD（图3-10-30）的学名为电子制动力分配，其作用是自动调节前、后轴制动力分配比例，提高制动效能，并配合ABS提高制动稳定性。

制动时，车轮重量被转换到前轮，车辆会向前俯冲，因此，后桥载荷减小；而后轮由于接地面积减小，制动力无法被传递到路面上，使得后轮易被锁死，这时必须降低后轮液压。

车辆载重增加时，后轮承载的压力增加，所以需要通过调节制动力来使车辆有效地进行制动。

图3-10-30　EBD

（2）ESP

ESP（图3-10-31）的学名为车身电子稳定系统，是博世（Bosch）公司的专利。其他公司也有研发出类似系统的，如宝马的DSC、丰田的VSC等。

ESP系统其实是ABS（防抱死系统）和ASR（驱动轮防滑转系统）在功能上的延伸，可以说是当前汽车防滑装置的最高形式。

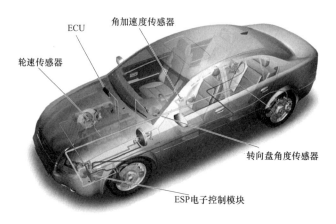

图3-10-31　ESP

（3）CBC

CBC（图 3-10-32）即为转弯制动控制。虽然在紧急制动时，防抱死制动器能防止轮胎抱死并帮助维持转向控制，但根据环境的不同，如果在转弯时紧急制动，汽车仍会有滑行的危险。

应注意的是，CBC 是与制动一起作用的，也就是说，CBC 起作用的前提是制动踏板被踩下。

转弯制动控制利用来自 ABS 的信号控制各个制动器的压力，即使驾驶员在转到一半时才施加制动力，也能获得最佳的制动效果。

图 3-10-32 CBC

（4）EBA

EBA（图 3-10-33）意为电子控制制动辅助系统，是汽车紧急制动辅助系统的一种。

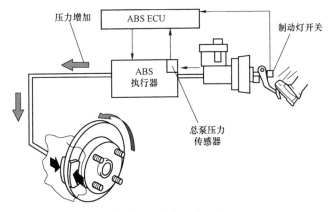

图 3-10-33 EBA

在正常情况下，大多数驾驶员开始制动时只施加很小的力，然后根据情况增加或调整对制动踏板施加的制动力。如果必须突然施加大得多的制动力，或驾驶员反应过慢，这种方法会阻碍他们及时施加最大的制动力。许多驾驶员也对需要施加比较大的制动力没有准备，或者他们反应得太晚，从而造成制动距离过长，导致追尾等交通事故。EBA 的作用就是防止这些情况的发生。

（5）TCS

TCS（图 3-10-34）意为牵引力控制系统，又称循迹控制系统。它是根据驱动轮的转数及传动轮的转数来判定驱动轮是否发生打滑现象，当前者大于后者时抑制驱动轮转速的一种防滑控制系统。它与 ABS 作用模式十分相似，两者都使用传感器及制动调节器。

TCS 与 ABS 的区别在于：ABS 是利用传感器来检测轮胎何时要被抱死，再减少该轮的制动力以防被抱死，它会快速地改变制动力，以保持该轮胎在即将被抱死的边缘；而 TCS 主要是使用发动机点火的时间、变速器挡位和供油系统来控制驱动轮打滑。

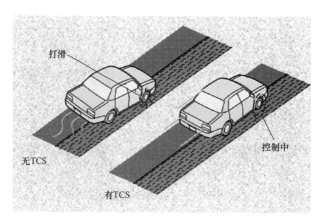

图 3-10-34 TCS

（6）HHC

HHC（图 3-10-35）即为坡道辅助系统，是基于 ABS 集成控制系统的汽车坡道起步辅助装置，是在 ESP 系统基础上增加的功能，能让车辆在不用手刹的情况下在坡上起步，在脚从制动踏板移到加速踏板的动力脱节的空挡时间内利用 ESP 系统继续保持制动 2 s，可以让驾驶员轻松地将脚由制动踏板转向加速踏板，防止车辆溜坡。

图 3-10-35 HHC

（7）EDS

EDS（图 3-10-36）学名为电子差速锁。在不良的道路状况下，使用 EDS 电子差速锁有助于车辆的起步、加速和上坡，而在没有这一功能时，实现车辆的这些操作可能会很困难或根本无法实现。

（8）BOS

BOS 学名为制动优先系统。假设驾驶员在行驶过程中使电子加速踏板突然卡死，这时候驾驶员紧急踩制动踏板，制动器将优先起作用，车辆的动力输出受到限制。此时无论加速踏板被踩下多深，发动机只会以略高于怠速的安全转速运行，这给了驾驶员一个双重保险的作用。

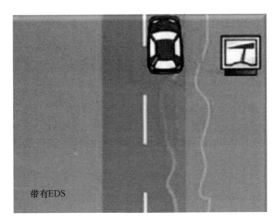

图 3-10-36 EDS

要想激活 BOS 制动优先系统必须同时满足下面几个条件：

① 发动机转速大于 1 200 r/min。

② 车速大于 10 km/h。

③ 加速踏板开度大于 0 且加速踏板开度变化不能太迅猛，即非驾驶人员主动急加速。

④ 先踩加速踏板后踩制动踏板。

⑤ BOS 制动优先系统起作用后，加速踏板开度会迅速下降到一个很小的替代开度，该替代开度使发动机以略高于怠速的转速运行，车辆的动力输出受到限制。

只要满足下面的任何一个条件，就会自动退出 BOS 制动优先系统：

① 松开加速踏板后再踩。

② 加速踏板开度变化太迅猛（即猛踩加速踏板），即驾驶人员主动急加速。

③ 松开制动踏板。

项目四
电气系统构造与拆装

本项目主要是让学生了解汽车电气系统的结构与基本原理，学会使用电气拆装的工具和设备，能按规范流程完成拆装任务。内容为"蓄电池认知与拆装""发电机认知与拆装""起动系统认知与拆装""灯光系统认知与拆装""雨刮系统认知与拆装""空调系统认知与拆装""安全气囊系统认知与拆装"共七个学习任务。通过相关理论知识学习和实践操作训练，了解汽车电气系统作用和基本结构，熟练掌握电气系统总成部件的拆装方法。同时，学生自己还要查阅大量资料，掌握汽车电气系统新技术的运用。

任务 4.1 蓄电池认知与拆装

学习目标

1. 了解汽车电气系统特点；
2. 掌握蓄电池的结构及原理；
3. 会正确更换蓄电池。

相关知识

一、什么是汽车电气系统？

现代汽车所装备的电气系统，按其用途可大致归纳并划分为下面四部分：

（1）电源系统

电源系统包括蓄电池、发电机及其调节器。前两者是并联工作的，发电机是主电源，蓄电池是辅助电源。发电机配有调节器的作用是在发电机转速升高时，自动调节发电机的输出电压，使之保持稳定。

（2）用电系统

汽车的用电系统大致可分为以下几类：

① 起动系统。起动系统的主要机件是起动机，其任务是起动发动机。

② 点火系统。点火系统是汽油发动机的组成部分，包括电子点火系统或传统点火系统的全部组件。其任务是产生高压电火花，按发动机的工作顺序点燃气缸内的可燃混合气。

③ 照明系统。照明系统包括车内、外各种照明灯以及保证夜间安全行车所必需的灯光，其中以前照明灯最为重要。军用车辆还增设了防空照明。

④ 信号系统。信号系统包括电喇叭、蜂鸣器、闪光器及各种信号灯等，主要用来保证安全行车所必要的信号。

⑤ 电子控制系统。电子控制系统主要指由微机控制的装置，包括电子控制点火装置、电子控制燃油喷射装置、电子控制防抱死制动装置、电子控制自动变速装置等，分别用来提高汽车的动力性、经济性、安全性、排气净化和操纵自动化等性能。

⑥ 辅助电器。辅助电器包括电动刮水器、低温起动预热装置、空调器、收录机、点烟器、防盗装置、玻璃升降器、座椅调节器等。辅助电器有日益增多的趋势，主要向舒适、娱乐、保障安全方面发展。

（3）检测系统

检测系统包括各种检测仪表，如电压表、电流表、水温表、油压表、燃油表、车速里程表、发动机转速表和各种报警灯，用来监测发动机和其他装置的工作情况。

（4）配电系统

配电系统包括中央接线盒、电路开关、保险装置、插接件和导线等，以保证线路工作的可靠性和安全性。

汽车电气系统的特点如下：

（1）低压

汽车电气的额定电压有 12 V、24 V 两种，汽油汽车普遍采用 12 V 电气，而柴油汽车多采用 24 V 电气。电器产品额定运行端电压，对发电装置 12 V 电气为 14 V，对 24 V 电气为 28 V。用电设备的电压在 0.9～1.25 倍额定电压范围内变动时应能正常工作。

（2）直流

汽车电气采用直流是因为起动发动机的起动机为直流串励式电动机，其工作时必须由蓄电池供电，而蓄电池消耗电能后又必须用直流电来充电。

（3）单线制

单线制是指从电源到用电设备只用一根电线连接，而另一根导线则由金属部分如车体、发动机等代替作为电器回路的接线方式，因具有节省导线、简化线路、方便安装检修、电器元件不需与车体绝缘等优点而得到广泛运用。但在个别情况下，也采用双线制。

（4）负极搭铁

采用单线制时，蓄电池的负极必须用导线接到车体上，称为负极搭铁，这是国家标准规定的，也是交流发电机正常工作的必要条件。

二、汽车为什么需要蓄电池？

蓄电池是一种可逆的低压直流电源，是汽车电源的重要组成部分。蓄电池既能将化学能转换为电能，也能将电能转换为化学能。它的作用是：

① 起动发动机时，供给起动机大电流，故称为起动型蓄电池。
② 在发电机不发电或电压较低的情况下向用电设备供电。
③ 当用电设备短时间耗电超过发电机供电能力时，协助发电机向用电设备供电。
④ 蓄电池存电不足，而发电机负载又较小时，它可将发电机的电能转变为化学能储存起来（即充电）。

蓄电池的认知

另外，蓄电池相当于一个大电容器，它可随时将发电机产生的过电压吸收掉，起到保护晶体管、延长其使用寿命的作用。

目前我们常用的车用蓄电池主要分为三类，分别为普通蓄电池、干荷蓄电池（图4-1-1）和免维护蓄电池（图4-1-2）。

图4-1-1 干荷蓄电池

图4-1-2 免维护蓄电池

（1）普通蓄电池

普通蓄电池的极板是由铅和铅的氧化物构成的，电解液是硫酸的水溶液。它的主要优点是电压稳定、价格便宜；缺点是比能低（即每千克蓄电池存储的电能）、使用寿命短和日常维护频繁。

（2）干荷蓄电池

它的全称是干式荷电铅酸蓄电池，它的主要特点是负极板有较高的储电能力，在完全干燥状态下，能在两年内保存所得到的电量，使用时，只需加入电解液，等待20～30 min就可使用，存储时间如果超过两年，加入电解液后需要充电。

（3）免维护蓄电池

免维护蓄电池由于自身结构上的优势，电解液的消耗量非常小，在使用寿命内基本不需要补充蒸馏水。免维护蓄电池分为湿荷电蓄电池（这是一种带有液态电解液的免维护蓄电池）和玻璃纤维蓄电池 AGM（利用铅酸蓄电池电解液吸附在一个超细玻璃纤维隔膜 AGM 中固化的蓄电池）。

三、怎样识别蓄电池的型号？

铅酸蓄电池的构造如图4-1-3所示。它主要由极板、隔板、电解液和外壳等部分组成。

蓄电池结构

（1）极板

极板分正极板和负极板，每片极板均由栅架和活性物质构成。正极板上的活性物质为二氧化铅，呈棕红色；负极板上的活性物质为海绵状纯铅，呈青灰色。为了增大蓄电池的容量，需要把正、负极板分别焊成极板组，且负极板组比正极板组多一片。

（2）隔板

隔板通常用木材、微孔橡胶、微孔塑料或玻璃纤维制成。隔板安装在正、负极板之间，防止正、负极板相碰而短路。隔板一面制有沟槽，装配时有沟槽的一面应竖直面向正极板。

（3）电解液

电解液由纯净硫酸与蒸馏水按一定比例配制而成。其密度大小可用密度计测量，一般为 $1.23 \sim 1.30 \text{ g/cm}^3$。

（4）外壳

蓄电池外壳用橡胶或塑料制成整体，用以储存电解液和支承极板。相邻两单格之间有隔板，把每个外壳分成三个或六个单格。

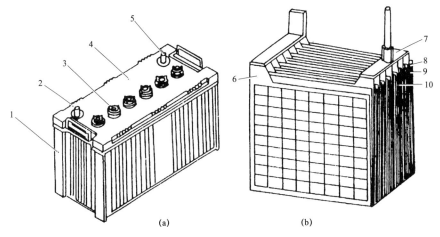

图 4-1-3 铅酸蓄电池的结构

1—外壳；2—正极柱；3—加液孔螺塞；4—电池盖；5—负极柱；6—负极板组；7—正极板组；8—隔板；9—负极板；10—正极板

（5）极柱与穿壁式联条

每个单格电池都有正、负两个极柱，分别连接正、负极板组，连接正极板组的叫正极柱，连接负极板组的叫负极柱。正极柱接起动机开关接柱，负极柱接车架（接铁）。

穿壁式联条用来连接相邻单格电池的正、负极柱，使单格电池相互串联成多伏的电池。如一只 12 V 的蓄电池由 6 个单格电池串联而成（图 4-1-4）。

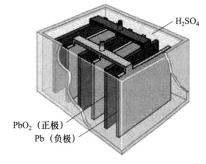

图 4-1-4 干荷电蓄电池内部结构示意图

机械工业部标准 JB/T 2599—2012《铅酸蓄电池名称、型号编制及命名办法》规定，蓄电池型号由三部分组成（表 4-1-1），各部分之间用破折号分开，其内容及排列如下所述。

表 4-1-1 蓄电池型号

第一部分	第二部分		第三部分	
串联的单格电池数	蓄电池的类型	蓄电池的特征	蓄电池的额定容量	蓄电池的特殊性能
用阿拉伯数字表示	用大写的汉语拼音字母表示，如：Q——起动用铅蓄电池；N——内燃机车用蓄电池；M——摩托车用蓄电池	用大写的汉语拼音字母表示，如：A——干荷电铅蓄电池；H——湿荷电铅蓄电池；W——免维护铅蓄电池；B——薄型极板；无字母——普通铅蓄电池	20 h 放电率的额定容量，单位为 A·h，单位略去不写	用大写的汉语拼音字母表示，如：G——高起动率；D——低温性能好；S——塑料槽蓄电池

① 串联单格电池数。指一个整体壳体内所包含的单格电池数目，用阿拉伯数字表示。

② 电池类型。根据蓄电池主要用途划分。起动型蓄电池用"Q"表示，代号"Q"是汉字"起"的第一个拼音字母。

③ 电池特征。它是附加部分，仅在同类用途的产品具有某种特征而在型号中又必须加以区别时采用。如用干荷电蓄电池，则用汉字"干"的第二个拼音字母"A"表示；如为无须（免）维护蓄电池，则用"无"字的第一个拼音字母"W"来表示。当产品同时具有两种特征时，原则上应按表4-1-2所示的顺序用两个代号并列表示。

表4-1-2 蓄电池产品特征代号

序号	产品特征	代号	序号	产品特征	代号
1	干荷电	A	7	半密封式	B
2	湿荷电	H	8	液密式	Y
3	免维护	W	9	气密式	Q
4	少维护	S	10	激活式	I
5	防酸式	F	11	带液式	D
6	密封式	M	12	胶质电解液式	J

④ 额定容量。它是指20 h额定容量，用阿拉伯数字表示，单位为安培·小时（A·h），在型号中可略去不写。

蓄电池容量通常以正极板的片数 n 来估算，每片标准正极板额定容量 C_s 为15 A·h，则蓄电池额定容量 $C_{20} = C_s \cdot n$。

⑤ 特殊性能。在产品具有某些特殊性能时，可用相应的代号加在型号末尾表示。如"G"表示薄型极板的高起动率电池，"S"表示采用工程塑料外壳与热封合工艺的蓄电池。

例1：6-QW-180型蓄电池：表示由6个单格电池组成，额定电压为12 V，额定容量为180 A·h的起动型免维护蓄电池。

例2：6-QA-60型蓄电池：表示由6个单格电池组成，额定电压为12 V，额定容量为60 A·h的起动型干荷电蓄电池。

汽车用铅酸蓄电池的型号都是按照一定标准来命名的，在国内市场上使用的蓄电池型号主要是按照国家标准以及日本标准、德国标准和美国标准等命名的（表4-1-3）。

表4-1-3 蓄电池的标准

标准	描述	范围
EN	欧洲工业标准	100～2 000 A·h
JIS	日本工业标准	26A17～245H52
DIN	德国工业标准	100～1 200 A·h
SAE	汽车工程师协会标准	100～2 000 A·h
IEC	国际电工委员会标准	100～1 200 A·h
CCA	冷起动电流	100～2 000 A·h

四、蓄电池是怎样产生电能的？

电解液在蓄电池的化学反应中起到了离子间导电的作用，并参与蓄电池的化学反应。电解液是由纯硫酸（H_2SO_4）与蒸馏水按一定比例配制而成的，其密度一般为 1.24～1.30 g/cm^3。

电解液密度的大小对蓄电池的使用性能有很大的影响。密度大，可降低结冰的危险并提高蓄电池的容量；但密度过大，则黏度增加，反而降低蓄电池的容量，缩短其使用寿命。

蓄电池的极板浸泡在电解液（36%酸和64%水）中的时候，单体电池通过极板上发生的化学反应产生电压。

铅酸蓄电池充放电过程可用双硫酸盐化理论说明，用化学方程式表示如下：

$$PbO_2+2H_2SO_4+Pb=2PbSO_4+2H_2O$$

（1）充电过程

当充电电源的端电压高于蓄电池的电动势时，电流从蓄电池的正极流入、负极流出，这一过程称为充电。充电过程是电能转化为化学能的过程，如图 4-1-5 所示。充电时，正、负极板上的硫酸铅（$PbSO_4$）还原成二氧化铅（PbO_2）和铅（Pb），电解液中的硫酸（H_2SO_4）增多，密度和端电压上升。在一个充满电的蓄电池中，正、负极板所含活性材料的化学成分发生变化。

正极板：含有二氧化铅（PbO_2），由铅（Pb）和氧（O_2）组成。其颜色为红棕色。

负极板：含有海绵状铅（Pb），其颜色为青灰色。

电解液：由水（H_2O）和硫酸（H_2SO_4）组成。

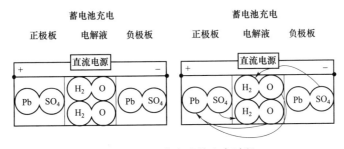

图 4-1-5 蓄电池的充电过程

（2）放电过程

当蓄电池与用电器连接后形成一个回路时，电流从蓄电池的正极流出，经过用电器后由负极流入，这一过程为放电，如图 4-1-6 所示。放电过程是化学能转化为电能的过程。正极板上的二氧化铅（PbO_2）和负极板上的铅（Pb）都与电解液中的硫酸（H_2SO_4）反应而生成硫酸铅（$PbSO_4$），并沉附在正、负极板上。电解液中的硫酸（H_2SO_4）不断减少，密度和端电压下降。放电后的正、负极板所含活性材料的化学成分发生变化。

正极板：氧化铅（PbO_2）与电解液中的硫酸根离子（SO_4^{2-}）发生化学反应，生成硫酸铅（$PbSO_4$）。

负极板：铅（Pb）与电解液中的硫酸根离子（SO_4^{2-}）发生化学反应，生成硫酸铅（$PbSO_4$）。

电解液：无硫酸根离子的电解液更像是水（H_2O）。

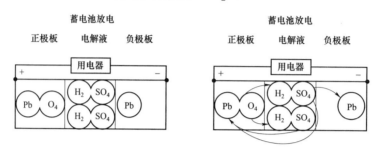

图 4-1-6 蓄电池的放电过程

五、混合动力汽车对高压蓄电池的要求是怎样的？

在混合动力汽车上，高压蓄电池也属于车辆的动力源，用于提高整车的动力性能或作为电动机驱动车辆时的电力能源。

各种电池一般是供给直流电，然后通过变频器或逆变器转换成频率和电压幅值可调的交流电，供给驱动电动机来驱动车辆行驶。混合动力汽车对高压蓄电池的基本要求如下。

（1）比能量

比能量是保证混合动力汽车能够达到基本合理的行驶里程的重要性能，连续 2 h 放电率的比能量至少不低于 44（W·h）/kg。

（2）充电时间短

蓄电池对充电技术没有特殊要求，能够实现感应充电。蓄电池的正常充电时间应小于 6 h，蓄电池能够适应快速充电的要求，蓄电池快速充电达到额定容量的 50% 的时间为 20 min 左右。

（3）连续放电率高、自放电率低

蓄电池能够适应快速放电的要求，连续 1 h 放电率可以达到额定容量的 70%。自放电率低，蓄电池能够长期存放。

（4）不需要复杂的运行环境

蓄电池能够在常温条件下正常稳定地工作，不受环境温度的影响，不需要特殊加热。保温热管理系统，能够适应混合动力汽车行驶时振动的要求。

（5）安全可靠

蓄电池应干燥、洁净，电解质不会渗漏腐蚀接线柱和外壳，不会引起自燃或燃烧；在发生碰撞等事故时，不会对乘员造成伤害。对废蓄电池能够进行回收处理和再生处理，对蓄电池中有害重金属能够进行集中回收处理。对电池组可以采用机械装置进行整体快速更换,线路连接方便。

(6)寿命长、免维修、制造成本低,

蓄电池的循环寿命不低于1 000次,在使用寿命限定期间内不需要进行维护和修理。

在混合动力汽车中,比亚迪秦和丰田普锐斯是较为典型的两款混合动力汽车。比亚迪秦选用的是磷酸铁锂电池,丰田普锐斯选用的是镍氢电池。下面我们主要针对比亚迪秦的高压蓄电池进行讲解。

动力电池系统是DM车主要动力能源之一,它为整车驱动和其他用电器提供电能。本车的动力电池系统主要由10个动力电池模组、10个动力电池信息采集器、动力电池串联线、动力电池支架、动力电池采样线等组成,如图4-1-7所示。

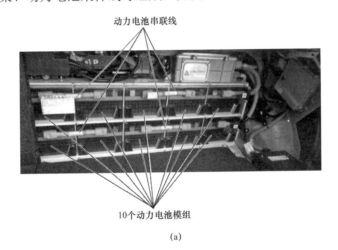

(a)

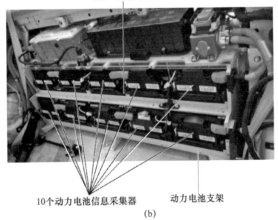

(b)

图4-1-7 动力电池系统的组成

(a)后备厢视角;(b)后排座椅视角

10个动力电池模组中各有14~18节数量不等的电池单体,总共152节串联而成,其中上层电池模块有14节单体电池,下层电池模块有18节单体电池。额定总电压为528 V,

总电量为 13 kW。

  在线测验

通过任务学习,扫描下方二维码进入微知库平台的"在线测验"页面,完成在线测验。

任务 4.1 在线测验

  任务实施

要掌握"蓄电池认知与拆装"的相关内容,结合实习车辆完成操作任务。

蓄电池拆装   蓄电池电解液密度检查

蓄电池更换的操作流程如表 4-1-4 所示。

表 4-1-4 蓄电池更换的操作流程

操作示意图	操作步骤描述
	一、拆卸 ① 关闭点火开关及所有用电器并拔出点火钥匙。 ② 按压锁压件(如箭头所示),拆下蓄电池正极盖板 1

续表

操作示意图	操作步骤描述
	③ 松开蓄电池负极电缆总成的紧固螺母1，取下负极电缆总成。 ④ 松开蓄电池正极电缆总成的紧固螺母3。 ⑤ 旋出螺母4，取下接线端5，将正极电缆盖板2取下
	⑥ 断开蓄电池电缆。 ⑦ 旋出紧固螺母（如箭头所示），取下蓄电池压板1
	⑧ 如果有手柄（如箭头所示），将其向上翻起，取出蓄电池。 二、安装 提示： ① 按规定力矩拧紧蓄电池压板螺栓和蓄电池正、负极电缆。 ② 安装完毕后检查蓄电池是否牢固

 拓展提升

怎样进行蓄电池跨接起动？

跨接起动是在蓄电池电量不足或电量完全耗尽的情况下，利用充电电缆连接另一个蓄电池进行起动的一种方式。跨接时一定要遵循下列程序进行操作，否则会因蓄电池爆炸而造成人身伤害。

跨接起动的操作步骤：

① 车辆实施制动，并将自动变速器置于 P 挡位置，或将手动变速器置于空挡位置。关闭车辆所有灯、加热器和其他电器设备。

② 将跨接电缆的一端接至失电车辆蓄电池的正极接线柱上，如图 4-1-8 中的序号 1；将另一端接至起动车辆蓄电池的正极接线柱上，如图 4-1-8 中的序号 2；将另一根跨接线的一端接至起动车辆蓄电池的负极接线柱上，如图 4-1-8 中的序号 3；将另一端接至失电车辆距离蓄电池至少 30 cm 处的发动机体或机身部位，如图 4-1-8 中的序号 4。

③ 起动提供跨接电源车辆的发动机，关闭所有附件的电源，然后起动失电车辆的发动机。

注意：如果失电车辆的蓄电池馈电较多，有时需要充电数分钟后车辆才能顺利起动。

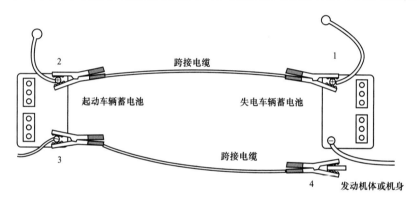

图 4-1-8 跨接起动的连接方式

任务 4.2　发电机认知与拆装

学习目标

1. 了解发电机的结构及作用；
2. 掌握发电机的基本原理；
3. 会正确拆装发电机。

相关知识

一、为什么需要发电机？

发电机是汽车充电系统中的关键部件，其作用是产生电能并输送给蓄电池和车载电器。发电机的动力来自发动机曲轴，它将发动机的机械能转换成电能。发电机产生的是交流电（AC），但大多数车载用电设备需要的是直流电（DC）。因此，发电机需要用一个二极管整流器将交流电转换成直流电，这种发电机通常被称作交流发电机。

交流发电机就是利用电磁感应原理把发动机的机械能转变为电能，因此其内部必须有磁场。发电机有四个主要部件：转子、定子、碳刷和整流器。其内部结构如图4-2-1所示。

发电机

（1）转子总成

转子的功用是产生旋转磁场。转子是发电机的旋转部分，它包括两个带有交错爪臂的极件（爪极）、励磁绕组、转子轴和两个铜滑环等。爪臂安装在励磁绕组及转子轴的外部，励磁绕组及极件等则安装在转子轴上（图4-2-2）。

铁芯与励磁绕组形成一个强磁场。当电流流过励磁绕组时，安装在铁芯两边的极件上的爪臂在N极与S极之间变换极性。转子的回路是围绕转子轴且终止于轴端铜滑环的励磁绕组末端的导线。这些滑环与轴绝缘，并且每一根导线只接触一个环，位于滑环上的碳刷提供励磁绕组电流回路。转子的回路如图4-2-3所示。

图 4-2-1 发电机的结构

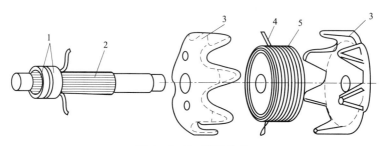

图 4-2-2 转子总成

1—导电滑环；2—转子轴；3—爪极；4—磁轭；5—励磁绕组

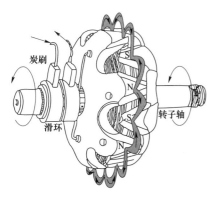

图 4-2-3 转子回路示意

（2）碳刷

发电机采用让磁场旋转的方法来实现切割导线，旋转磁场是转子，被切割的导线是定子。为了让转子产生磁场，必须向转子的线圈输入励磁电流。碳刷的作用就是给转子的线圈提供励磁电流。汽车上使用的碳刷一般是金属石墨碳刷，具有良好的导电性和耐磨性。只有具有换向器或者滑环的电动机内才有碳刷，普通的交流异步发电机则没有滑环和碳刷。碳刷是易磨损件，应定期检查其磨损情况，如果磨损量超出标准范围，则应及时更换。

（3）定子

定子是发电机中的固定部分，它包括一个定子支架和三个定子绕组，如图 4-2-4 所示。

转子是在定子支架中自由旋转的。转子旋转时，其极件上的爪臂在旋转过程中变换极性，使得定子绕组处于一个变化的磁场中，从而在定子绕组中发生电磁感应现象，产生电流。由于通过定子绕组的磁力线是有规律交替变换方向的，所以定子中每一绕组中的感应电压均为交流电压。

为了保证三个绕组产生大小相等、相位差为120°的对称电动势，三个绕组的绕制遵循以下原则：

① 每相绕组的线圈个数和每个线圈的匝数要完全相等。

② 每个线圈的节距必须相同。

③ 三相绕组的起端在定子槽内的排列必须相隔120°。

现代汽车发电机的定子绕组通常采用星形连接方式，也有少数采用三角形连接方式，如图4-2-5所示。

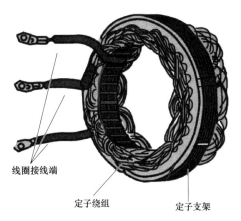

图4-2-4 定子结构

星形连接具有低速发电性能好的优点；三角形连接则具有能量损失小、输出电流大的特点，但低速时输出电压较低。

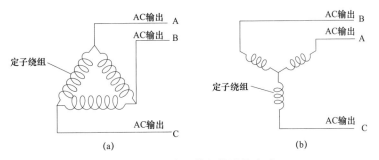

图4-2-5 定子绕组的连接方式
(a) 三角形连接；(b) 星形连接

（4）整流器

整流器一般安放在发动机后端盖内，它的三个接线端分别与定子绕组相连接。整流器是由六只硅二极管组成的三相桥式整流电路，其作用是将三相定子绕组产生的交流电变成直流电。交流发电机定子的三相绕组中，感应产生的是交流电，交流电是通过整流器整流后变成直流电的。整流器整流电路如图4-2-6所示。

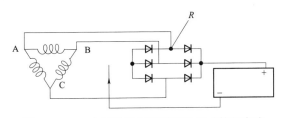

图4-2-6 六只硅二极管组成的桥式整流电路

（5）调节器

发动机在中低速运行时，由发电机提供电能。但是，当发动机高速运转时，发电机的最大输出就要受到限制，否则过高的电压会导致电气元件的损坏，甚至引发电气线路火灾。电压调节器（简称调节器）一般被安装在发电机上，其作用就是限制输出电压超过极限。发电机电压随着发动机的转速升高而升高，直至达到调节器的电压限定值为止。

调节器通过控制励磁绕组中影响转子磁场强度的电流来限制发电机的输出电压，通常依据蓄电池的实际电压和发电机的温度来调节电压。调节器以每秒四百次的固定频率开关磁场电压，通过改变开关磁场电流的时间控制电压。因此，在低速时，磁场可能90%的时间接通，10%的时间关闭。这形成相对较高的平均磁场电流，平均磁场电流与发电机转速结合，可以得到所需电压。随着发电机转速升高，产生所需电压的磁场电流减小。大多数调节器具有温度补偿功能，可以提供蓄电池充电所需的理想电压。温度升高时设定电压将下降，反之，在低温环境下，电压调节器设定较高的电压以满足蓄电池充电的需要。

二、发电机是怎样产生电能的？

发电机是充电系统中最重要的部件。其发电原理是根据电磁感应理论，即当导体在垂直于磁场的方向上做切割磁力线的运动时，导体的两端就会产生电动势。如果导体处于闭合回路中，则电路中会有电流通过。同理，如果导体是静止的，而磁场是旋转变化的，则导体同样会感应出电动势，其闭合回路也会有电流产生，如图4-2-7所示。

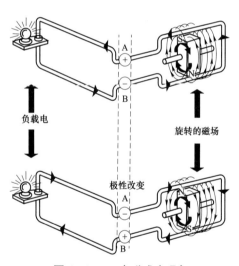

图4-2-7 电磁感应现象

如果将图4-2-7中处于磁场中的导体改为三个绕组线圈，且相互间隔120°，同时把条形磁铁改为带铁芯和线圈的电磁铁，那么在三个绕组的输出端将会得到一个强大而且变化的交流电压，汽车发电机就是利用这种原理来发电的。

汽车发电机的三相定子绕组一般为星形连接，如图4-2-8所示。当励磁电流通过碳刷和滑环将直流电压作用于励磁绕组的两端时，在其周围产生磁场，使转子轴上的两个爪极被磁化，一个是N极，一个是S极。转子爪极的磁力线从转子的N极出发，穿过转子与定子之间很小的气隙进入定子铁芯，最后又经过气隙回到相邻的S极，并通过磁轭构成磁回路。当转子旋转时，由于定子绕组与磁力线有相对的切割运动，所以在三相绕组中就会产生频率相同、幅值相等、相位间隔120°的电动势。由于转子的磁极呈三角形，所以定子绕组感应出的交流电动势波形近似于正弦曲线，如图4-2-9所示。

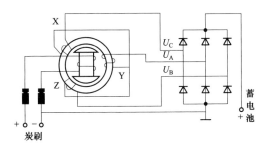
图 4-2-8 交流发电机的工作原理

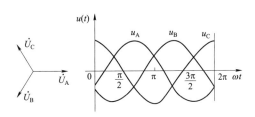
图 4-2-9 三相交流电动势波形

三、发电机最终输出的是直流电吗?

二极管具有单向导通的特性。在由二极管组成的桥式电路中，交流电都被转换为直流电，这种二极管桥式整流电路也被称为全波整流电路。在三相桥式全波整流电路中，三个正二极管的正极引出线分别与三相绕组的首端相连。如图 4-2-10 所示，如果在某一时刻，U1 绕组电压最高，V1 绕组电压最低，则电流从 U1 出发经二极管 VD1 到负载 R，经二极管 VD5 返回 V1 绕组。以此类推，六只二极管中总有两只二极管导通，在负载 R 上就会得到一个持续的平稳的脉动直流电压。相关二极管导通后所产生的电压与二极管的对应关系如图 4-2-11 所示。

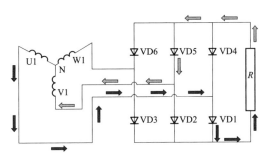
图 4-2-10 二极管桥式整流电路整流原理

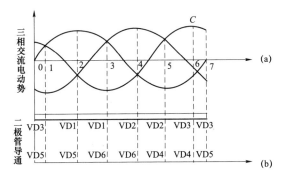
图 4-2-11 二极管与电压的对应关系

在线测验

通过任务学习，扫描下方二维码进入微知库平台的"在线测验"页面，完成在线测验。

任务4.2 在线测验

 任务实施

要掌握"发电机认知与拆装"的相关内容，结合实习车辆完成操作任务。

发电机的拆装操作流程如表4-2-1所示。

发电机拆装

表4-2-1 发电机的拆装操作流程

操作示意图	操作步骤描述
	一、发电机拆卸 ① 断开蓄电池负极接线柱。 ② 旋出螺母并取下正极导线1。 ③ 松开发电机多楔皮带张紧器紧固螺栓。 ④ 按逆时针方向松开张紧器调节螺栓。 ⑤ 将张紧器调节螺栓向上抬起，取下张紧器。 ⑥ 将发电机向发动机方向推动至极限位置，并脱开发电机多楔皮带。 ⑦ 旋出发电机下部紧固螺栓，将发电机取下

续表

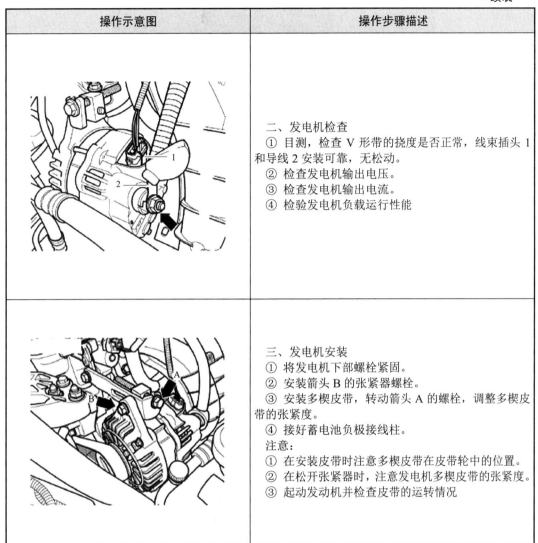

操作示意图	操作步骤描述
	二、发电机检查 ① 目测，检查 V 形带的挠度是否正常，线束插头 1 和导线 2 安装可靠，无松动。 ② 检查发电机输出电压。 ③ 检查发电机输出电流。 ④ 检验发电机负载运行性能
	三、发电机安装 ① 将发电机下部螺栓紧固。 ② 安装箭头 B 的张紧器螺栓。 ③ 安装多楔皮带，转动箭头 A 的螺栓，调整多楔皮带的张紧度。 ④ 接好蓄电池负极接线柱。 注意： ① 在安装皮带时注意多楔皮带在皮带轮中的位置。 ② 在松开张紧器时，注意发电机多楔皮带的张紧度。 ③ 起动发动机并检查皮带的运转情况

 拓展提升

警告显示器

安装在仪表板上的警告显示器是为了向驾驶员提示发电机工作状况，它分指示灯和电流表两种。指示灯只在充电系统有故障时点亮，电流表可显示发电机的输出电流。装有指示灯的汽车，当点火开关在"ON"位置时，指示灯一端的电路与电源接通，在发动机起动后，指示灯熄灭，说明充电系统能正常工作（图 4-2-12）。

图 4-2-12　充电指示灯

① 不充电的可能原因有：

a. 连接导线断路、短路、连接处松动等。

b. 发电机损坏，如转子或定子绕组短路或断路、电刷磨损、硅整流二极管损坏等。

c. 调节器损坏或电压值太低。

② 过度充电引起蓄电池寿命缩短，主要原因是调节器电压值太高。

③ 充电不足的可能原因有：

a. 连接导线有轻微的短路、连接点松动或接触不良等。

b. 发电机故障，如转子或定子绕组层间短路、电刷磨损或弹簧弹力不足、硅整流二极管不良或个别二极管开路、皮带过松等。

c. 调节器电压值调整不当（太低）。

任务 4.3　起动系统认知与拆装

学习目标

1. 掌握发动机起动系统的结构和作用；
2. 掌握起动机的功用、结构和工作原理；
3. 能按正确的流程进行起动机的拆卸和安装。

相关知识

一、发动机是如何起动的？

要使发动机由静止状态过渡到工作状态，必须先用外力转动发动机的曲轴，使活塞做往复运动，气缸内的可燃混合气燃烧膨胀做功，推动活塞向下运动，使曲轴旋转，发动机才能自行运转，工作循环才能自动进行。因此，从曲轴在外力作用下开始转动到发动机开始自动地怠速运转的全过程称为发动机的起动。完成起动过程所需的装置，称为发动机的起动系统。

起动系统的认知

二、发动机起动应该具备哪些条件？

发动机起动时，必须克服气缸内被压缩的气体阻力、发动机本身的机件及其附件内相对运动零件之间的摩擦阻力。克服这些阻力所需要的扭矩，称为起动扭矩。使发动机起动所必需的曲轴转速，称为起动转速。

车用汽油发动机在温度为 0～20 ℃时，最低起动转速一般为 30～40 r/min。为了使发动机能在更低的温度下顺利可靠地起动，要求起动转速不低于 50～70 r/min。若起动转速过低、气体的流速过低、压缩行程的热量损失过大，则汽油雾化不良，气缸内的混合气不易着火，汽油机通过火花塞点燃才能着火。对于车用柴油机，为了防止气缸漏气和热量散失过多，要保证压缩终了时气缸内有足够的压力和温度，还要保证喷油泵能建立起足够的喷油压力，使气缸内形成足够强的空气涡流。

柴油机要求的起动转速较高，一般为 150～300 r/min，否则柴油机雾化不良，混合气质量不好，发动机起动困难。此外，柴油机的压缩比比汽油机的压缩比大，其起动扭矩也大，所以柴油机所需的起动功率大，可由压缩升温自然着火。

三、起动机由哪几部分构成，各部分起什么作用？

起动机由直流电动机、控制机构、传动机构组成，如图 4-3-1 所示。

图 4-3-1 起动机的结构

（1）直流电动机

直流电动机在直流电压的作用下，产生旋转力矩。接通起动开关起动发动机时，电动机轴旋转，并通过驱动齿轮和飞轮的环齿驱动发动机曲轴旋转，使发动机起动。磁极是直流电动机的定子部分，用来产生电动机运转所必需的磁场，它由磁极铁芯、安装在铁芯上的励磁绕组及外壳组成，如图 4-3-2 所示。

① 磁极。磁极铁芯用硅钢片叠加而成，并用螺钉固定在机壳内壁上，为增强磁场、增大扭矩，车用起动机通常采用 4 个磁极，少数大功率起动机采用 6 个磁极，每个磁极铁芯上都缠有励磁绕组，并通过外壳构成磁回路。励磁绕组通常是用较粗的矩形截面的裸铜线绕制的，匝间用绝缘纸绝缘，外部用玻璃纤维带包扎后套在磁极铁芯上。当直流电压作用于励磁绕组的两端时，励磁绕组的周围产生磁场并使磁极铁芯磁化，成为具有一定极性的磁极，且 4 个磁极的 N 极与 S 极相间排列，形成起动机的磁场，如图 4-3-3 所示。

图 4-3-2 直流电动机

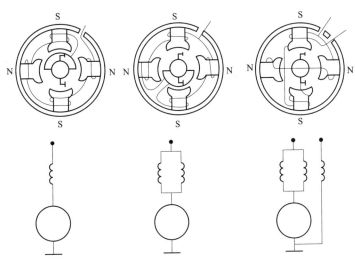

图 4-3-3 励磁绕组与电枢绕组的连接方式

② 电枢。直流电动机的转子部分,用来将电能转变为机械能,即在起动机通电时,与磁场相互作用而产生电磁扭矩。它由换向器、铁芯、绕组和电枢轴组成,如图 4-3-4 所示。电枢铁芯由外圆带槽的硅钢片叠成,压装在电枢轴上;铁芯的外槽内绕有绕组,绕组用粗大的矩形截面裸铜线绕制而成,并且多采用波绕法,以便结构紧凑,并可通过较大的电流,获得较大的电磁力矩。为防止电枢绕组搭铁和匝间短路,在电枢绕组与铁芯之间和电枢绕组匝间用绝缘纸隔开。

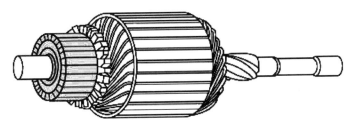

图 4-3-4 电枢总成

换向器是用来连接励磁绕组与电枢绕组的电路,并使处于同一磁极下的电枢导体中流过的电流保持固定方向。它由一定数量的燕尾形铜片组成,并用轴套和压环组装成一个整体,压装在电枢轴上,各铜片之间以及铜片与轴套、压环之间均用云母或硬塑料片绝缘,如图 4-3-5 所示。电枢绕组各线圈的两端焊接在相应铜片的接线凸缘上,经过绝缘电刷和搭铁电刷分别与起动机励磁绕组一端和起动机壳体连接。电枢轴除了铁芯和换向器外,还制有螺旋槽或花键槽,以便安装传动装置,电枢轴两端通过轴承支撑在起动机前、后端盖上。

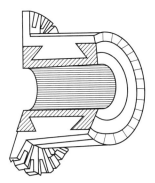

图 4-3-5 换向器

③ 电刷及电刷架。电刷用铜和石墨粉压制而成，一般含铜 80%～90%、石墨 10%～20%，以减小电刷电阻并增加其耐磨性。一般起动机电刷个数等于磁极个数，也有的大功率起动机电刷个数等于磁极个数的 2 倍，以便减小电刷上的电流密度。有些小功率高速起动机的电刷弹簧采用螺旋弹簧，多数起动机采用碟形弹簧。电刷架采用箱式结构，铆装于前端盖上。电刷装于架内，并用弹簧压紧在换向器的外圆表面；电刷与换向器有较大的接触面积，以尽量减小电刷与换向器之间的接触电阻，并延长电刷使用寿命。

（2）控制机构

起动机的控制机构也称为操纵机构，它的作用是控制起动机主电路的通、断和驱动齿轮的移出和退回。起动机的控制机构分为直接操纵式和电磁操纵式两种。直接操纵式控制机构检修方便，且不消耗电能，有利于提高起动转速，但驾驶人的劳动强度大，不易远距离操纵，所以目前已很少应用。

（3）传动机构

传动机构安装在电动机电枢的延长轴上，用来在起动发动机时，将驱动齿轮与电枢轴连成一体，并使驱动齿轮沿电枢轴移出与飞轮环齿啮合，将起动机产生的电磁扭矩传递给发动机的曲轴，使发动机起动；发动机起动后，飞轮转速提高，带着驱动齿轮高速旋转，使电枢轴超速旋转而损坏。因此在发动机起动后，在驱动齿轮转速超过电枢轴转速时，传动机构要使驱动齿轮与电枢轴自动脱开，防止电动机超速。为此，起动机的传动机构必须具有超速保护装置。

① 传动机构的类型。车用起动机的传动机构也称为啮合机构，有如下类型：

a. 惯性啮合式传动机构。接通点火开关起动发动机时，驱动齿轮靠惯性力的作用，沿电枢轴移出与飞轮啮合，使发动机起动；发动机起动后，当飞轮的转速超过电枢轴转速时，驱动齿轮靠惯性力的作用退回，脱离与飞轮的啮合，防止电动机超速。

b. 强制啮合式传动机构。接通起动开关起动发动机时，驱动齿轮靠杠杆机构的作用沿电枢轴移出，与飞轮环齿啮合，使发动机起动；发动机起动后，切断起动开关；在外力的作用被消除后，驱动齿轮在复位弹簧的作用下退回，脱离与飞轮环齿的啮合。

c. 电枢移动式啮合机构。起动机不工作时，起动机的电枢与磁极错开。接通起动开关起动发动机时，在磁极磁力的作用下，整个电枢连同驱动齿轮移动，与磁极对齐的同时，驱动齿轮与飞轮环齿进入啮合。发动机起动后，切断起动开关，磁极退磁，电枢轴连同驱动齿轮退回，脱离与飞轮的啮合。

② 超速保护装置。超速保护装置是起动机驱动齿轮与电枢轴之间的离合机构，也称为单向离合器。常用的单向离合器有滚柱式、弹簧式、摩擦片式等多种形式。

a. 滚柱式单向离合器。接通起动开关起动发动机时，起动机的电枢轴连同内座圈按图 4-3-6 所示的箭头方向旋转，由于摩擦力和弹簧张力的作用，滚柱被带到内、外座圈之间楔形槽窄的一端，将内、外座圈连成一体，于是电枢轴上的扭矩通过内座圈、楔紧的滚柱传递到外座圈和驱动齿轮，驱动齿轮与电枢轴一起旋转使发动机起动。

发动机起动后，曲轴转速升高，飞轮齿圈将带着驱动齿轮高速旋转。虽然驱动齿轮的旋转方向没有改变，但它由主动轮变为从动轮。当驱动齿轮和外座圈的转速超过内座圈和电枢轴的转速时，在摩擦力的作用下，滚柱克服弹簧张力的作用滚向楔形槽宽的一端，使内、外座圈脱离联系并可以自由地相对运动，高速旋转的驱动齿轮与电枢轴脱开，从而防止电动机超速。

图 4-3-6 滚柱式单向离合器

b. 弹簧式单向离合器。弹簧式单向离合器安装在电枢的延长轴上，驱动齿轮的右端空套在花键套筒左端的外圆面上，两个扇形块装入驱动齿轮右端的相应缺口中，并伸入花键套筒左端的环槽内，使驱动齿轮与花键套筒之间既可以一起做轴向移动，又可以相对滑转。离合弹簧在自由状态下的内径小于齿轮和花键套筒相应外圆面的外径，在安装状态下弹簧紧套在外圆面上，弹簧与护套之间有间隙。起动时，起动机的电枢轴带动花键套筒旋转，有使弹簧收缩的趋势，弹簧被箍紧在相应外圆面上。于是，起动机的扭矩靠弹簧与外圆面之间的摩擦作用传递给驱动齿轮，通过飞轮环齿带动曲轴旋转，使发动机起动。发动机一旦起动，驱动齿轮的转速超过花键套筒的转速，弹簧便张开，驱动齿轮在花键套筒上滑转，与电枢轴脱开，防止电动机超速。

c. 摩擦片式单向离合器。摩擦片式单向离合器可以传递较大的扭矩，常用于大功率起动机上。接通起动开关起动发动机时，起动机的电磁扭矩通过电枢轴传递给花键套筒。由于内接合鼓与花键套筒之间存在转速差，内接合鼓沿花键套筒左移，将从动片与主动片压紧使外接合鼓与内接合鼓连成一体，即驱动齿轮与电枢轴连成一体，起动机的扭矩通过驱动齿轮和飞轮传递给发动机的曲轴，使发动机起动。

发动机起动后，飞轮带着驱动齿轮和外接合鼓高速旋转，外接合鼓的转速超过电枢轴和花键套筒的转速，内接合鼓沿花键右移，从动片与主动片分开，使驱动齿轮与电枢轴脱开，防止电动机超速。

四、起动机都有哪些常见的类型？

在各种起动机的三个组成部分中，电动机部分一般没有本质的差别，而控制方法和传动机构的啮入方式则有很大差异，因此起动机是按控制方法和传动机构的啮入方式的不同来分类的。

（1）按控制方法分类

按控制方法的不同，起动机可分为电磁式、减速式和永磁式。

① 电磁式起动机。电动机的磁场为电磁场的起动机。电磁场是指由线圈通电而在铁芯中产生的磁场。

② 减速式起动机。传动机构设有减速装置的起动机。其电动机一般采用高速小型电动机，质量和体积比电磁式起动机减小30%～35%。缺点是结构和工艺比较复杂。

③ 永磁式起动机。电动机的磁场由永久磁铁产生的起动机。由于磁极采用永磁材料制成，不需要励磁绕组，因此电动机结构简化、体积小、质量小。

（2）按传动机构啮入方式分类

① 惯性啮合式。驱动齿轮靠惯性力的作用，沿电枢轴移出，与飞轮啮合，使发动机起动。发动机起动后，当飞轮的转速超过电枢轴的转速时，驱动齿轮靠惯性力的作用退回，脱离与飞轮的啮合，防止电动机超速。

② 强制啮合式。利用电磁力拉动杠杆机构，使驱动齿轮强制啮入飞轮齿圈的起动机。其主要优点是工作可靠性高，因此被现代汽车广泛采用。

③ 电枢移动式。利用磁极产生的电磁力使电枢产生轴向移动，从而将驱动齿轮啮入飞轮齿圈的起动机。

④ 同轴式起动机。利用电磁开关推动电枢轴孔内的啮合推杆移动，使驱动齿轮啮入飞轮齿圈的起动机。

除上述以外，还有磁极为永久磁铁的永磁式起动机，以及内装减速齿轮的减速起动机等。

五、起动机是怎样工作的？

电磁操纵式控制机构，俗称电磁开关，使用方便、工作可靠，适合远距离操纵，所以目前应用广泛。起动发动机时，接通总开关，按下起动按钮，吸拉线圈和保持线圈的电路被接通，其电流通路为：蓄电池正极→主接线柱→电流表→总开关→起动按钮→接线柱→吸拉线圈→主接线柱→电动机保持线圈→搭铁→蓄电池负极。发动机起动后，在松开起动按钮的瞬间，吸拉线圈和保持线圈是串联关系，两线圈所产生的磁通方向相反，互相抵消，于是活动铁芯在复位弹簧的作用下迅速回位，使驱动齿轮退出啮合，接触盘在其右端小弹簧的作用下脱离接触，主开关断开，切断了起动机的主电路，起动机停止运转，如图4-3-7所示。

起动过程

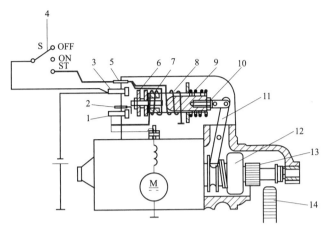

图 4-3-7 起动原理示意

1，3—主接线柱；2—点火线圈附加电阻短路接线柱；4—点火开关；5—起动接线柱；6—接触盘；
7—吸拉线圈；8—保持线圈；9—活动铁芯；10—调节螺钉；11—拨叉；
12—单向离合器；13—驱动齿轮；14—飞轮

 在线测验

通过任务学习，扫描下方二维码进入微知库平台的"在线测验"页面，完成在线测验。

任务 4.3 在线测验

 任务实施

要掌握"起动系统认知与拆装"的相关内容，结合实习车辆完成操作任务。

组装起动机视频

起动机的拆装流程如表 4-3-1 所示。

表 4-3-1 起动机的拆装流程

操作示意图	操作步骤描述
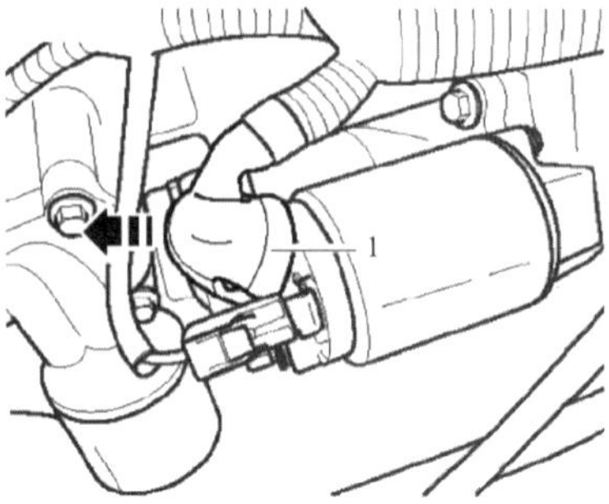	一、拆卸 ① 断开蓄电池负极电缆。 ② 脱开起动机电磁开关护罩 1。
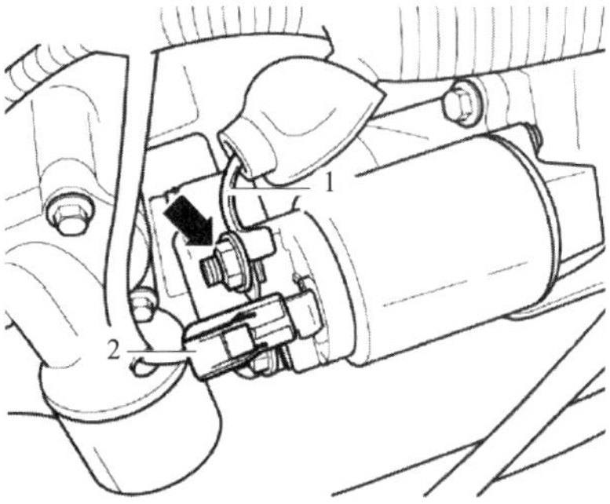	③ 断开起动机供电控制线束插头 2。 ④ 旋出起动机供电线束 1 的固定螺母（如箭头所示），脱开起动机供电线束 1 与起动机总成的连接。
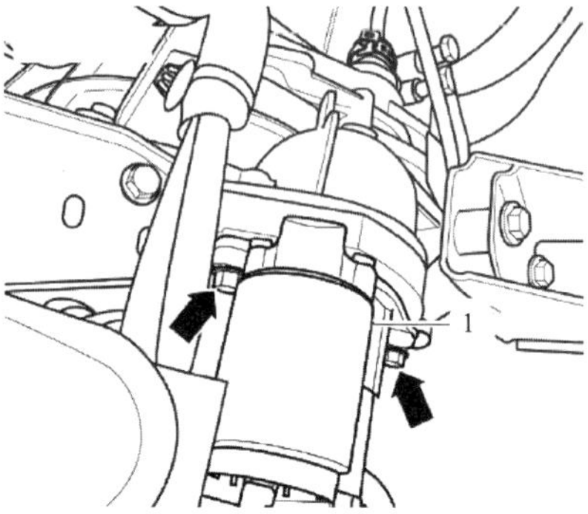	⑤ 旋出起动机总成 1 的固定螺栓（如箭头所示），取出起动机总成 1。 二、安装 安装以倒序进行

拓展提升

常见新型起动系统类型

（1）无钥匙起动

无钥匙起动的方式可分为两类：一类是按钮式，点火按钮位于中控台伸手可及之处，因此也称"一键起动"，例如宝马、奔驰等；另一类是旋钮式，一般位于原始的钥匙插口处，但是无须插车钥匙，直接拧动旋钮即可起动，例如日产、马自达等。

（2）发动机远程起动

通过遥控钥匙来远程起动发动机。其原理最为简单：车辆通过遥控钥匙发来的信号来起动发动机。整套过程省去了人为进入车内操作的不便，发动机在运转时中控锁还处于闭锁状态，有效提供了安全保障。通常来说，远程起动发动机后车辆会连续工作 10 min，之后若无收到其他指示，则会自动熄火。此种方式同样可以起到提升驾驶室温度的作用。

任务 4.4 灯光系统认知与拆装

学习目标

1. 了解汽车车灯的类型及作用；
2. 掌握车灯的操作方法；
3. 会正确拆装车灯总成。

相关知识

一、汽车的车灯有哪些?

汽车上都装有多种照明设备和灯光信号装置，俗称灯系，作用是保证发动机的正常工作和汽车的行驶安全可靠。不同汽车的照明及信号系统是不完全相同的，但都必须满足两个要求：保证运行安全，符合交通法规。

照明及信号灯的认知

汽车照明灯是汽车夜间行驶必不可少的照明设备，为了提高汽车的行驶速度，确保夜间行车的安全，汽车上装有多种照明设备。汽车照明灯根据安装位置和用途不同，一般可分为：外部照明装置、内部照明装置。车内照明系统包括顶灯、仪表灯、后备厢灯等，分别用于夜间车内、观察仪表和取放行李物品的照明。车外照明系统包括前照灯、雾灯和牌照灯等。车外照明系统（除牌照灯外）的主要作用是为本车驾驶员提供路面照明，在一定情况下也可以起信号作用，例如超车时闪烁大灯以示对方注意。车外照明系统是行车安全的关键部件，属于强制性检验的灯光。而前照灯在所有的照明设备中具有特殊的光学性质，其照明效果直接关系着夜间行车的安全。

外部车灯的及时维护十分重要，因为这不仅影响到行车的舒适性，而且还直接关系到行车的安全性。通常情况下车主自己很难意识到前照灯、尾灯、转向灯或刹车灯是否仍在正常进行工作。

有些车灯是为了夜间行驶照明，使驾驶员了解周围环境以及确保安全而安装的。有些车灯用于内部照明，在车身内部装有组合仪表，起动汽车前，汽车驾驶员可以通过组合仪表上的仪表、报警指示灯及时获取汽车各系统工作状态的信息，提高驾驶员行车的安全性。

(1) 外部车灯

外部车灯包括后组合灯固定部分总成、后组合灯活动部分总成、前组合灯总成、前雾灯总成和高位制动灯等部件（图4-4-1），其功能如下：

前组合灯：主要起照明和信号作用。

转向信号灯：用来向其他道路使用者提示车辆转向。

雾灯：用于雨雾天气行车时的照明和提示。

制动灯：主要起车辆要减速或停车的提示作用。

倒车灯：主要起倒车提示作用。

牌照灯：用于给车辆牌照照明，方便在黑暗中辨别车辆牌照。

位置灯：用于在夜间显示车身宽度和长度。

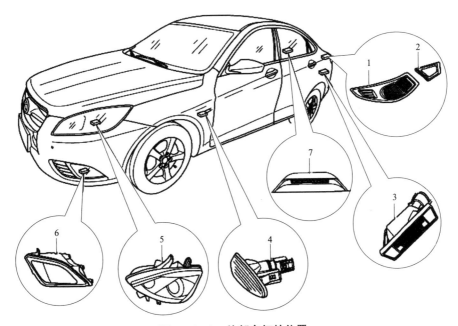

图4-4-1 外部车灯的位置

1—后组合灯固定部分总成；2—后组合灯活动部分总成；3—牌照灯；4—侧转向灯；
5—前组合灯总成；6—前雾灯总成；7—高位制动灯

(2) 内部车灯

内部车灯包括手套箱灯、前顶灯、后顶灯、前门迎宾灯和后门迎宾灯等部件（图4-4-2），其功能如下：

前顶灯：给车内前部提供照明。

后顶灯：给车内后部提供照明。

后备厢灯：给后备厢提供照明。

前门迎宾灯：给夜间从前门进入车内提供前门附近照明。

后门迎宾灯：给夜间从后门进入车内提供后门附近照明。

手套箱灯：给手套箱内部提供照明。

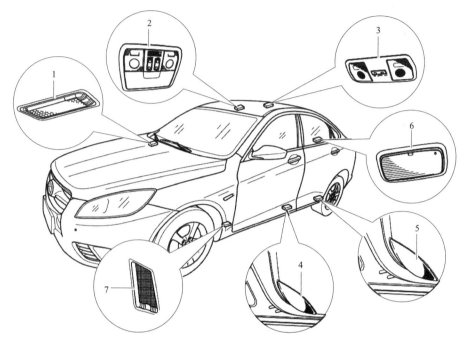

图4-4-2 内部车灯的位置

1—手套箱灯；2—前顶灯；3—后顶灯；4—前门迎宾灯；5—后门迎宾灯；6—后备厢灯；7—环境灯

二、汽车的车灯怎样使用？

（1）示廓灯

示廓灯（图4-4-3）也叫示宽灯，俗称小灯。光从字面上看，"示"是警示的意思，"廓"有轮廓之意，所以示廓灯是一种警示标志的车灯，用来提醒其他车辆注意的示意灯。这种灯一般安装在汽车顶部的边缘处，既能表示汽车高度又能表示宽度。安全标准规定车身高于3 m的汽车必须安装示廓灯。

灯光的打开方式

图4-4-3 示廓灯的位置

示廓灯的颜色为前白后红。将灯光开关（图4-4-4）开至第一挡时，前后亮的灯就是示廓灯。示廓灯用于在傍晚行驶时，让别的车辆看见。当你从后视镜看不清楚后边的时候，就该点亮小灯，特别是下雨天。但是很多司机会用示廓灯代替近光灯在黑暗中行车，这是很危险的，因为示廓灯无法照亮前方道路。

图4-4-4 示廓灯开关的位置

（2）近光灯、远光灯

近光灯就是为了近距离照明，设计要求就是照射范围大（160°）、照射距离短，聚光度无法调节。近光灯的照射距离为30~40 m。远光灯的照射高度比近光灯要高，因此能够照亮更高更远的物体。根据实验得知：夜间以55 km/h速度行驶时，发现情况立即踩制动，停车距离正好为30 m，即从在近光灯照射范围内发现情况到立即停车，车与物体之间已无间隙。当然这是在车况、路况及驾驶员反应均良好的情形下。如果在高于这一车速、车况、路况较差和驾驶员疲劳反应时间长等情况下，其结果就可想而知了。因此，夜间行车一定要控制车速。在平坦宽阔、视线良好的道路上使用远光灯时，车速可适当加快；而在遇上路面不平、转弯、桥梁、窄路或交叉路口等复杂情况时应减速慢行，车速一般控制在40 km/h以内。

示廓灯的下一挡就是大灯，也就是远近光灯（图4-4-5）。它的主要作用是为汽车行驶时照明，车的远近光灯不可以同时打开，也就是远近光灯的切换，切换手柄在转向盘左下侧，上下拨动可以切换远近光灯。

图4-4-5 远近光灯开关的位置

远光灯的照射高度比近光灯要高，因此能够照亮更远的物体。近光灯一般在有灯光照射的公路上使用；远光灯则在没有灯光照明的公路上使用，也会经常用于照亮远处公路上方的路牌。

在以下几种情况下必须打开近光灯：在天黑没有路灯的地段开车以及在傍晚天色较暗或黎明曙光初现时开车，都必须打开近光灯；如果赶上大雾、下雪或大雨天气，视线受阻，那么即使在白天也必须打开近光灯；在一些路段虽然有照明设备，但亮度不够，这时也应该打开近光灯。在傍晚判断自己是否应该打开近光灯时，可以看看自己的后视镜。如果你从后视镜中看后车已经开始变得模糊，那么就意味着应该打开近光灯了。

只有在路上没有其他照明设备，而且对面没有车辆行驶的情况下，才能使用远光灯，否则会严重干扰对方视线，甚至造成交通事故。一定要小心，不要误将远光灯当近光灯用。碰到以下几种情况必须立即将远光灯换成近光灯：一是对面有车开来；二是离前面同方向的车距离较近；三是当路上已经有足够的照明度；四是在过铁路交叉道口和回到交通繁忙的街道上的时候。

（3）雾灯

雾灯是在大雾天气里使用的灯光信号，雾灯在雾中的穿透力更强，因此更容易让车辆或行人及早注意到。雾灯分前雾灯（图4-4-6）和后雾灯（图4-4-7），前雾灯一般为明亮的白色，后雾灯则为红色。后雾灯的标志和前雾灯有一点区别，前雾灯标志的灯光线条是向下的，后雾灯的是平行的，一般位于车内的仪表控制台上。由于雾灯亮度高、穿透性强，不会因雾气而产生漫反射，所以正确使用能够有效预防事故的发生。在有雾的天气，前、后雾灯通常是一起使用的。

图4-4-6 前雾灯的位置

图4-4-7 后雾灯的位置

图4-4-8 雾灯开关的位置

雾灯的使用：如图4-4-8所示，遇到雾、雨、雪天气，视线不清的时候，就必须打开前雾灯，白天也不能例外。许多车型都将雾灯设计成跟位置灯或近光灯共同使用。

（4）日间行车灯

日间行车灯是指使车辆在白天行驶时更容易被识别的灯具，装在车身前部（图4-4-9）。也就是说这个灯具不是照明灯，不是为了使驾驶员能看清路面，而是为了让别人知道有一辆车开过来了，属于信号灯的范畴。

图4-4-9 日间行车灯的位置

汽车发动机一起动，日间行车灯则自动开启，并不断增加亮度以引起路上其他机动车、非机动车以及行人的注意。当夜晚降临，驾驶员手动打开近光灯后，日间行车灯则自动熄灭。

欧盟规定：从2011年2月7日起，欧盟国家境内所有新的乘用车和小型货车都必须安装日间行车灯；从2012年8月7日起，欧盟国家境内所有新的各类货车和公共汽车都必须安装日间行车灯。

（5）双闪灯

双闪灯又称为报警闪光灯（图4-4-10），作为一种旌旗灯号，提示过往车辆和行人注意。

如图4-4-11所示，在车辆的仪表盘上有一个带有赤色三角形的按钮，按下去便可开启双闪灯，引起其他车辆警戒，避免发生追尾等事故。除在车辆出现故障、暂时泊车等环境下，当碰到雾、雨、雪、沙尘等能见度小于100 m的情况时，也可使用双闪灯。

图4-4-10 报警闪光灯的位置

图4-4-11 报警闪光灯开关的位置

（6）制动灯

制动灯定义也很好理解，便是制动时亮起的灯。制动灯包括尾部制动灯和高位制动灯（图4-4-12）。制动灯是和制动踏板相关联的，当驾驶员踩下制动踏板时，制动灯即亮起，以提示后面的车辆注意。当驾驶员松开制动踏板时，制动灯即熄灭。

图 4-4-12　高位制动灯的位置

（7）牌照灯

每辆汽车前、后的明显位置都装有号码牌照，每块牌照的旁边装的就是牌照灯（图 4-4-13）。其作用是为了夜间能够清楚地看到牌照号码（牌号），通过牌号就可查出车辆的所有数据资料。一旦汽车发生交通事故，交警可以从汽车的前、后方看到车辆的牌号，并通过牌号查找出车辆的责任人。

图 4-4-13　牌照灯的位置

汽车牌照灯是夜间或者天色比较暗的时候和行车位置灯（位置灯，即一般所说的小灯，它主要是表明车辆存在和宽度的灯）一起打开的灯，一般用于配合警方在夜间跟踪和监视工作。牌照灯没有独立的开关，它和小灯是由同一个开关控制的。

（8）倒车灯

倒车灯（图 4-4-14）装于汽车尾部，用于照亮车后路面，并警告车后的车辆和行人该车正在倒车，倒车灯全部是白色的。倒车灯同样没有独立的开关，都是与倒挡相关联的，不用单独操作。

图 4-4-14　倒车灯的位置

（9）转向灯

转向灯（图 4-4-15）是在机动车辆转向时开启以提示前、后、左、右车辆及行人注意的重要指示灯。转向灯采用氙气灯管，单片机控制电路，左、右轮换频闪不间断工作。转向灯采用闪光器，实现灯光闪烁，主要可分为阻丝式、电容式和电子式三种。

转向灯是表示汽车动态信息最主要的装置，安装在车身前、后，在汽车转弯时开启，它为行车安全提供了保障。为了您和他人的安全，请按规定使用转向灯，使人们提前知道汽车的动向，做出正确的判断。

图 4-4-15　转向灯的位置

（10）阅读灯

阅读灯（图 4-4-16）是在车内光线不足时，提供给乘坐人员足够的亮度，便于车内阅读之用，同时又不会影响驾驶员的正常驾驶。

（11）LED 车灯的优势

① 寿命长，一般可达几万乃至十万小时。有人认为如果未来的汽车照明使用 LED，整个汽车使用期限不用更换灯具。

图 4-4-16 阅读灯的位置

② 节能，比同等亮度的白炽灯起码节电一半以上。
③ 光线质量高，基本上无辐射，属于"绿色"光源。
④ LED 的结构简单，内部支架结构，四周用透明的环氧树脂密封，抗振性能好。
⑤ 无须热起动时间，亮灯响应速度快（纳秒级），适用于移动速度快的物体使用。
⑥ 适用电压为 6～12 V，完全可以应用在汽车上。
⑦ LED 占用体积小，设计者可以随意变换灯具模式，令汽车造型多样化。

 在线测验

通过任务学习，扫描下方二维码进入微知库平台的"在线测验"页面，完成在线测验。

任务 4.4 在线测验

 任务实施

要掌握"灯光系统认知与拆装"的相关内容，结合实习车辆完成操作任务。

汽车前大灯的拆装

前照灯的拆装流程如表 4-4-1 所示。

项目四 电气系统构造与拆装

表 4-4-1 前照灯的拆装流程

操作示意图	操作步骤描述
	一、拆卸 ① 断开蓄电池负极电缆。 ② 拆卸前保险杠总成。 ③ 断开左侧前组合灯总成连接插头（如箭头所示）
	④ 旋出左侧前保险杠上支架固定螺栓（如箭头所示）。 ⑤ 取下左侧前保险杠上支架1
	⑥ 旋出左侧前组合灯总成固定螺栓组件（如箭头所示）。 ⑦ 取出左侧前组合灯总成1。 提示：小心地拉出左侧前组合灯总成，拉出到可以拆下左侧前组合灯调光电动机连接插头距离即可
	⑧ 断开左侧前组合灯调光电动机1连接插头（如箭头A所示）。 ⑨ 取下左侧前组合灯总成。 二、安装 安装以倒序进行，同时注意下列事项： ① 检查前组合灯总成与车身之间的间隙尺寸是否均匀。如果前组合灯总成与车身之间的间隙尺寸不均匀，必须调整安装位置。 ② 安装后需调整左侧前组合灯

续表

操作示意图	操作步骤描述
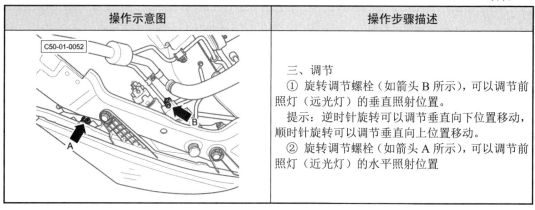	三、调节 ① 旋转调节螺栓（如箭头 B 所示），可以调节前照灯（远光灯）的垂直照射位置。 提示：逆时针旋转可以调节垂直向下位置移动，顺时针旋转可以调节垂直向上位置移动。 ② 旋转调节螺栓（如箭头 A 所示），可以调节前照灯（近光灯）的水平照射位置

自适应转向大灯

自适应转向大灯系统（AFS）能够根据汽车转向盘角度、车辆偏转率和行驶速度，不断对前照灯进行动态调节，适应当前的转向角，保持灯光方向与汽车的当前行驶方向一致，以确保对前方道路提供最佳照明并给驾驶员提供最佳可见度，它能够根据行车速度、转向角度等自动调节照明灯的偏转，以便能够提前照亮"未到达"的区域，提供全方位的安全照明，从而显著增强黑暗中驾驶的安全性，在路面无（弱）灯或多弯道的路况中，扩大驾驶员的视野，从而可提前提醒对方来车，如图 4-4-17 所示。

图 4-4-17 自适应转向大灯示意

AFS 系统有三种形式：

① 转向头灯形式：就是头灯内灯具可以左右旋转 8°～15° 照明弯道死角。
② 利用独立弯道照明系统：就是在灯具里有一个固定的灯泡照向弯道，转弯时候自动点亮。
③ 利用左、右雾灯进行弯道照明：转向时对应弯内侧雾灯亮起，照明弯道死角。

任务 4.5　雨刮系统认知与拆装

学习目标

1. 了解雨刮系统的组成及作用；
2. 掌握雨刮系统的基本原理；
3. 会正确拆装雨刮器。

相关知识

一、汽车都需要雨刮系统吗？

雨刮系统主要用于清洁前、后风窗玻璃上的雨水、灰尘等影响驾驶员视野的物体，可以在雨天为驾驶员提供良好的视野，减少事故的发生次数。雨刮系统有前风窗雨刮、后风窗雨刮两种，如图 4-5-1、图 4-5-2 所示。后风窗雨刮一般使用在 SUV 和两厢汽车上。此外，通常也把前照灯清洗归类到雨刮系统里面。

雨刮器

图 4-5-1　前风窗雨刮

图 4-5-2 后风窗雨刮

后风窗雨刮在结构和原理上和前风窗雨刮基本一样。雨刮系统主要由电动雨刮器、雨刮系统开关和风窗玻璃洗涤器等组成。前雨刮系统主要由前刮臂、雨刮片、前雨刮电动机、储液罐、喷洗泵组成，后雨刮系统由后雨刮电动机、后喷水嘴、后雨刮片等组成（图 4-5-3）。

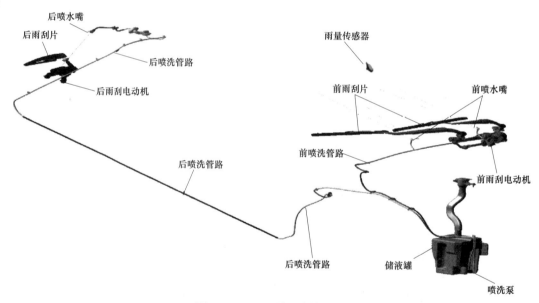

图 4-5-3 雨刮系统的结构

二、雨刮系统是怎样工作的？

（1）连动机构

雨刮连动机构主要由雨刮片、雨刮臂、连杆机构、雨刮电动机等部件组成，如图 4-5-4 所示。雨刮片是一条薄的弓形构件，有一根橡胶条嵌入其中。橡胶条通过在玻璃上的来回刮动来清洁玻璃表面。雨刮臂为雨刮片提供支撑，并将雨刮片压紧在风窗玻璃上。连杆机构由连接杆和枢轴组成,能把雨刮臂与雨刮电动机连接起来。雨刮电动机驱动雨刮臂和雨刮片,使它们能够沿着风窗玻璃表面在两个方向来回交叉地刮动。电动机的速度是由驾驶员通过雨刮系统开关来控制的

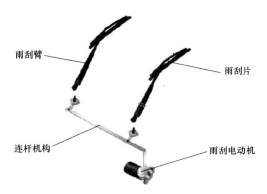

图 4-5-4 雨刮连动机构

（2）储液罐

雨刮储液罐安装在发动机舱内部,喷洗泵和洗涤液液位开关安装在储液罐上,如图 4-5-5 所示。配置后风窗洗涤功能的车辆,系统通常使用一个双向电动机带动喷洗泵,完成前、后风窗洗涤操作。

车身控制模块控制喷洗泵电动机往一个方向运转,将向前风窗玻璃喷淋洗涤液；若车身控制模块反向供电,电动机以相反的方向运转,将向后风窗玻璃喷淋洗涤液。洗涤液液位开关用于监测洗涤液液位,液位不足时通过仪表提醒驾驶员。在寒冷地区使用雨刮系统,必须向储液罐内加注防冻洗涤液。

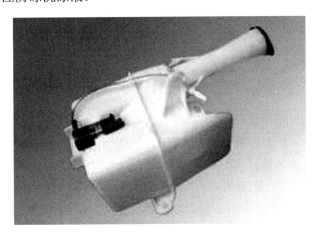

图 4-5-5 储液罐和喷洗泵总成

（3）组合开关

雨刮组合开关（图 4-5-6）位于转向盘转向柱右侧,只有将点火开关置于 ACC/ACCESSORY（附件）或 ON/RUN（打开/运行）位置时,才可以操作风窗玻璃雨刮系统。

图 4-5-6 雨刮组合开关

（4）雨刮电动机

雨刮电动机（图 4-5-7）为永磁电动机，通过蜗轮蜗杆减速传动装置降低电动机输出转速，在减速传动装置的蜗轮上有一凸轮板开关，使得每次雨刮系统开关关闭后雨刮电动机都会停在同样的位置（雨刮最低位）。

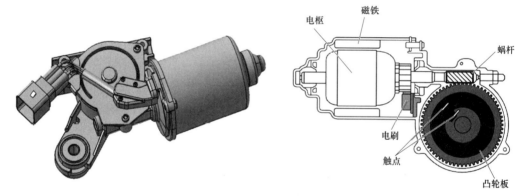

图 4-5-7 雨刮电动机

三、自动雨刮系统是怎样工作的？

当雨刮功能操纵杆置于自动雨刮挡时，调节旋转开关，可延长或缩短刮水间隔。在装有雨量传感器的车上，雨量传感器将根据雨量大小自动调节雨刮速度。在雨刮操纵杆上的旋钮开关则用于调节雨量传感器的灵敏度。顺时针旋转增加灵敏度，逆时针旋转减小灵敏度，雨量传感器的灵敏度一共分为 4 级，顺时针旋转到顶部为 4 级（最灵敏），逆时针旋转到底部为 1 级（最不灵敏）。驾驶员通过调节雨量传感器灵敏度来调整自动雨刮速度，以符合自己的驾驶习惯。

（1）组合开关

在有该项配置的车型中，将雨刮系统开关打到 AUTO 挡，雨量传感器会自动检测到环境是否下雨，及时起动雨刮，并可以伴随车速和雨量大小，对雨刮速度进行调节（图 4-5-8）。

图 4-5-8 自动雨刮组合开关

MIST—单次刮水；OFF—停；AUTO—自动刮水；LOW—低速刮水；HIGH—高速刮水

（2）车身控制模块

车身控制模块是雨刮系统的主控模块，模块从雨刮开关接受指令信号，通过继电器控制雨刮电动机和喷洗泵工作。

（3）雨量感应式雨刮

雨量感应式雨刮是指在车辆前风窗玻璃内侧安装一个雨量传感器（图 4-5-9），用于监测外界雨量的大小，并将信号通过 LIN 网络传递给车身控制模块（BCM），以自动控制雨刮的启用以及间歇挡的延时，如图 4-5-9 所示。

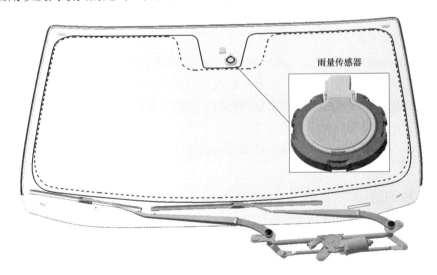

图 4-5-9 雨量传感器的位置

执行自动雨刮功能时，需要将雨刮系统开关放置在自动挡位（AUTO）。当启用该功能时，根据雨量传感器监测的雨量大小，车身控制模块自动控制雨刮间歇运转，间歇 1 设置对应传感器最低灵敏度，间歇 5 设置对应传感器最高灵敏度，雨量越大，灵敏度越高，雨刮速度越快。雨量传感器内部有一个 LED 的发光二极管负责发送远红外线，当玻璃表面干燥时,光线几乎是100%地被反射回来,这样光电二极管就能接收到很多反射光线。玻璃上的雨水越多,反射回来的光线就越少,其结果是雨刮动作越快。

当前雨刮开关处于 INT/AUTO 位置,如果雨量传感器功能配置为禁止,则前雨刮工作在间歇模式;如果雨量传感器功能配置为启用,则前雨刮按照雨量传感器的请求工作在停止、低速或高速模式。间歇模式为低速运行,设定时间由间歇挡位开关及车速共同决定。

① 前雨刮在 INT 挡工作时可以调节间歇时间。

② 前雨刮在 AUTO 挡工作时可以调节雨量传感器的灵敏度。

③ 退出前雨刮高速模式。

④ 如果前雨刮在高速刮擦运行时被切换至 OFF 状态,那么前雨刮电动机立即切换至低速状态并运行到起始位置。

⑤ 在前雨刮运行过程中,如果点火开关设置为 OFF、ACC 或 START,那么前雨刮就立即停止工作。

⑥ 前洗涤功能开启。点火开关处于 ON 后,打开前洗涤开关,BCM 立即开启前洗涤电动机清洗风窗。如果前洗涤开关一直处于按下状态的话,则前洗涤电动机持续工作,直至开关按下时间超过 12 s,前洗涤功能才自动关闭。

⑦ 前雨刮洗涤联动。当前洗涤开关按下时间小于 280 ms 时,BCM 不激活雨刮洗涤联动功能;大于 280 ms 时,BCM 则激活雨刮洗涤联动功能。

⑧ 前雨刮联动延续刮擦。当前洗涤功能结束时,前雨刮会以低速模式继续刮擦 3 次,然后停顿 1 s 再刮 1 次。

⑨ 后洗涤及雨刮洗涤联动。当后洗涤开关为 ON 且点火开关为 ON 时,BCM 则立即开启后洗涤电动机来清洗后风窗,后雨刮进入雨刮洗涤联动模式。

当前洗涤开关松开或点火开关设置为 OFF、ACC 或 START 时,或者后洗涤工作时间超过 12 s 时,后洗涤功能就立即停止工作。

当后洗涤功能结束时,后雨刮会以低速模式继续刮擦 3 次,然后停顿 1 s 再刮 1 次。

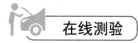

在线测验

通过任务学习,扫描下方二维码进入微知库平台的"在线测验"页面,完成在线测验。

任务 4.5 在线测验

任务实施

要掌握"雨刮系统结构与拆装"的相关内容,结合实习车辆完成操作任务。

雨刮片的更换

汽车雨刮器拆装

雨刮片的拆装流程如表 4-5-1 所示。

表 4-5-1 雨刮片的拆装流程

操作示意图	操作步骤描述
	一、拆卸 ① 打开发动机舱盖。 ② 向上翻起左侧雨刮臂 1。 ③ 按压固定件(如箭头所示),从左侧雨刮臂 1 上拆下左侧雨刮片 2。 提示: 操作时要小心,以防损坏前风窗
	二、安装 安装以倒序进行,同时注意下列事项: ① 将雨刮片固定件推入雨刮臂止位。 ② 小心将雨刮臂翻回到风窗玻璃上 ③ 将雨刮臂运行到复位位置

雨刮臂的拆装流程如表 4-5-2 所示。

表 4-5-2 雨刮臂的拆装流程

操作示意图	操作步骤描述
	一、拆卸 ① 撬下左侧前雨刮臂 1 的螺母盖帽(如箭头所示)

续表

操作示意图	操作步骤描述
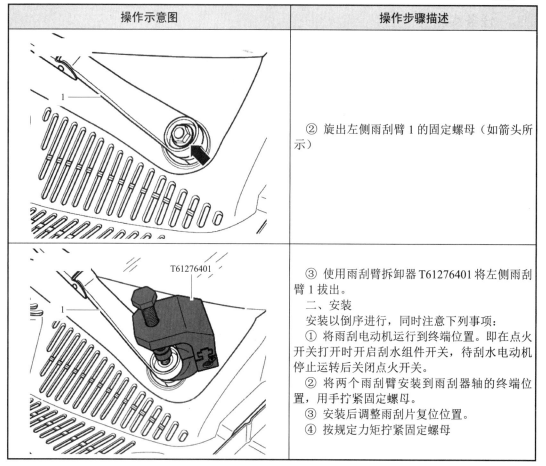	② 旋出左侧雨刮臂 1 的固定螺母（如箭头所示） ③ 使用雨刮臂拆卸器 T61276401 将左侧雨刮臂 1 拔出。 二、安装 安装以倒序进行，同时注意下列事项： ① 将雨刮电动机运行到终端位置。即在点火开关打开时开启刮水组件开关，待刮水电动机停止运转后关闭点火开关。 ② 将两个雨刮臂安装到雨刮器轴的终端位置，用手拧紧固定螺母。 ③ 安装后调整雨刮片复位位置。 ④ 按规定力矩拧紧固定螺母

 拓展提升

前照灯清洗：

图 4-5-10 前照灯清洗

有些车辆装备有前照灯洗涤器，前照灯洗涤器可以清洁灯罩上的杂污，如图 4-5-10。打开点火开关，点亮前照灯，按下雨刮喷水开关并保持 2 s，前照灯清洗系统将连续两次喷洒洗涤液至前照灯上，之后停用前照灯洗涤器 2 min。如果洗涤液液位过低，则喷洒后大约 4 min 内洗涤器将无法打开。

项目四
电气系统构造与拆装

任务 4.6　空调系统认知与拆装

学习目标

1. 了解空调系统的作用及组成；
2. 掌握空调制冷的基本原理；
3. 会正确拆装空调滤清器。

相关知识

一、汽车都装有空调吗？

汽车空调系统是对车厢内空气进行制冷、加热、除湿、通风换气的装置，可提供舒适的乘车环境，降低驾驶员的疲劳强度，提高行车安全性。

空调系统由压缩机、冷凝器、蒸发器芯体和控制面板等部件组成(图4-6-1)。空调系统利用空气的热传递效应将空气中的热量向低温处传播。蒸发器处于低温时，会吸收外部热量，以制冷剂作为传导介质被压缩机抽走，制冷剂经压缩机压缩后温度上升，此时制冷剂温度比外部环境温度高出许多，高温制冷剂流进冷凝器内，通过电子风扇向外界排放热量，降低温度，然后经膨胀节流作用生成低温制冷剂流入蒸发器，就这样循环不断地抽取车厢内的热量，从而达到降温效果。

空调系统的认知

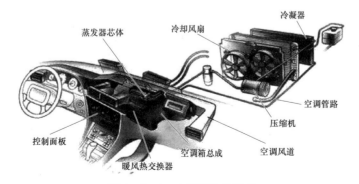

图 4-6-1　空调系统的组成

汽车空调由四大系统组成：制冷系统、加热系统、空气分配与通风系统、电气控制系统。空调采用的都是电子控制的，分为电控数显和自动空调；自动空调又可以分为单区控制和双区控制。

汽车空调的控制方式通常分为四部分，即冷却风扇控制、压缩机控制、鼓风机及风道选择控制、温度控制。空调制冷剂循环管路系统分为高压管路和低压管路。

二、汽车空调为什么能制冷？

汽车空调系统主要由空调压缩机、膨胀阀、冷凝器、蒸发器、储液罐 1 干燥器、管道、冷凝风扇、鼓风电动机和控制单元等组成。

（1）汽车空调压缩机

汽车空调压缩机（图 4-6-2）是汽车空调制冷系统的心脏，起着压缩和输送制冷剂蒸气的作用，可分为不可变排量和可变排量两种。根据工作原理的不同，汽车空调压缩机可以分为定排量压缩机和变排量压缩机。

根据工作方式的不同，汽车空调压缩机一般可以分为往复式和旋转式，常见的往复式压缩机有曲轴连杆式和轴向活塞式，常见的旋转式压缩机有旋转叶片式和涡旋式。

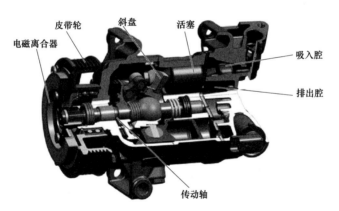

图 4-6-2 汽车空调压缩机的结构

定排量压缩机的排气量随着发动机转速的提高而成比例地提高，它不能根据制冷的需求而自动改变功率输出，而且对发动机油耗的影响比较大。它的控制一般通过采集蒸发器出风口的温度信号来实现，当达到设定的温度时，压缩机电磁离合器松开，压缩机停止工作。当温度升高后，电磁离合器接合，压缩机开始工作。定排量压缩机也受空调系统压力的控制，当管路内压力过高时，压缩机停止工作。

变排量压缩机可以根据设定的温度自动调节功率输出。空调控制系统不采集蒸发器出风口的温度信号，而是根据空调管路内压力的变化信号控制压缩机的压缩比来自动调节出风口温度。在制冷的全过程中，压缩机始终是工作的，制冷强度的调节完全依赖装在压缩机内部的压力调节阀来控制。当空调管路内高压端的压力过高时，压力调节阀缩短压缩机内活塞行程以减小压缩比，这样就会降低制冷强度。当高压端压力下降到一定程度，低压端压力上升到一定程度时,压力调节阀则增大活塞行程以提高制冷强度。

(2)膨胀阀

储液罐/干燥器的制冷剂由进液孔流入膨胀阀(图4-6-3),经过球阀进入膨胀阀出液孔而流入蒸发器。球阀的开度决定了制冷系统中制冷剂循环量的多少。球阀的开度受到感温包的压力、蒸发器出口的压力和球阀弹簧压力的共同作用。在空调正常工作时,如果球阀开度减小,制冷剂流量下降,则蒸发器出口的温度上升,感温包内制冷剂温度上升,压力也上升,从而推动膜片下移,推开球阀,使球阀开度增大,制冷剂流量增加,把蒸发器产生的冷源控制在一定的范围内,反之亦然。

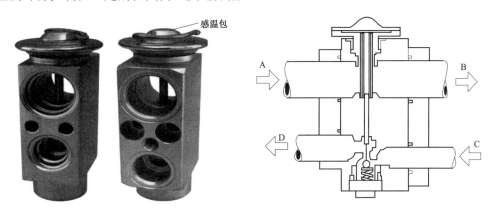

图4-6-3 膨胀阀的结构

(3)冷凝器

汽车空调的冷凝器(图4-6-4)的作用是通过冷凝器将热量散发到车外空气中,从而使高温、高压的制冷剂气体冷凝成较高温度的高压液体。

图4-6-4 冷凝器

汽车空调冷凝器有管片式、管带式及平行流式三种结构形式。平行流式冷凝器也是一种管带式结构,它是适应新的制冷剂R134a而研制的新结构冷凝器。它实现了冷凝器内制冷剂温度及流量分配均匀,提高了换热效率,降低了制冷剂在冷凝器中的压力损耗,这样就减少了压缩机功耗,使得换热效率提高了。

（4）蒸发器

蒸发器的功用是将经过节流降压后的液态制冷剂在蒸发器内沸腾汽化,吸收蒸发器表面周围空气的热量而降温,风机再将冷风吹到车厢内,达到降温的目的。

汽车空调蒸发器有管片式、管带式、层叠式三种结构。

层叠式蒸发器由两片冲成复杂形状的铝板叠在一起组成制冷剂通道,每两片通道之间夹有蛇形散热铝带。这种换热器工艺复杂,但它是换热效率最高、结构最紧凑的换热器。采用 R134a 制冷剂的汽车空调就应该采用这种结构形式的蒸发器。

图 4-6-5 所示是蒸发器的工作原理。蒸发器也是一种换热器。当制冷剂由液态变为气态时,通过汽化潜热的吸收把通过蒸发器的空气进行冷却,达到把车厢内空气冷却的目的。

（5）储液罐/干燥器

储液罐/干燥器（图 4-6-6）处于冷凝器与膨胀阀之间。它所具有的功能有三个:储存制冷剂,对制冷剂进行干燥和过滤,保证向膨胀阀供给的只是液态的制冷剂。

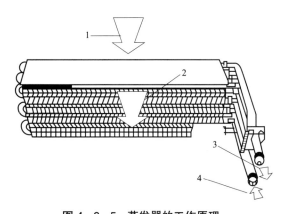

图 4-6-5 蒸发器的工作原理
1—热空气；2—冷空气；3—制冷剂气体；4—制冷剂液体

图 4-6-6 储液罐/干燥器
1—来自冷凝器的管路；2—视液镜；3—到膨胀阀的出管；
4—干燥单元；5—液态制冷剂；6—吸管

（6）空调的控制面板功能

空调的控制面板功能如图 4-6-7 所示。

（7）制冷剂和润滑油

汽车空调系统一般使用的制冷剂名称是 R134a（图 4-6-8）。R134a 具有 R12 的大多数优点,同时对大气没有损害作用。R134a 中不含氯使它对环境无害,但 R134a 在一定的压力和浓度下易燃。空调系统不能混合使用不同的制冷剂。例如,使用 R-12 的老式空调系统不能加注 R134a 制冷剂。

空调面板功能识别

在任何情况下都不要在同一系统中混用 R-12 和 R134a。混用制冷剂被称作交叉污染,可以造成空调系统严重损坏。此外,在常规诊断中还很难识别制冷剂是否受到污染。

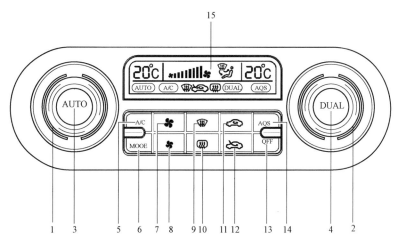

图 4-6-7 空调的控制面板功能

1—左温区温度调节旋钮；2—右温区温度调节旋钮；3—全自动运行键（AUTO 键）；4—单双温区切换键（DUAL）；5—压缩机开启关闭键（A/C 键）；6—模式切换键（MODE）；7—风量增加键；8—风量减小键；9—前除霜快捷键；10—后除霜快捷键；11—内循环切换键；12—外循环切换键；13—系统关闭键；14—AQS 运行键；15—液晶显示屏

润滑油用于润滑空调系统的运动件与密封件。润滑油随制冷剂流经整个系统。润滑油与发动机油是不同的。空调系统中切不可使用发动机油。

空调系统所用的润滑油类型取决于制冷剂的类型。科技人员在开发一种制冷剂的同时也开发了配合使用的润滑油。R-12 空调系统使用矿物油型润滑油。R134a 系统使用聚二醇型润滑油，一般称为 PAG 机油（图 4-6-9）。PAG 机油与矿物油完全不相容，一定不要混用。

图 4-6-8 制冷剂

图 4-6-9 PAG 机油

空调系统用润滑油在很低的温度下仍可自由流动，其中含有防止空调系统起泡沫的添加剂。空调系统用润滑油易吸收水分，若保存不当，可能无法再用。

（8）空调系统的制冷原理

空调系统的制冷原理如图 4-6-10 所示。

① 空调系统制冷时，压缩机吸入从蒸发器出来的低温低压气态制冷剂，经压缩后，制冷剂温度和压力升高，被送入冷凝器。在冷凝器内，高温高压的气态制冷剂经冷凝器散热，

随后液化变成高温高压的液态制冷剂。

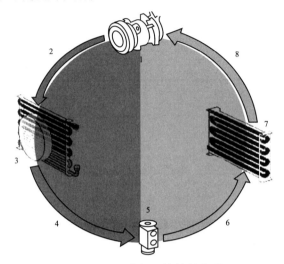

图 4-6-10 空调系统的制冷原理

1—压缩机；2—高温高压气态；3—冷凝器；4—中温高压液态；5—膨胀阀；
6—低温低压液态；7—蒸发器；8—低温低压气态

② 液体制冷剂流入储液罐/干燥器，存储和过滤液体制冷剂。

③ 经过过滤后的高温高压液态制冷剂流经膨胀阀，由膨胀阀将液体制冷剂转变成低温低压气/液混合物，流入蒸发器内。

④ 在蒸发器内，鼓风机将车内空气抽入蒸发器表面，空气经蒸发器散热片与低温低压的气雾态制冷剂进行热交换。制冷剂吸收车内的空气热量，将低温低压的气雾态制冷剂蒸发成低温低压的全气态制冷剂，再经管道送到压缩机低压端，进行下一次循环。

⑤ 经热交换释放出的冷空气由鼓风机送入车厢，降低车厢温度。

三、空调滤清器要定期更换吗？

空调滤清器（图 4-6-11）俗称花粉滤清器。汽车空调滤清器的作用是：过滤从外界进入车厢内部的空气，使空气的洁净度提高，一般的过滤物质是指空气中所包含的杂质，如微小颗粒物、花粉、细菌、工业废气和灰尘等。空调滤清器的效果是防止这类物质进入空调系统，破坏空调系统，给车内乘用人员良好的空气环境，保护车内人员的身体健康；还有就是防止玻璃雾化。

空调滤清器一般分两类：普通型空调滤清器和活性炭系列空调滤清器。普通型空调滤清器，一般是由一种特定的环保过滤材料经过加工折叠后做成，多为白色单层。活性炭系列空调滤清器，是由两面非制造布（无纺布）复合、中间夹有微小的颗粒活性炭做成的活性炭滤布，再深加工制作成空调滤清器。汽车空调滤清器，一般都装在汽车的副驾驶舱前的玻璃下仓，车主也可根据自身条件自助更换，因为它的拆装和操作过程都非常简单；也可在自己车的销售维修4S店里由店里的工作人员来更换。

普通型的空调滤清器就只能起抑制灰尘和颗粒物进入的作用，活性炭系列空调滤清器就能在空气经过阻流的很短时间里利用颗粒活性炭本身的物理性能，吸附空气中的微小物质和更多的有害物质。所以相比较而言，活性炭系列空调滤清器的效果要比普通的滤清器好很多。空调滤清器的更换时间和周期一般为汽车行驶 8 000～10 000 km 时更换，也可根据行车的外界环境来定。如果环境干湿度对比大、常年气候干燥、风沙大，则应提前更换。

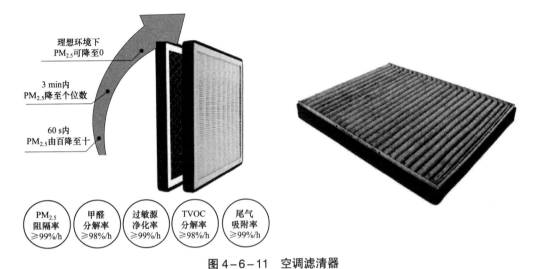

图 4-6-11 空调滤清器

通过任务学习，扫描下方二维码进入微知库平台的"在线测验"页面，完成在线测验。

任务 4.6 在线测验

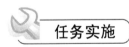

要掌握"空调系统认知与拆装"的相关内容，结合实习车辆完成操作任务。

空调滤清器的拆装

空调滤清器的拆装操作流程如表 4-6-1 所示。

表 4-6-1　空调滤清器的拆装操作流程

操作示意图	操作步骤描述
	一、拆卸 提示：空调滤清器位于副驾驶员侧脚部空间的上方。 ① 拆下手套箱。 ② 旋出螺钉（如箭头所示）
	③ 略微向外拉手套箱固定架,同时脱开空调空气滤清器盖板的锁止卡 1。 ④ 取下盖板。 ⑤ 向下从空调暖风系统中取出空调滤清器滤芯。 二、安装 安装以倒序进行

  拓展提升

空调系统常见判断方法：

① 触摸法——手摸检查各部分温度是否正常。

② 观察法——用眼检查泄漏部位，用视液镜判断系统工况。

③ 听诊法——用耳听和鼻嗅检查是否有异常响声和气味。

④ 断通法——用断开和接合电路的办法检查电器部件。

⑤ 测量法——用压力表判断空调系统工作是否正常。

项目四 电气系统构造与拆装

任务 4.7　安全气囊系统认知与拆装

相关知识

1. 了解安全气囊的作用及类型；
2. 掌握安全气囊的结构及原理；
3. 会正确拆装主安全气囊。

相关知识

一、安全气囊是汽车的标配吗？

气囊系统的全称为 Supplemental Inflatable Restraint System，简称 SRS，直译成中文为"辅助可充气约束系统"。

安全气囊是指撞车时在乘员产生二次碰撞前，使气囊膨胀以保护乘员的装置。安全气囊作为座椅安全带的乘员约束装置的辅助装置，被称为安全气囊系统。

安全气囊按碰撞类型可以分为正面安全气囊、侧面安全气囊和帘式安全气囊（图 4-7-1）。安全气囊系统由碰撞传感器、气囊组件及安全气囊 ECU 等组成。

图 4-7-1　汽车安全气囊的位置

汽车的安全性分为主动安全和被动安全两种，主动安全是指汽车防止发生事故的能力；被动安全是指在万一发生事故的情况下，汽车保护乘员的能力。安全气囊就是被动安全措施中的一项，是配合安全带共同作用的一种装置。

二、怎样识别车辆上是否装有安全气囊？

在转向盘中央，以及车上有"SRS AIRBAG"标识的部位，是安全气囊所在位置（图4-7-2）。

图4-7-2　主安全气囊的位置

日常使用安全气囊时，需要注意以下事项。

① 安全气囊是辅助安全系统的一部分，需与安全带配合使用。在不系安全带的状况下，安全气囊不但不能对乘员起到保护作用，还会对乘员造成严重伤害。

② 不能敲打或撞击安全气囊所在的部位。不能用水去直接冲洗气囊位置或者冒险涉水，因为受潮可能引起安全气囊无法使用；还应避免安全气囊和相关传感器处于高温和静电环境下，以免引发安全气囊错误打开。

③ 安全气囊和驾乘者之间，不要放置坚硬或尖锐的物体，要留有足够的空间以使在发生意外后气囊能充分地发挥保护作用。副驾驶位置有安全气囊的车辆，绝不能让儿童坐在前排或在此位置安置儿童座椅，否则气囊弹出时会给儿童造成巨大伤害。

④ 安全气囊在使用10年之后，其质量就更难以保证了，必须进行彻底检测或更换。

三、安全气囊是怎样工作的？

安全气囊系统的主要部件包括气囊系统警告灯、气囊控制器、前碰撞传感器、侧碰撞传感器、螺旋电缆、气囊线束、主、副气囊、侧气囊、侧气帘、预紧限力式安全带等。

（1）气囊系统警告灯

气囊系统警告灯（图4-7-3）在打开点火开关时应该亮起，

图4-7-3　气囊系统警告灯

在气囊控制单元完成自检后熄灭。如果气囊系统警告灯在车辆起动6～8 s后依然闪烁或长亮不熄，就表示气囊出现了故障。车辆在运行过程中，气囊系统警告灯闪烁5 s后长亮，也表示气囊出现了故障。

（2）气囊控制器

气囊控制器被安装在靠近车辆中心位置，即中央扶手箱下方（图4-7-4）。其内部有控制电路、安全及减速传感器、备用电源等。备用电源是电源电容器，万一碰撞时电源系统发生故障，备用电源即放电以使系统被触发。

安全气囊

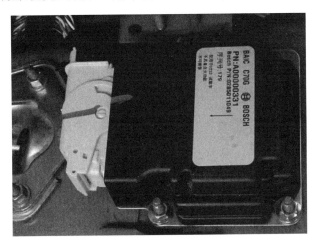

图4-7-4 气囊控制器

（3）前碰撞传感器

前碰撞传感器（图4-7-5）被安装在前部防撞横梁上，左、右各一。该传感器不能被分解。其检测碰撞时的纵向减速度值，并把减速度信息变成电信号，发给气囊控制器。

该传感器类型有两种：一种是由偏心转子机械机构组成的；另一种是由半导体元件制成的。

图4-7-5 前碰撞传感器

(4) 侧碰撞传感器

侧碰撞传感器（图 4-7-6）被安装在 B 柱内侧，左、右各一。该传感器不能被分解。其检测侧面碰撞时的加速度，并把加速度信息变成电信号，发给气囊控制器。该传感器类型有两种：一种是由偏心转子机械机构组成的；另一种是由半导体元件制成的。

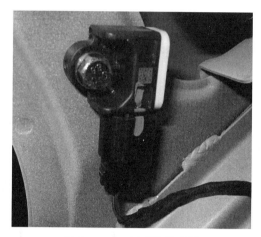

图 4-7-6 侧碰撞传感器

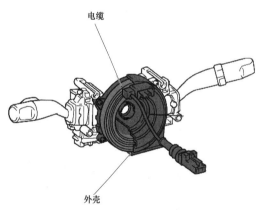

图 4-7-7 螺旋电缆

(5) 螺旋电缆（时钟弹簧）

从车身到转向盘，需要使用螺旋电缆（图 4-7-7）作为电气接头，螺旋电缆可以转动 5.5~6 圈。螺旋电缆在安装时必须居中，即找到一个位置向左与向右转的圈数相同即可。螺旋电缆中不止包括气囊相关线路，喇叭、转向盘多功能开关、巡航定速开关等都通过其传递电信号。

时钟弹簧用来连接驾驶员安全气囊与气囊连接线束，被安装于车辆的转向盘下方。它主要由柔性扁平电缆、做相对转动的壳体、线束（导电引出线）和接插件等组成。在转向盘向左、右的旋转动作中，要保证驾驶员安全气囊、喇叭开关等电器部件正常的电路连接。驾驶员安全气囊要随转向盘转动（可以想象成一根有一定长度的线束，缠绕在转向盘转向轴上，在随转向盘转动时可以适时地反向松开或者绕得更紧，但它也是有极限的，要保证转向盘往左或右打死时，线束不能被拉断），所以连接线束要留有余量，保证转向盘向一侧转到极限位置而不被拉断。这一点在安装时是特别需要注意的，尽量让时钟弹簧转轴保持在中间位置。

(6) 气囊线束插头

气囊线束插头（图 4-7-8）采用醒目的黄颜色。该插头具有双重锁止功能，避免线束插头虚接松动。

气囊线束插头内置有短路片,拔掉插头时,短路片接合,防止在误操作测量气囊时导致气囊起爆,短路片能分流降低流过气囊的电流。尽管如此,这样测量气囊仍是非常危险的,应被严格禁止。当插头连接时,插头上的装置会分开短路片。

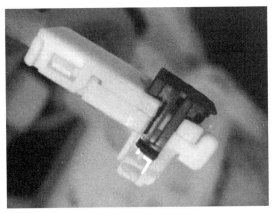
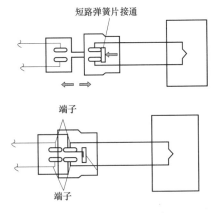

图 4-7-8　气囊线束插头

（7）主、副气囊

主气囊如图 4-7-9 所示,被安装于转向盘中央。气囊内部由引燃器、过滤器、气体发生颗粒、气体通道、气囊袋等组成。引燃器被控制器触发通电后,会在非常短的时间内引燃气体发生颗粒,从而产生大量氮气,把气囊袋充起来。侧气囊、侧气帘与主气囊的原理类似。

（8）安全带

安全带（图 4-7-10）是一种交通工具上的主动式安全装备。我国《道路交通安全法》第五十一条规定：机动车行驶时,驾驶员、乘坐人员应当按规定使用安全带。安全带是"生命带",在车辆发生碰撞事故时,安全带对乘员进行约束,以避免碰撞时乘员与转向盘及仪表板等发生二次碰撞,或避免碰撞时冲出车外导致死伤。

图 4-7-9　主气囊的外形

系安全带时,别让安全带扭结,然后将锁舌扣到锁扣中,再往上拽一拽锁舌,确认安全带是否已经完全锁住。不要把座椅靠背调得过度倾斜,否则安全带将不能正确地伸长和收卷。常见的肩部安全带,应当系在肩部,跨过胸腔,一定不能放在胳膊下面。腰部安全带尽可能系低一些,紧贴髋骨下部,不要系在腰部。不要让安全带压在坚硬的或易碎的物体上,胸前的口袋不要放眼镜、钥匙、手机等物品。

安全带指示灯用于提示没有系安全带或者安全带没系好,还会伴随有鸣叫声,系上安全带之后,提示灯熄灭、鸣叫声停止。

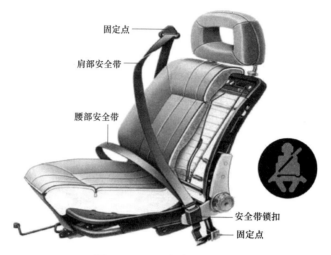

图 4-7-10 安全带的位置

图 4-7-11 预紧限力式安全带的安装位置

（9）预紧限力式安全带

预紧限力式安全带的结构如图 4-7-11 所示。当发生的碰撞超过规定值时，气囊控制器点火，引燃气体发生器，高压气体推动活塞运动，带动安全带收缩。

活塞移动距离的两倍就是安全带收缩的距离。收缩装置、力量限制器、钢索轴被接合在一起。当碰撞时的力量非常大，乘员对安全带施加的力量超过规定值时，力量限制器通过钢索轴旋转并绕轴转动卷曲改变形状，从而吸收能量。

（10）气囊系统工作原理

当汽车时速超过 30 km/h 发生前碰撞事故时，装在汽车前端的碰撞传感器和装在汽车中部的安全传感器可检测到汽车突然减速，由碰撞传感器将撞击信息传给电子控制单元计算机 ECU（也称微处理器 CPU），经微处理器判断撞击的严重程度，并在几毫秒内决定是否起动气囊。若需要则发出点火信号，使气体发生器在极短的时间内向气囊充气（气体的数量是经过严格设计计算的）。人体、脸部一接触气囊，气囊的泄气孔就逐渐泄气，从而起到对驾驶员和乘客的缓冲保护作用（图 4-7-12）。

汽车碰撞信号的采集和传递普遍使用以下两种方式：

① 集成式（碰撞传感器集成在气囊控制器内部）：该种方式由于气囊控制器固定在车身地板上，碰撞信号必须通过与车身地板连接的刚性部件，如左、右纵梁等进行传递。

② 独立式（有单独的前、侧面碰撞传感器）：碰撞传感器和气囊控制器同时采集碰撞信号，碰撞传感器采集的信号用来辅助安全气囊控制器，提升安全气囊打开时机的准确性。

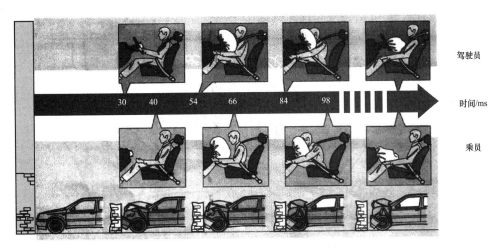

图 4-7-12 安全气囊的工作过程

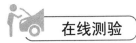

通过任务学习，扫描下方二维码进入微知库平台的"在线测验"页面，完成在线测验

任务 4.7 在线测验

要掌握"安全气囊系统认知与拆装"的相关内容，结合实习车辆完成操作任务。
主安全气囊的拆装操作步骤如表 4-7-1 所示。

安全气囊拆装

表 4-7-1 主安全气囊的拆装操作步骤

操作示意图	操作步骤描述
	一、拆卸 注意: 遵守操作安全气囊的安全措施。 静电可能导致安全气囊被意外触发，因此在维修保护系统前必须释放静电，可以通过短时间触摸车身来释放静电。 ① 断开蓄电池负极电缆。 ② 将转向盘降到最低位置。 ③ 拆卸转向管柱护罩。 ④ 将转向盘旋转 180°，从转向盘后部预留孔插入一字螺丝刀，在如箭头 A 所示处撬动驾驶员安全气囊锁止件，此时驾驶员安全气囊会解锁。 ⑤ 取出安全气囊1。
	提示: 所描述的角度均为转向盘回正时候的状态。 若在如箭头 A 所示处未完全解锁，则依次顺时针旋转 90°在如箭头 B 所示处和逆时针旋转 90°在如箭头 C 所示处撬动锁止件进行解锁 ⑥ 断开驾驶员安全气囊连接插头（如箭头所示）。 ⑦ 取下驾驶员安全气囊1。 二、安装 安装以倒序进行，同时注意插上插头时必须听到插头卡入的声音

拓展提升

在下列情况下前排气囊可能不会打开：

① 速度低于 30 km/h，正面撞击不移动、不变形的水泥墙壁时，主气囊不会打开，因为在这些碰撞中除安全带能提供保护以外，气囊不能提供任何保护（图 4-7-13）。

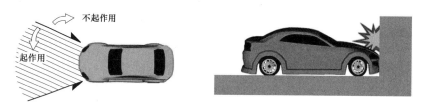

图 4-7-13 安全气囊碰撞的角度

② 当碰撞方向与车辆正前方形成的角度大于 30°时，大部分的碰撞能量分解到车辆的侧面撞击上，仅有小部分的碰撞能量分解到车辆的正面撞击上，达不到气囊正面撞击的起爆条件。如图 4-7-14 所示，碰撞能量被变形严重的发动机舱吸收，传感器检测到的碰撞减速度信号很小，达不到起爆的门限值，气囊不打开。车辆与具有可缓冲、可移动或可变

形的物体发生碰撞时会转化部分碰撞能量,但反馈到控制器的碰撞信号已经衰减,未达到起爆门限,气囊不会打开。

图 4-7-14 汽车碰撞示意

项目五
车身附件构造与拆装

本项目主要是让学生了解汽车车身的结构，学会使用车身部件拆装的工具和设备，能按规范流程完成拆装任务。内容为"保险杠认知与拆装""座椅认知与拆装""玻璃升降器认知与拆装"三个学习任务。通过相关理论知识学习和实践操作训练，了解汽车车身的分类和基本结构，熟练掌握车身各部件的拆装方法。同时，学生自己还要查阅大量资料，掌握汽车车身结构新技术的运用。

任务 5.1　保险杠认知与拆装

学习目标

1. 了解汽车车身结构；
2. 掌握保险杠的作用及结构；
3. 会正确拆装保险杠。

相关知识

一、什么是车身？

车身指的是车辆用来载人装货的部分，也指车辆整体。有的车辆的车身既是驾驶员的工作场所，又是容纳乘客和货物的场所。车身包括车窗、车门、驾驶舱、乘客舱、发动机舱和后备厢等。车身造型结构是车辆的形体语言，其设计好坏将直接影响到车辆的性能。

按照车身壳体受力情况可分为非承载式、半承载式和承载式（或称全承载式）三种。

车身结构

（1）非承载式车身

非承载式车身（图 5-1-1）的汽车有刚性车架，又称底盘大梁架。车身本体悬置于车架上，用弹性元件连接。车架的振动通过弹性元件传到车身上，大部分振动被减弱或消除，发生碰撞时车架能吸收大部分冲击力，在不平坦的路上行驶时对车身起到保护作用，因此车厢变形小，平稳性和安全性好，而且厢内噪声低。非承载式车身比较笨重、质量大、高度高，一般用在货车、客车和越野车上，也有部分高级轿车使用，因为它具有较好的平稳性和安全性。

非承载式车身的优点：强度大、载荷大。缺点：车身比较笨重，质量大，汽车质心高，高速行驶稳定性较差。

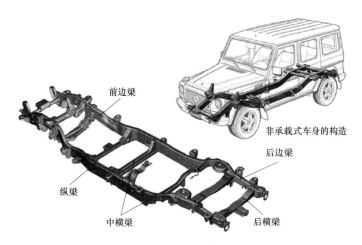

图 5-1-1 非承载式车身

（2）半承载式车身

半承载式车身（图 5-1-2）是一种介于非承载式车身与承载式车身之间的结构形式，车身本体与底架用焊接或螺栓刚性连接，加强了部分车身底架而起到一部分车架的作用，拥有独立完整的车架，并且车架与车身刚性连接，因此车身壳体可以承受部分载荷，例如发动机和悬架都被安装在加固的车身底架上，车身与底架成为一体共同承受载荷。这种形式实质上是一种无车架的承载式车身结构，一般用于中型或大型客车。

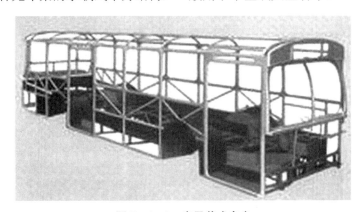

图 5-1-2 半承载式车身

（3）承载式车身

承载式车身（图 5-1-3）的汽车没有刚性车架，整个车身成为一个单体结构，只是加强了车头、侧围、车尾、底板等部位，车身和底架共同组成了车身本体的刚性空间结构。这种承载式车身除了其固有的承载功能外，还要直接承受各种负荷。这种形式的车身具有较大的抗弯曲和抗扭转的刚度，质量小，高度低，汽车质心低，装配简单，高速行驶稳定性较好。但由于道路负载会通过悬架装置直接传给车身本体，因此噪声和振动较大。

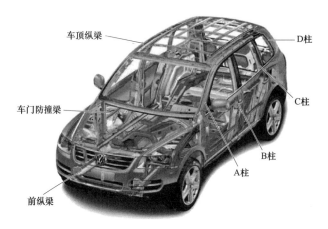

图 5-1-3 承载式车身

二、哪些车是两厢车、三厢车?

通常我们把轿车的发动机舱、驾驶舱、后备厢分别称为轿车的"厢"(图 5-1-4),如果这三个厢是相互独立的,就称为三厢车;如果驾驶舱和后备厢是接合在一起的,则称为两厢车。

图 5-1-4 车厢分类

三、汽车的基本参数有哪些?

现在各汽车厂商对于车身规格的标注,基本上都统一了,如车身总长、轴距、轮距、前悬、后悬等,有些参数如车身总宽、总高会略有不同(图 5-1-5)。

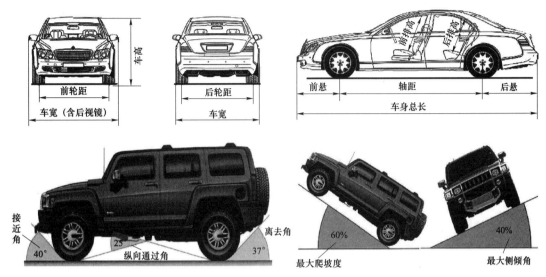

图 5-1-5 车辆的基本参数

① 车身总长：车身总长即沿汽车长度方向前、后两极端之间的距离。
② 车宽：车宽即沿汽车宽度方向两侧极端之间的距离。
③ 车高：车高是指汽车最高点至地面间的距离。
④ 轴距：轴距是指汽车两轴中心线之间的距离。
⑤ 轮距：轮距是指汽车同一轴上左、右两轮中心面之间的距离。
⑥ 前悬：前悬是指汽车最前端至通过前轴轴线的垂面间的距离。
⑦ 后悬：后悬是指汽车最后端至通过后轴轴线的垂面间的距离。
⑧ 最小离地间隙：最小离地间隙是指汽车满载时，汽车最低点至地面的距离（图中不方便标注）。
⑨ 接近角：接近角是指在汽车满载静止时，汽车前端突出点向前轮所引切线与地面的夹角。
⑩ 离去角：离去角就是车辆在满载时，水平面与后轮外边缘之间最大的夹角。
⑪ 最大爬坡度：最大爬坡度是指汽车满载时在良好路面上用一挡克服的最大坡度，代表汽车的爬坡能力。
⑫ 最大侧倾角：最大侧倾角是汽车以一定车速向一侧急转向时，车身发生倾斜，车子本身可以承受的车身平面与地面所达到的最大夹角。
⑬ 纵向通过角：纵向通过角就是车辆在进行满载静止时，在前后轮胎进行切于平面之间相交于车底面或是较低部位之间的夹角，也可是最小的锐角，这是车辆能通过的最大角

度之一。

四、车身为何要采用不同的材料？

并不是车身所有的材料强度越高越好，要看用在什么地方。如驾驶舱的框架（如横梁，纵梁，A、B、C柱等），为了使驾驶舱的空间尽量不变形（保证驾乘人员安全），就必须采用高强度的材料。如车前和尾部的材料（如发动机盖板、翼子板等），为了能够吸收撞击力，可以使用强度相对较低的材料（图5-1-6）。

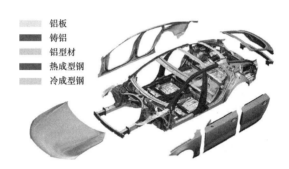

图5-1-6　车身材料

五、防撞钢梁有何作用？

汽车防撞钢梁（图5-1-7）一般指前防撞梁、后防撞梁和车门防撞杆。防撞梁一般采用高强度钢材质。

图5-1-7　防撞钢梁

车门防撞梁（图5-1-8）是减少驾乘人员受侧面撞击的最重要防线。因为在受到侧面撞击时，驾乘人员的身体与车门间没有过多的空间作为缓冲（不同于正面撞击，驾乘人员前方还有一定的空间作为缓冲），会直接受到外力的侵害，所以防撞梁的强度越高，对驾乘人员的防护就越好。

图 5-1-8　车门防撞梁

前防撞梁、后防撞梁和车门防撞梁分别抵御正面、后部和侧面撞击。防撞梁可以在车辆发生低速碰撞时有效吸收碰撞能量，尽可能减小撞击力对车身纵梁的损坏，这样可以降低维修成本，采用螺栓连接可以方便地对防撞梁进行更换。

在高速偏置碰撞中，防撞梁可以有效地将撞击力传递到另一侧，尽可能让整个车体去吸收碰撞能量。

防撞钢梁通常由薄钢板冷轧而成，为了减小质量，少数高档轿车防撞钢梁采用铝合金制成。

在汽车碰撞中，重要的是保护车内人员的安全，所以在碰撞中驾驶舱的变形越小就越好。汽车在设计时考虑到这一点，在汽车碰撞时，让一部分机构先溃缩，吸收一部分的撞击能量，从而减小传递到驾驶舱的撞击力（图5-1-9）。

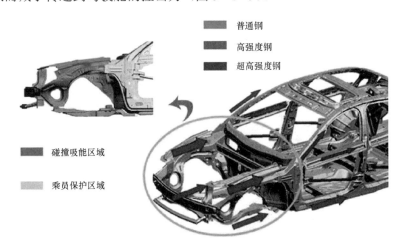

图 5-1-9　碰撞吸能区域

同样是为了保护驾驶舱中的人员，在汽车受到撞击时，利用特殊设计的车身，将撞击力分散、转移，从而减少传递到驾驶舱的撞击力，达到保护车内乘员的目的（图5-1-10）。

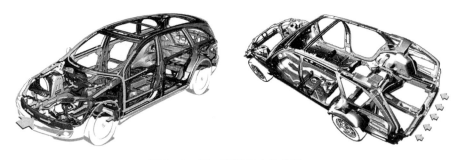

图 5-1-10 碰撞时力的传递

六、保险杠有何作用？

保险杠具有安全保护、装饰车辆以及改善车辆的空气动力学特性等作用。从安全角度看，保险杠在汽车发生低速碰撞事故时能起到缓冲作用，保护前、后车体；在与行人发生事故时可以起到一定的保护行人的作用。从外观上看，保险杠具有装饰性，成为装饰轿车外形的重要部件；同时，汽车保险杠还有一定的空气动力学作用。

目前汽车前、后保险杠除了保持原有的保护功能外，还要追求与车体造型的和谐与统一，追求本身的轻量化。轿车的前、后保险杠都是塑料制成的，人们称之为塑料保险杠。保险杠的几何形状既要考虑其与整车造型的一致、保证美观，也要符合力学特性和吸能特性，确保撞击时的吸振与缓冲（图 5-1-11）。

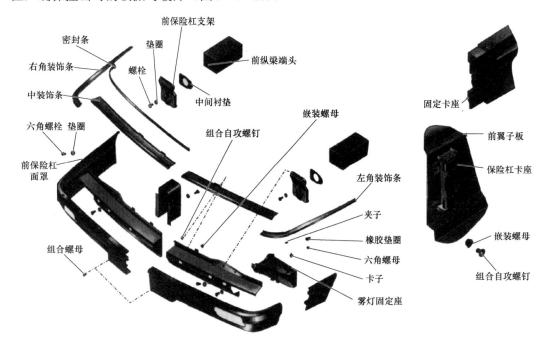

图 5-1-11 保险杠的结构

轿车前、后防撞钢梁外侧通常有缓冲材料，缓冲材料又称保险杠能量吸收器（图5-1-12），它由泡沫制成，位于保险杠本体外板和防撞横梁之间，在汽车与行人发生碰撞时，起到缓冲作用，避免或减轻对行人的伤害；当汽车与硬性物体发生碰撞时，吸收碰撞能量，让汽车先缓冲再停。

图 5-1-12　保险杠能量吸收器

 在线测验

通过任务学习，扫描下方二维码进入微知库平台的"在线测验"页面，完成在线测验。

任务 5.1　在线测验

 任务实施

要掌握"保险杠认知与拆装"的相关内容，结合实习车辆完成操作任务。

前保险杠的拆装

前保险杠的拆装流程如表 5-1-1 所示。

表 5-1-1 前保险杠的拆装流程

操作示意图	操作步骤描述
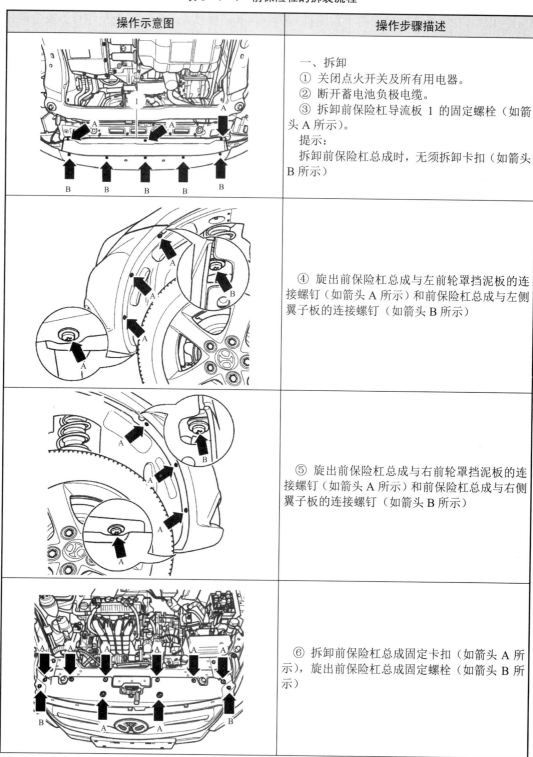	一、拆卸 ① 关闭点火开关及所有用电器。 ② 断开蓄电池负极电缆。 ③ 拆卸前保险杠导流板 1 的固定螺栓（如箭头 A 所示）。 提示： 拆卸前保险杠总成时，无须拆卸卡扣（如箭头 B 所示）
	④ 旋出前保险杠总成与左前轮罩挡泥板的连接螺钉（如箭头 A 所示）和前保险杠总成与左侧翼子板的连接螺钉（如箭头 B 所示）
	⑤ 旋出前保险杠总成与右前轮罩挡泥板的连接螺钉（如箭头 A 所示）和前保险杠总成与右侧翼子板的连接螺钉（如箭头 B 所示）
	⑥ 拆卸前保险杠总成固定卡扣（如箭头 A 所示），旋出前保险杠总成固定螺栓（如箭头 B 所示）

续表

操作示意图	操作步骤描述
	⑦ 在如箭头所示位置脱开前保险杠总成 1 与前保险杠侧支架的连接。 ⑧ 脱开前保险杠总成1。 注意：在脱开前保险杠总成时，不要损坏前保险杠线束
	⑨ 断开前保险杠线束连接插头（如箭头所示）。 ⑩ 取下前保险杠总成。 二、安装 安装以倒序进行，同时注意下列事项： 检查卡扣，必要时更换。 安装完成后，检查前雾灯、倒车雷达探头工作是否正常；检查前保险杠总成与其相邻件之间的间隙、平齐度

 拓展提升

汽车天窗有什么作用？

汽车天窗（图 5-1-13）被安装于汽车顶部，能够有效地使车内空气流通，增加新鲜空气的进入，为人们带来健康、舒适的享受。高速行驶时，打开天窗可以利用车外形成的负压，将车内空气抽出，保持车厢内清新的空气；同时汽车车窗也可以开阔视野，也常用于移动摄像的拍摄。

图 5-1-13 汽车天窗

（1）天窗防夹功能

天窗经过初始化以后，一键滑移关闭运行过程中就带有防夹功能，最大防夹力为 100 N。

（2）初始化条件

天窗在运行过程中断电，ECU 可能会发生功能紊乱，需要重新初始化；天窗不在初始位置，更换天窗电动机以后；天窗在使用一段时间后（一般 2 年左右），感觉天窗玻璃不能关闭到位（由于长期使用，机械运动件之间存在磨损间隙）。

（3）初始化方法

持续按住开启按钮（天窗会从任意位置向起翘位置运动），天窗玻璃运行到完全起翘位置后，保持按住开启按钮（大约 10 s 左右），能看到天窗玻璃小幅度的上、下运动或听到"咔咔"声，运动或声音停止后初始化结束，松开按钮。5 s 内再次按下开启按钮，并且持续按住开启按钮，天窗开始自学习，3 s 后天窗将进行关闭、滑动打开、关闭三个动作，最终停在关闭位置，自学习结束后松开按钮。

任务 5.2 座椅认知与拆装

学习目标

1. 了解座椅的类型；
2. 掌握座椅的功能及作用；
3. 能正确拆装座椅。

相关知识

一、对汽车座椅有何要求？

所谓的汽车座椅是坐车时乘坐的座椅。按照部位，大致可以分为两类，前排座椅：头枕、靠背、坐垫、（扶手）；后排座椅：（头枕）、靠背、坐垫、侧翼、（扶手）。汽车座椅按形状可分为分开式座椅、长座椅；按功能可分为固定式、可卸式、调节式；按乘坐人数可分为单人、双人、多人椅。根据座椅的使用性能，从最早的固定式座椅，一直发展到多功能的动力调节座椅，有气垫座椅、电动座椅、立体音响座椅，直到电子调节座椅。按材质分为真皮座椅和绒布座椅等。还有一些特殊使用对象的座椅，如儿童座椅和赛车座椅等。

汽车电动座椅

因为要对汽车座椅司乘人员提供便于操作、舒适安全的驾驶、乘坐位置，所以座椅应具备以下条件：

① 整个车厢内座椅的布置应合理，特别是驾驶员座椅必须处在最佳位置。

② 座椅的外形设计必须符合人体生理功能，在保证舒适性的前提下力求美观。

③ 座椅必须安全可靠，应有足够的强度、刚度与耐久性，结构紧凑并尽可能地减小质量。

④ 为满足司乘人员舒适性所设的各种调节机构，要有可靠的锁止装置，以确保安全。

二、手动座椅如何调节？

（1）调整座椅高度

座椅高度多高为合适？一般在保证视野充足的情况下，座椅高度越低越好。座椅高度越低，重心越低，颠簸路面行驶或拐弯的时候身体摆动幅度越小越舒服。

（2）调整座椅靠背角度

座椅靠背角度的调节，以调整到腰部有一定支撑为宜，且靠背要尽可能调直。

（3）调整座椅前后位置

首先，在确保油门能够踩到底的情况下，尽量将座椅往后调整，多一点空间，在发生事故的时候就少一点风险（图5-2-1）。

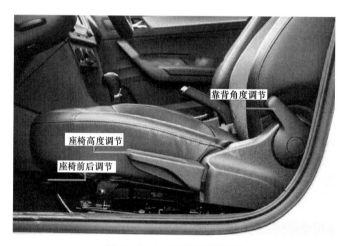

图 5-2-1　手动座椅调节

三、电动座椅如何调节？

在一些高级轿车中，乘客的电动座椅控制系统依靠电力可以实现座椅滑行、倾斜的调整；驾驶员的电动座椅控制系统不仅可以实现座椅滑行、倾斜的调整，而且还可以实现前垂直、后垂直、头枕和腰垫位置的调整，有的还带有位置存储功能。电动座椅的类型根据分类方式的不同可分为以下几种。

八种功能的电动座椅

（1）根据使用电动机的数量分类

根据使用电动机的数量，电动座椅可分为单电动机式、双电动机式、三电动机式和四电动机式等。

① 单电动机式。单电动机式只能对电动座椅的前、后两个方向进行调整。

② 双电动机式。双电动机式可以对电动座椅的4个方向进行调整，即不仅前后两个方向的位置可以移动，其高低也可以进行自动调整。

③ 三电动机式。三电动机式可以对电动座椅的6个方向进行调整，即不仅能向前、后两个方向移动，还可分别对座椅的前部和后部的高低进行调整。

④ 四电动机式。四电动机式的调整功能除了具有以上三电动机式的调整功能以外，还可对靠背的倾斜度进行调整。

电动座椅装用的电动机最多可达 8 个，除了保证上述基本运动外，还可对头枕高度、座椅长度和扶手的位置进行调整。具有 8 种功能的电动座椅如图 5-2-2 所示，具有全方位可调节功能的电动座椅如图 5-2-3 所示。

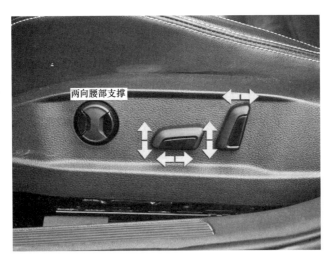

图 5-2-2　具有 8 种功能的电动座椅

图 5-2-3　具有全方位可调节功能的电动座椅

1—座椅前后调节；2—靠背倾斜度调节；3—座椅上下调节；4—靠枕上下、前后调节；
5—座椅前部支撑调节；6—侧背支撑调节；7—腰椎支撑气垫调节

（2）根据有无加热器与通风分类

根据有无加热器，电动座椅可分为无加热器式与有加热器式两种。有加热器式电动座椅（图 5-2-4）可以在冬季寒冷的时候对座椅的坐垫进行加热，以使驾驶员或乘客乘坐更舒适。前排座椅通风分为送风式和吸风式，前排座椅通风的原理就是用风扇向座椅内注入空气，空气从椅面上的小孔中流出，实现通风功能。座椅通风有效改善了人体与椅面接触部分的空气流通环境，即使长时间乘坐驾车，身体与座椅的接触面也会干爽舒适（图5-2-5）。

图5-2-4 座椅加热开关

图5-2-5 座椅通风开关

（3）根据有无存储功能分类

根据有无存储功能，电动座椅可分为无存储功能与有存储功能两种。有存储功能的电动座椅，可以将每次驾驶员或乘客调整电动座椅后的数据存储下来，作为以后重新调整座椅位置时的基准（图5-2-6）。

存储式座椅

图5-2-6 座椅位置存储开关

（4）电动座椅的组成

电动座椅主要由座椅开关和位置传感器、电子控制器ECU、执行机构的驱动电动机三大部分组成。开关和位置传感器包括座椅各位置（头枕、靠背、腰部、滑动、前垂直、后垂直）的电动开关、座椅各位置传感器、安全带扣环传感器及转向盘倾斜传感器等；ECU包括转向柱倾斜与伸缩ECU和电动座椅ECU；执行机构主要包括座椅调整、安全带扣环及转向盘倾斜度调整的驱动电动机等，而且这些电动机均可灵活地进行正反转，以执行各种装置的调整功能。

① 电动机。电动座椅大多采用永磁式电动机驱动，并通过装在座位侧板上或门扶手上

的肘节式控制开关来控制电路通路和电流方向，使某一电动机按所需的方向运转，以达到调整座椅的目的。

为了防止电动机过载，大多数永磁式电动机内装有热过载保护断路器。有些电动座椅采用串励电动机来驱动，并装有两个磁场线圈，使其可做双向运转。这种电动机多使用继电器控制电流方向。当开关换向时，可听到继电器动作的"咔嗒"声。

② 手动调节开关。它主要是用来调整座椅的各种位置。当按下此开关后，电控单元就会控制相应电动机运转，按照驾驶员的要求调整座椅的位置。

③ 存储和复位开关。它主要是用来存储或恢复驾驶员已经调整好的座椅位置。只要按下此按钮，就能按存储的各个座椅位置的要求调整座椅的位置。

④ 位置传感器。位置传感器主要是用来检测座椅的各种位置。它主要由齿轮、滑块和螺旋杆（可变电阻器）组成，其工作原理和一般电位计相似。螺旋杆由电动机通过齿轮驱动旋转，并带动滑块在电阻器上滑动，从而使输出电压信号发生变化。电控单元根据此电压信号决定座椅的位置。只要座椅位置调定后，驾驶员按下存储和复位开关，电控单元就把这些电压信号存储起来，作为重新调整位置时的基准。

⑤ ECU 及其控制。ECU 主要用来控制靠手动调节开关的座椅调节装置，也能根据从转向柱倾斜与伸缩 ECU、位置传感器等送来的信号存储座椅位置。考虑到驾驶员的不同体型和喜好的驾驶姿势，自动调节系统能在该 ECU 中存储 2 种不同的座椅位置（供选择），靠一"单独"开关的点动，ECU 即可将座椅调整到驾驶员所期望的位置。

座椅进行调整时，由手动调节开关通过电控单元控制调整量，然后利用存储和复位开关控制某一位置的数据存储；座椅位置信号取自变阻器上的电压降。根据每个自由度上的电动机驱动座椅，从而使变阻器随动。根据变阻器的电压降，控制单元识别座椅的运动机构是否到达"死点"。当到达"死点"位置时，电控单元及时切断供电电源，保护电动机和座椅驱动机构。

四、什么是 ISO FIX？

ISO FIX 的全称是 International Standards Organisation FIX，中文意思是：国际标准化组织固定装置。它是一个关于在汽车中安置儿童座椅（图 5-2-7）的新标准。这一标准正在为众多汽车制造商所接受，其作用是使儿童座椅的安装变得快速而简单。

当汽车出厂时 ISO FIX 接口就已经被装配在车里了。儿童座椅生产商在儿童座椅上安装 ISO FIX 接头。这样 ISO FIX 儿童座椅就可以轻易地被固定至汽车的 ISO FIX 接口中了。

ISO FIX 的制定是一个重要的发展，因为很多人不能正确地安装儿童座椅。调查显示很大比例的儿童座椅安装不够安全。

大部分儿童座椅被放置在车内座椅上并使用斜挎肩带（有时只使用腰带）固定。然而，不同车型的汽车有不同的座椅、安全带和固定方式。汽车座椅形状不同、安全带长度较短和锚固点位置不同，都会导致一些儿童座椅安放的位置更靠前或更靠后。所有这些因素使得制造适用所有车型的儿童座椅成为一个难题。

制定 ISO FIX 就是要解决所有这些问题。它的终极目标是让你购买的任何 ISO FIX 儿童座椅都适合你的汽车，你只需简单地将它插入儿童座椅接口就可以了。

ISO FIX 的另一个作用是它可以在儿童座椅和汽车之间建立刚性连接以使其更加稳固。

图 5-2-7　儿童座椅

儿童座椅通常被安装在汽车的后座上，如果放在前座，发生碰撞时前风窗玻璃会伤到孩子。很多车辆的前排安全气囊可以很好地保护乘客，但是对于骨骼尚未发育完全的孩子来说，这是致命的杀手。如果儿童的身高低于汽车座椅或体重小于座椅的最小安全承重，儿童座椅就应该向后安装。如果采用前向式安装，幼小的孩子颈部极易最大限度地吸收撞击的冲力，使孩子脆弱的颈部得到保护。但当孩子的身高超过座椅或体重超过安全标准后，这样的后向安装就相对不安全了。后向安装和前向安装取决于孩子的大小，同时在购买的时候也应该咨询专业的技术人员，详细了解后再进行安装。

　在线测验

通过任务学习，扫描下方二维码进入微知库平台的"在线测验"页面，完成在线测验。

任务 5.2　在线测验

　任务实施

要理解"座椅认知与拆装"所涉及的基础知识，结合实习车辆完成任务工单。

座椅的拆装

电动座椅总成的拆装流程如表 5-2-1 所示。

表 5-2-1 电动座椅总成的拆装流程

操作示意图	操作步骤描述
	一、拆卸 ① 将前排电动座椅总成最大限度前移并调整座椅坐垫至最高位置。 ② 关闭点火开关及所有用电器。 ③ 断开蓄电池负极电缆。 ④ 旋出前排电动座椅总成 1 的固定螺栓（如箭头所示）
	⑤ 向后移动前排电动座椅总成，将前排电动座椅总成前端的限位卡（如箭头 A 所示）从车身限位槽（如箭头 B 所示）中脱开
	⑥ 断开左侧气囊连接插头（如箭头 A 所示）、前排电动座椅安全带锁扣连接插头（如箭头 B 所示）和前排电动座椅供电线束连接插头（如箭头 C 所示）。 ⑦ 取出前排电动座椅总成 1。 二、安装 安装以倒序进行，同时注意下列事项： ① 安装完成后，检查前排电动座椅安全带锁扣工作是否正常。 ② 安装完成后，检查座椅调节功能是否正常。 ③ 安装完成后，使用诊断仪检测侧气囊参数是否正常

 拓展提升

座椅的记忆功能设置

座椅的记忆功能和后视镜的记忆功能是一起的，一共可以记忆 3 组位置（图 5-2-8）。

调节座椅和外后视镜的位置。按下 SET 键，然后在 5 s 内按下记忆位置按钮 1、2 或 3 中的某一个。按下 SET 键时蜂鸣器响一声，再按下任意一个记忆位置按钮（1、2、3）时蜂鸣器响两声。若重新设置记忆位置，则只需重复以上操作即可。

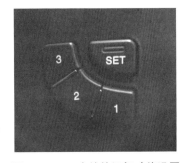

图 5-2-8 座椅的记忆功能设置

任务 5.3　玻璃升降器认知与拆装

学习目标

1. 了解玻璃升降系统的作用及原理；
2. 能掌握玻璃升降器的正确使用；
3. 会正确拆装玻璃升降器。

相关知识

什么是玻璃升降器？

玻璃升降器是汽车门窗玻璃的升降装置，主要分电动玻璃升降器与手动玻璃升降器两大类。

手动玻璃升降器，顾名思义，就是以人力为动力的玻璃升降器。手动玻璃升降器一般都安装有手动摇柄（图 5-3-1），汽车乘员通过转动手动摇柄来驱动升降器的传动机构，最后通过玻璃升降机构实现玻璃上、下升降。和电动玻璃升降器相比，手动玻璃升降器只是少了电动机，而结构和一般电动玻璃升降器基本一致。

汽车电动车窗

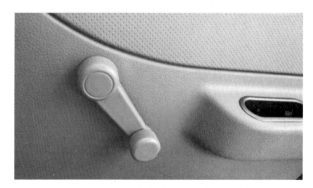

图 5-3-1　手动玻璃升降器的手动摇柄

手动玻璃升降器具有结构简单、重量轻、成本低的优势。此外，因为没有电动机，也就没有了电子控制系统，减少了零部件的数量，可靠性更高。但其缺点也很明显，那就是需要人力操作，舒适性和便捷性较差。

现在许多轿车门窗玻璃的升降一般都改用按钮式的电动升降方式，使用电动玻璃升降器（图5-3-2）。电动玻璃升降器的构成等同于同型手动玻璃升降器加上电动机和减速器三部分的总成。与传统手摇式升降器相比，电动玻璃升降器具有运行平稳、调节方便、遥控自如等特点。

电动玻璃升降器多是由电动机、减速器、导绳、导向板、玻璃安装托架等组成的。总开关由驾驶员控制全部门窗玻璃的开闭，而各车门内把手上的分开关由乘员分别控制各个门窗玻璃的开闭，操作十分便利。

图5-3-2　电动玻璃升降器的按钮

按传动结构分，汽车玻璃升降器可分为臂式和柔式两大类。

（1）臂式玻璃升降器

臂式玻璃升降器的传动机构为齿轮齿板啮合传动，除齿轮外其主要构件均为板式结构，加工方便，成本低，在目前国内车辆上使用较为普遍。但其由于采用悬臂式支承结构及齿轮齿板机构，因此工作阻力较大。臂式玻璃升降器又分为单臂式和双臂式两种。

① 单臂式玻璃升降器。单臂式玻璃升降器的结构特点是只有一个升降臂，结构最简单，但由于升降臂支承点与玻璃质心之间的相对位置经常变化，玻璃升降时会产生倾斜、卡滞。该结构只适用于玻璃两侧为平行直边的情况，使用不很普遍。

② 双臂式玻璃升降器。该玻璃升降器的结构特点是具有两个升降臂，与单臂式玻璃升降器相比，双臂式玻璃升降器本身可保证玻璃平行升降，提升力也比较大。该结构能适用负载较大的车门玻璃、车门玻璃弧度较小的车门。依两臂的布置方式又分为交叉臂式升降器和平行臂式升降器。

ⓐ 交叉臂式玻璃升降器。顾名思义，交叉臂式玻璃升降器的两个臂是交叉的，呈X形。其一般由电动机、主臂、副臂、主导轨、副导轨以及基板和扇形齿轮等组成。交叉臂式玻璃升降器通过基板固定在车门内板上，副导轨也固定在车门内板上，而玻璃则固定在主导轨上。

ⓑ 平行臂式玻璃升降器。平行臂式玻璃升降器的两个臂是平行的，其一般由主动臂、

从动臂、底板、滑动支架和电动机等组成。平行臂式玻璃升降器结构相对比较简单、紧凑，但由于支撑宽度比较小，工作载荷较大，因此运动平稳性不如交叉臂式玻璃升降器，现在车型也很少使用此种结构的玻璃升降器。

（2）柔式玻璃升降器

柔式玻璃升降器的传动机构为齿轮软轴啮合传动，具有"柔式"的特点，故其设置、安装都比较灵活方便，结构设计也比较简捷，且自身结构紧凑，所占空间小，易于安装布置，且总体质量轻。此外，由于提升轴提升力作用线的相对位置是固定的，可保证与玻璃质心的运动轨迹始终重合（或平行），因此能很好地保证玻璃平稳移动。其不足在于成本较高，且钢丝绳易磨损。

柔式玻璃升降器根据传动机构的材质分为绳轮式玻璃升降器、带式玻璃升降器、软轴式玻璃升降器，其中最为常见的是绳轮式玻璃升降器。

① 绳轮式玻璃升降器。绳轮式玻璃升降器（图5-3-3）是指由直流电动机驱动，通过卷丝筒、绳索等转动，使车窗玻璃沿滑动导轨上升或下降到需要位置的一种装置。根据导轨的数量不同，又分为单轨式和双轨式两种。其中，单轨式绳轮式玻璃升降器只有一根滑动导轨，体积紧凑、安装方便、成本低，缺点是精度相对较低，一般用于车窗玻璃长度不大的车型。而双轨式绳轮式玻璃升降器有两根相互平行的导轨，导向性更好，但成本相对较高，体积也较大，布置和安装没有单轨式方便，一般用在车窗玻璃较宽的车型上。

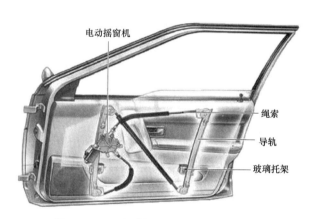

图5-3-3 电动钢丝绳轮式玻璃升降器

② 带式玻璃升降器。该升降器通过小齿轮与穿孔带啮合实现玻璃升降器的运动。该升降器运动软轴采用塑料穿孔带，其他零件亦多采用塑料制品，从而大大减轻了升降器总成的自身质量。其传动机构中均涂以润滑脂，使用过程中无须维护保养，运动平稳。摇把手柄的位置可自由布置，设计、安装和调整都很方便，其耐久性试验可达25 000次。

③ 软轴式玻璃升降器。该玻璃升降器的软轴主体是由钢丝绕成的弹簧，弹簧内圆穿有多股钢丝绳，在钢丝绳上缠绕高出表面2 mm的羊毛，并涂以润滑脂，以降低齿轮与弹簧

啮合时的摩擦力。在弹簧外圈上套有导向管，以保证弹簧式软轴的运动轨迹和运动顺畅。该升降器的特点是工作可靠性好、运动平稳、工作噪声小、使用寿命长，但制作技术比其他柔式升降器要求高，需要专门的工艺设备。

 在线测验

通过任务学习，扫描下方二维码进入微知库平台的"在线测验"页面，完成在线测验。

任务 5.3　在线测验

 任务实施

要掌握"玻璃升降器认知与拆装"的相关内容，结合实习车辆完成操作任务。

车门的拆装　　　　　　　前翼子板的拆装

玻璃升降器的拆装流程如表 5-3-1 所示。

表 5-3-1　玻璃升降器的拆装流程

操作示意图	操作步骤描述
	一、拆卸 （一）前车门饰板组件的拆卸 ① 拆卸左前车门开关面板。 ② 拆卸左前车门三角板。 ③ 撬出螺钉罩盖 1

续表

操作示意图	操作步骤描述
	④ 旋出左前车门饰板组件固定螺钉（如箭头所示）。 ⑤ 取下螺钉座 1
	⑥ 撬出螺钉罩盖 1
	⑦ 旋出左前车门饰板组件固定螺钉（如箭头所示）
	⑧ 断开后备厢开启开关连接插头（如箭头 A 所示）。 ⑨ 沿如箭头 B 所示位置撬起左前车门饰板组件 1。 ⑩ 向外扳动左前车门饰板组件 1 的下部，将左前车门饰板组件固定卡扣从左前车门饰板上脱开。 ⑪ 沿如箭头 C 所示方向抬起并取下左前车门饰板组件 1

项目五 车身附件构造与拆装

续表

操作示意图	操作步骤描述
	⑫ 将左前车门内拉手拉索 2 从左前车门内拉手 1 上脱开
	⑬ 断开左前门迎宾灯连接插头（如箭头所示）。 ⑭ 取下左前车门饰板组件 1
	（二）前车门玻璃的拆卸 ① 降低左前车门玻璃 1 至如箭头所示位置
	② 拆卸左前车门内水切。 ③ 掀开防水膜。 ④ 旋松（不要旋出）左前车门玻璃固定螺栓（如箭头所示）

续表

操作示意图	操作步骤描述
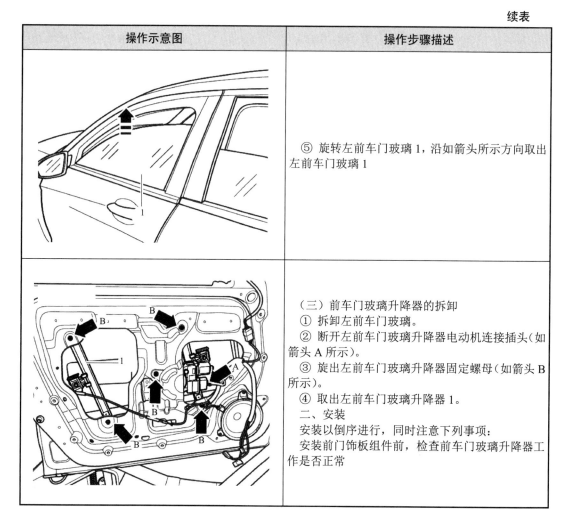	⑤ 旋转左前车门玻璃1,沿如箭头所示方向取出左前车门玻璃1
	(三) 前车门玻璃升降器的拆卸 ① 拆卸左前车门玻璃。 ② 断开左前车门玻璃升降器电动机连接插头(如箭头A所示)。 ③ 旋出左前车门玻璃升降器固定螺母(如箭头B所示)。 ④ 取出左前车门玻璃升降器1。 二、安装 安装以倒序进行,同时注意下列事项: 安装前门饰板组件前,检查前车门玻璃升降器工作是否正常

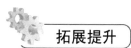 拓展提升

电动车窗一键升降功能

采用电动玻璃升降的车型,在汽车侧门内板上(部分车型在中央扶手处)都安装有电动玻璃升降器的控制开关。一键升降功能是指只需按一下玻璃升降器的控制开关,便可让玻璃上升到最高点或者下降到最低点,而不需要长时间按着控制开关。而根据此功能,现在又开发出了锁车自动上升玻璃的功能。当车辆锁车后,车身控制器会自动将所有车窗玻璃上升到最高点,极大地方便了驾驶员。

随着一键升降功能的出现,车窗防夹手功能也就成为一项注重安全的配置。在车窗控制模块中装有电流感应器,由霍尔传感器时刻监测着玻璃升降电动机的转速,当电动车窗

升起时，电动机转速一旦减缓，就会向车窗控制模块报告信息，车窗控制模块使电动机停转或反转（下降），于是车窗也就停止移动或下降，实现车窗防夹功能，避免人员被车窗玻璃夹伤。

车辆意外断电以后，车窗玻璃的防夹功能将会失效，需要重新进行匹配，此时将车窗玻璃升至顶端后，不要松开开关，将开关保持升起状态 5s 钟，车窗玻璃将进入自学习状态，恢复车窗玻璃自动升降功能。

参 考 文 献

[1] 蒋红枫. 汽车底盘构造与拆装 [M]. 北京：机械工业出版社，2012.
[2] 李穗平，周均. 汽车结构认识与拆装 [M]. 重庆：重庆大学出版社，2012.
[3] 王盛良，汽车底盘构造与检修技术 [M]. 北京：机械工业出版社，2010.
[4] 多晓莉，曹乃悦. 汽车底盘构造与维修 [M]. 北京：机械工业出版社，2010.
[5] 李培军. 汽车底盘电控技术 [M]. 北京：人民邮电出版社，2011.
[6] 沈沉，张立新. 汽车底盘电控系统检测与修复 [M]. 北京：机械工业出版社，2010.
[7] 尹力. 汽车电子控制技术 [M]. 天津：天津科学技术出版社 2010.
[8] 张宏伟. 汽车底盘构造及维修（第2版）[M]. 北京：高等教育出版社，2007.
[9] 姚焕新. 汽车底盘电控系统检修 [M]. 北京：人民邮电出版社，2009.
[10] 关文达. 汽车构造 [M]. 北京：清华大学出版社，2009.
[11] 丛树林. 汽车底盘维修实训教程 [M]. 北京：人民交通出版社，2008.
[12] 张红伟. 汽车底盘构造与维修 [M]. 北京：高等教育出版社，2005.